admis

CONCOURS DE LA FONCTION PUBLIQUE

BIBLIOTHÉCAIRE ASSISTANT SPÉCIALISÉ

CLASSE NORMALE

Épreuves écrite et orale

Catégorie B

Jérôme Brunet

Chargé d'enseignement pour la préparation des concours en bibliothèque

Vuibert

ISBN : 978-2-311-01121-0

Éditions VUIBERT- 2012

Conception couverture : Atelier Didier Thimonier
Conception maquette : Bleu T
Composition : Linéale Production

Site Internet : http://www.vuibert.fr

à Émilienne Brunet-Seilhan

Remerciements

Pour le supplément d'intérêt qu'ils apportent à la vie : **Clara et Loucas Brunet-Doré.**

Pour mon tout premier lecteur et non moins correcteur : **Marc Brunet.**

Sommaire

Votre concours, votre métier

1. Présentation de la profession

Un bibliothécaire assistant spécialisé est un personnel de catégorie B de la fonction publique d'État. Le métier qui correspond à ce titre s'exerce donc au sein des bibliothèques placées sous la tutelle de l'État. Les bibliothécaires assistants spécialisés relèvent par conséquent du ministère de l'Éducation nationale et du ministère de l'Enseignement supérieur et de la Recherche.

Le corps des bibliothécaires assistants spécialisés a été officiellement créé par décret n° 2011-1140 du 21 septembre 2011. L'article 3 du statut particulier précise leurs rôles en ces termes :

I. Les bibliothécaires assistants spécialisés effectuent des tâches spécialisées dans le domaine du traitement et de la conservation des collections de toute nature ainsi que dans celui de leur gestion documentaire. Ils mettent les ressources documentaires à la disposition du public. Ils accueillent, renseignent et informent les usagers. Ils peuvent en outre être chargés de la gestion des magasins, des lieux accessibles au public et des matériels, notamment des matériels d'accès à l'information. Ils ont vocation à encadrer les personnels chargés du magasinage. Ils peuvent se voir confier des fonctions touchant à la sécurité des personnes, des locaux et des collections.

II. Les bibliothécaires assistants spécialisés de classe supérieure et les bibliothécaires assistants spécialisés de classe exceptionnelle ont vocation à effectuer des tâches spécialisées exigeant une qualification professionnelle particulière. Ils peuvent notamment assurer le signalement et l'indexation des documents, effectuer des recherches bibliographiques et documentaires, coordonner les travaux techniques courants. Ils participent à l'accueil des utilisateurs, à leur formation et à la formation professionnelle dans leur domaine de compétence, ainsi qu'à des tâches liées à l'action culturelle et à la valorisation des fonds. Ils participent à l'accueil du public.

Le statut de bibliothécaire assistant spécialisé s'organise donc autour de trois grades (classe normale, supérieure et exceptionnelle) dont les deux premiers sont respectivement accessibles par voie de concours. La classe normale correspond à un recrutement de niveau IV (baccalauréat), la classe supérieure à un recrutement de niveau III (bac + 2). Le dispositif permet par ailleurs de franchir le grade directement supérieur à celui occupé par le biais d'un examen professionnel ou par le jeu des promotions après inscription sur une liste d'aptitude.

Le décret ci-dessus fixe donc les bases qui correspondent au métier de bibliothécaire assistant spécialisé. Mais si évidentes soient-elles, nous souhaitons apporter quelques précisions visant à éclairer les lecteurs non avertis. Pour ce faire, il convient d'emblée de rappeler l'origine du récent corps des bibliothécaires assistants spécialisés et de comparer entre eux les « textes fondateurs ».

Prenant ancrage sur le décret n° 2009-1388 du 11 novembre 2009, ces nouvelles dispositions statutaires répondent à l'objectif de refondre les grilles indiciaires des agents de catégorie B de la fonction publique. Ainsi portée par la volonté du gouvernement de regrouper à l'intérieur d'un même cœur de métier l'ensemble des personnels de catégorie B, la filière des bibliothèques du ministère de l'Enseignement supérieur vient d'opérer la fusion des corps de bibliothécaires adjoints spécialisés et d'assistants des bibliothèques. Dès lors, on comprend mieux les raisons pour lesquelles le métier de bibliothécaire assistant spécialisé correspond à un panachage rigoureux des fonctions des ex-assistants des bibliothèques et des ex-bibliothécaires adjoints spécialisés.

Un bibliothécaire assistant spécialisé est en effet un véritable « technicien des bibliothèques ». Il est en capacité d'assurer des tâches relatives à l'encadrement des magasiniers (élaboration des plannings, gestion des conflits, organisation de travaux bibliothéconomiques) ou travailler à la description bibliographique des ouvrages (traitement technique des documents[1] ou catalogage). Mais il a également compétence à participer au dispositif de formation des lecteurs à la méthodologie de recherche documentaire, à collaborer à la maintenance du système intégré de gestion en bibliothèque (SIGB), à occuper une fonction stratégique au sein d'un service de prêt entre bibliothèques (PEB) ou à coordonner des opérations dans le domaine de la sécurité. En outre et au même titre que les autres corps de personnels d'une bibliothèque, il doit s'acquitter de missions de service public.

Service en relation avec le public	Encadrement des magasiniers	Travaux effectués en interne
– accueil, orientation, information des usagers – recherches bibliographiques – aide à la consultation des outils bibliographiques – gestion de la communication des documents – gestion des prêts entre bibliothèques – participation au dispositif de formation des utilisateurs à la méthodologie de recherche documentaire – vérification de la bonne application du règlement de la bibliothèque – participation au dispositif de sécurité des publics	– élaboration des plannings de service public – organisation, répartition et suivi du rangement des collections – organisation, répartition et suivi du traitement matériel des documents – organisation et animation de réunions de magasiniers – gestion des conflits – participation au dispositif d'évaluation des personnels de magasinage – participation à l'intégration et à la formation des magasiniers	– traitement intellectuel des documents (indexation) – traitement technique des documents (catalogage, bulletinage, exemplarisation, rétroconvertion) – gestion des espaces de stockage des collections – participation au dispositif de sauvegarde des documents (numérisation) – gestion d'un parc informatique – maintenance des équipements techniques – suivi et maintenance des informations contenues dans un SIGB – référent « signalétique/signalisation » – coordination de la maintenance des dispositifs de mise en sécurité

Le champ d'intervention d'un bibliothécaire assistant spécialisé reste donc très varié et les enjeux de son métier concourent à son épanouissement personnel et professionnel. De l'avis des bibliothécaires assistants déjà en poste, il s'agit effectivement d'un métier passionnant, confiné dans le cadre socioculturel privilégié des bibliothèques.

2. Regards croisés sur les épreuves du concours

À présent, il convient d'établir le degré d'analogie existant entre le corps des **bibliothécaires assistants spécialisés de classe normale**[2] et celui des

1. En comparant les statuts des différentes catégories de personnel de bibliothèque, on observe trois types de traitement documentaire : le traitement intellectuel (acquisition, indexation, cotation), le traitement technique (catalogage, bulletinage, exemplarisation, rétroconversion) et le traitement matériel (équipement, reliure, réparation).

2. Le présent manuel a vocation à s'intéresser exclusivement au concours de **bibliothécaire assistant spécialisé de classe normale**. Les spécificités du concours de bibliothécaire assistant spécialisé de classe supérieure, qui relèvent d'une logique et d'une approche différentes, ne seront donc pas traitées dans cet ouvrage.

ex-assistants des bibliothèques[1]. À cet égard, les textes respectifs témoignent d'une réelle concordance, qu'il s'agisse de l'articulation indiciaire de la carrière, de la définition des missions ou des compétences requises pour exercer le métier. Mais le constat ne s'arrête pas là ! Les épreuves du concours présentent elles aussi de véritables similitudes comme en atteste le tableau suivant :

	Assistant des bibliothèques	Bibliothécaire assistant spécialisé
Épreuves d'admissibilité	Analyse d'un dossier technique portant sur la résolution d'un problème auquel l'assistant des bibliothèques peut être confronté dans l'exercice de ses fonctions	Cas pratique avec une mise en situation, à partir d'un dossier de dix pages au maximum
	Traitement de plusieurs questions portant sur l'ensemble du programme des épreuves – administration, bibliothéconomie, informatique générale et informatique appliquée aux bibliothèques	Série de quatre à six questions à réponse courte
Épreuve d'admission	Entretien avec le jury permettant d'apprécier les connaissances du candidat, notamment en ce qui concerne les techniques des bibliothèques (classification, maintenance des collections, nouvelles technologies – installation, manipulation et maintenance des appareils – accueil, surveillance et sécurité) et ses aptitudes à exercer les fonctions de bibliothécaire assistant spécialisé de classe normale	**Concours externe :** Entretien avec le jury, à partir d'un texte ne pouvant excéder deux pages, portant sur les bibliothèques, leur organisation, leur fonctionnement, les services offerts aux publics.
		Concours interne : Entretien avec le jury visant à apprécier les aptitudes et la motivation du candidat à exercer les fonctions d'un bibliothécaire assistant spécialisé de classe normale

En somme, les épreuves écrites n'ont subi que de marginales réformes. L'analyse de dossier – rebaptisée « cas pratique » – conserve son identité initiale. L'exercice reste en cela parfaitement adapté à l'esprit d'un concours de « technicien » de catégorie B et obéit par là-même à l'obligation de professionnaliser le mode de recrutement des fonctionnaires. Le questionnaire connaît quant à lui une légère modification puisqu'il est à présent proposé aux candidats un nombre plus restreint de questions. Au fond, la différence avec les éditions du concours d'assistant des bibliothèques s'apprécie ainsi : seules les questions appelant un bref développement (de 3 à 10 lignes) sont conservées. En revanche, le véritable changement provient du nouveau système de notation appliqué aux épreuves d'admissibilité. Ainsi, les membres du jury sont désormais invités à délivrer une note cumulée pour les deux exercices et à lui affecter un coefficient de 2.

Nous n'avons donc pas décelé de significatifs bouleversements entre les écrits du concours de bibliothécaire assistant spécialisé et ceux d'assistant des bibliothèques. En revanche, nous notons volon-

1. Décret n° 2001-326 du 13 avril 2001 portant dispositions statutaires applicables au corps des assistants des bibliothèques.

tiers quelques évolutions au niveau des examens oraux. En effet, l'épreuve d'admission au concours externe consistera dorénavant en un entretien à partir d'un texte tiré au sort. De même, si la sélection des candidats internes s'effectuera toujours sur la base d'une présentation individuelle, leur audition prendra maintenant appui sur la constitution d'un inédit dossier de reconnaissance des acquis de l'expérience professionnelle (RAEP) transmis préalablement au jury. Enfin, les épreuves orales seront affectées d'un coefficient égal à 3.

Ainsi, les conseils qui gouvernaient la rédaction du livre *Assistant des bibliothèques* restent aujourd'hui cohérents et tout à fait adaptés aux épreuves du concours de bibliothécaire assistant spécialisé de classe normale. Subséquemment, nous avons choisi à dessein de présenter en les adaptant quelques-uns des exercices du concours d'assistant des bibliothèques issus de la période 2006-2012.

3. Organisation administrative des bibliothèques

Les lauréats du concours d'assistant de bibliothécaire assistant spécialisé seront affectés pour la plupart soit dans une bibliothèque du ministère de la Culture et de la Communication (Bibliothèque nationale de France, Bibliothèque publique d'information, etc.) soit dans une bibliothèque dépendant du ministère de l'Enseignement supérieur et de la Recherche (bibliothèques universitaires[1], bibliothèques des grands établissements[2]...). Ils pourront également être nommés dans des services centraux ou déconcentrés de l'État relatifs aux bibliothèques (directions ministérielles, École nationale supérieure des Sciences de l'Information et des Bibliothèques, centres régionaux de formation aux carrières des bibliothèques, etc.).

Trois ministères sont donc directement concernés – à des degrés divers – par l'organisation des bibliothèques de la fonction publique d'État : l'Enseignement supérieur, l'Éducation nationale et la Culture.

a. Le ministère de l'Enseignement supérieur et de la Recherche

Il a été le théâtre de bouleversements majeurs, avec en particulier le démantèlement de la Sous-direction des bibliothèques et de l'information scientifique (SDBIS). Aujourd'hui articulé autour de la Direction générale pour l'enseignement supérieur et l'insertion professionnelle (DGESIP) et de la Direction générale pour la recherche et l'innovation (DGRI), le Ministère confie à ces deux entités la gestion commune de trois services communs parmi lesquels le Service de la coordination stratégique et des territoires[3]. En son sein, la documentation est reléguée à la notion de « mission de l'information scientifique et technique et du réseau documentaire[4] », laquelle mission intègre deux bureaux : le

1. Les bibliothèques d'une université (BU, BUFR, etc.) s'organisent en service commun de la documentation (SCD). Lorsque ce réseau intègre des centres documentaires de plusieurs universités, on parle alors de service inter-établissement de coopération documentaire (SICD).

2. Les bibliothèques des grands établissements de l'État sont au nombre de six : la bibliothèque Mazarine, la bibliothèque de l'Institut, la bibliothèque du Muséum, la bibliothèque de l'Académie de médecine, la bibliothèque du mus ée de l'Homme et la Bibliothèque byzantine.

3. Le Service de la coordination stratégique et des territoires assure la cohérence des stratégies d'enseignement supérieur et de recherche et le développement territorial du système d'enseignement supérieur et de recherche. Il définit la politique intégrée de l'emploi scientifique et celle de la documentation et de l'information scientifique et technique.

4. Les prérogatives de la Mission de l'information scientifique et du réseau documentaire (MISTRD) consistent à :
– mettre en place un schéma national de la documentation scientifique ou bibliothèque scientifique numérique (BSN) afin de rationaliser le coût des ressources électroniques ;
– piloter le plan national de numérisation ;
– enrichir l'offre éditoriale française pour les étudiants ;
– faire émerger et accompagner les réseaux thématiques et les structurations territoriales de l'IST pour favoriser les cartes documentaires de site (dont la conservation partagée) ;
– redéfinir, dans un dispositif cohérent, les missions et les compétences des grands opérateurs de l'IST, en liaison avec les établissements d'enseignement supérieur et les organismes ;
– mettre en place des outils d'information sur l'IST et la documentation qui aident à la décision et orienter les dispositifs de formation.

Organigramme du ministère de l'Enseignement supérieur et de la Recherche

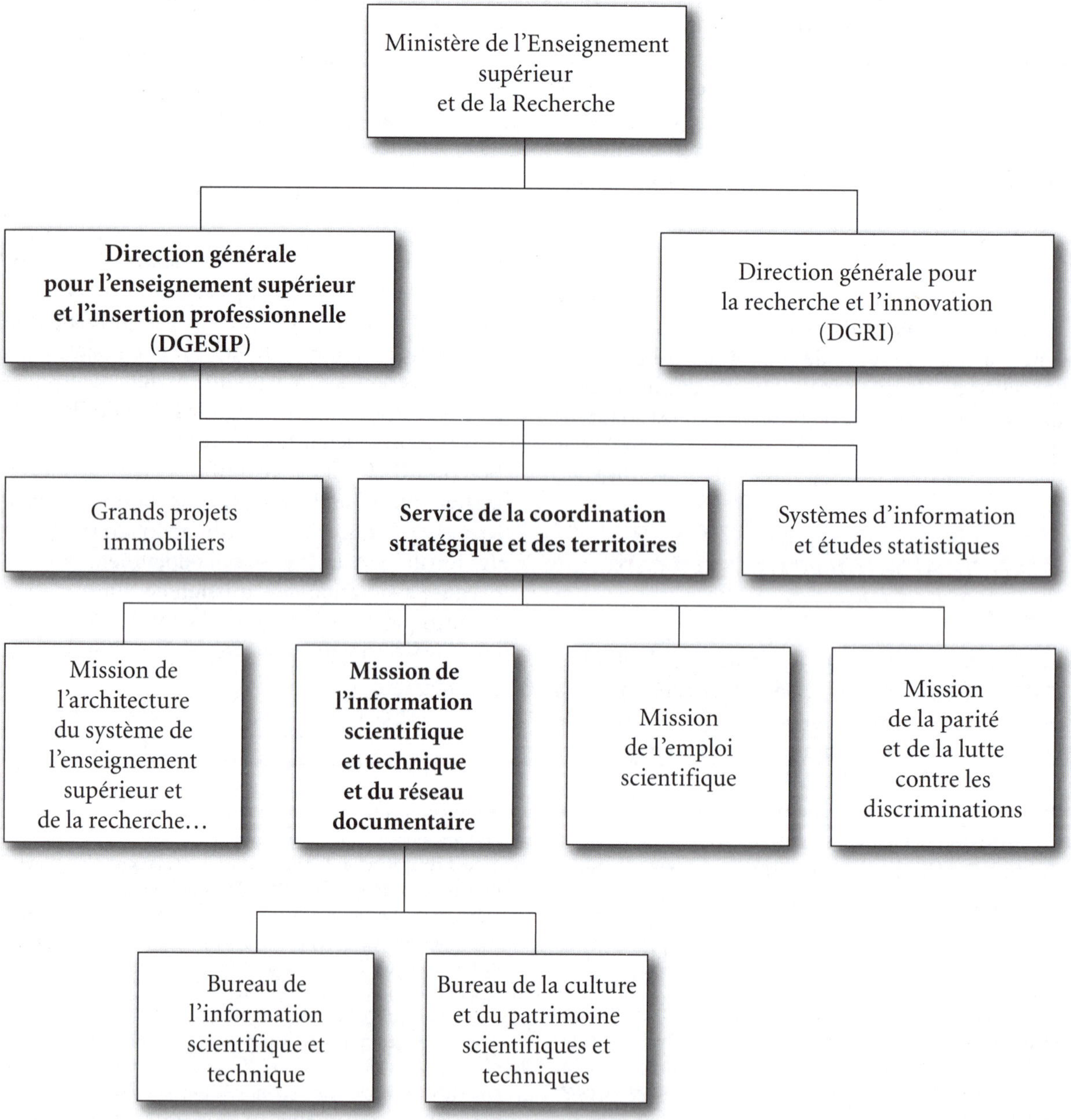

Organigramme du ministère de l'Éducation nationale

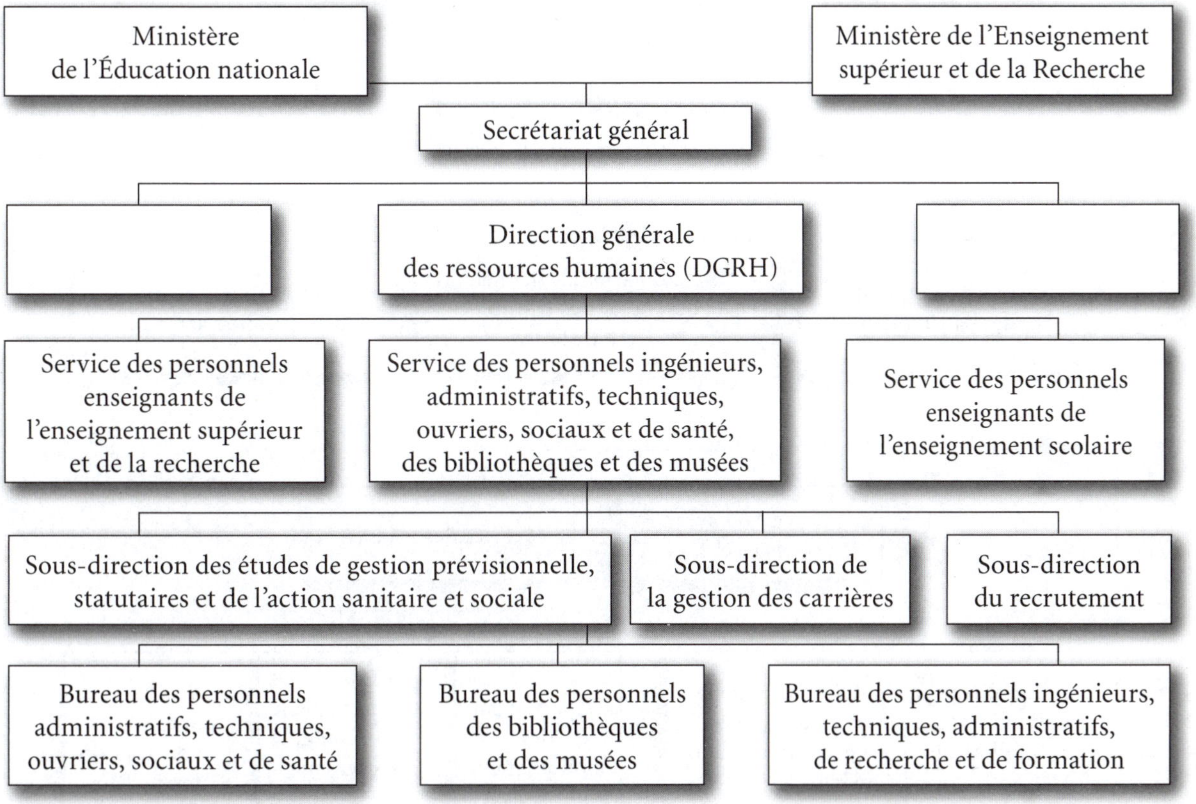

Bureau de l'information scientifique et technique et le Bureau de la culture et du patrimoine scientifiques et techniques.

b. Le ministère de l'Éducation nationale

Il dispose de la compétence de la Direction générale des ressources humaines (DGRH)[3] au sein de laquelle est intégrée la Sous-direction de la gestion des carrières. Cette structure est mandatée sur les questions relatives à la gestion prévisionnelle et au recrutement des personnels de bibliothèque.

3. Liste des attributions de DGRH libellées sur le site officiel du ministère de l'Éducation nationale (http://www.education.gouv.fr) : « La direction générale des ressources humaines prépare, en liaison avec la direction générale de l'enseignement scolaire et la direction générale de l'enseignement supérieur, la politique de recrutement du ministère. Elle la met en œuvre en veillant à la cohérence des actions conduites par les autorités académiques.

c. Le ministère de la Culture et de la Communication

À l'instar des administrations centrales des deux ministères précédents, il s'organise autour de trois directions. Parmi elles, la Direction générale des médias et des industries culturelles (DGMIC) retiendra plus particulièrement notre attention. Elle est chargée de définir, de mettre en œuvre et d'évaluer la politique de l'État en faveur du développement et du pluralisme des médias, de l'industrie publicitaire, de l'ensemble des services de communication au public par voie électronique, de l'industrie phonographique, du livre et de la lecture et de l'économie culturelle. Rattaché à cette structure et fer de lance d'une politique en relation avec le livre, l'édition et les bibliothèques, le Service du livre et

Organigramme du ministère de la Culture et de la Communication

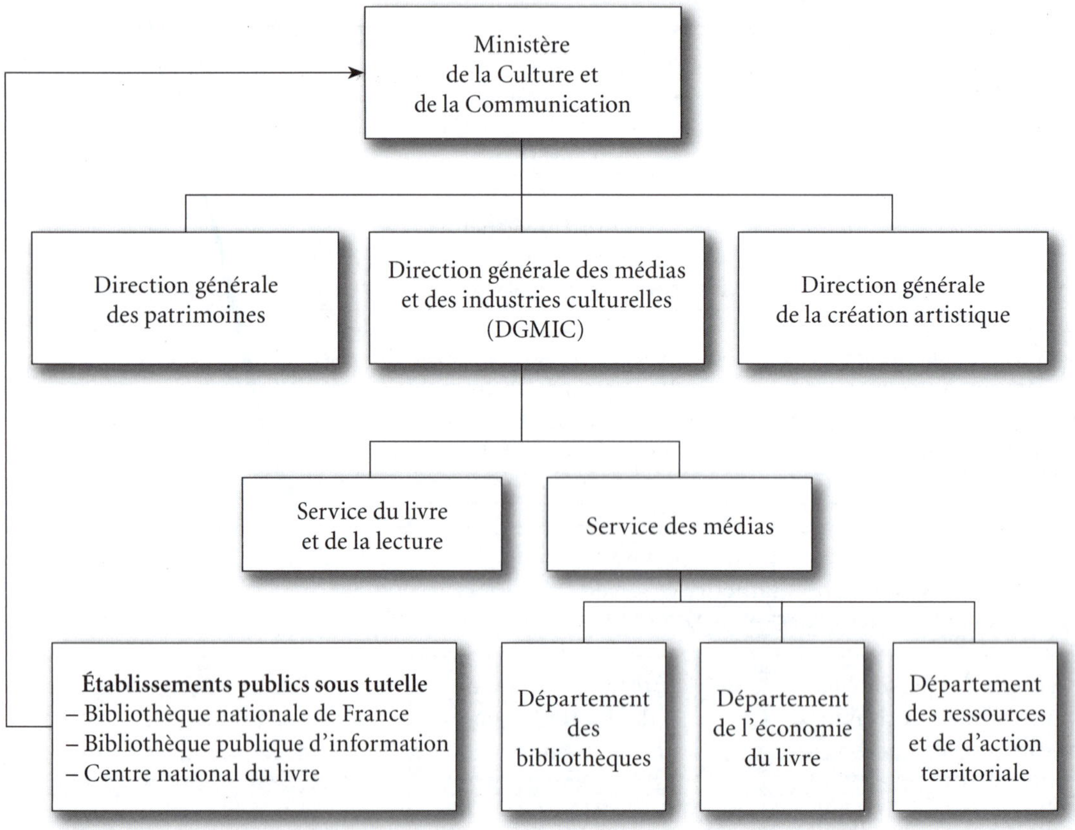

de la lecture (SLL)[1] assure un rôle d'évaluation et de réglementation. Enfin, nous noterons la mise sous tutelle des trois établissements publics suivants : le Centre national du livre (CNL[2]), la Bibliothèque nationale de France (BNF) et la Bibliothèque publique d'information (BPI).

d. Structures communes aux trois ministères

Les ministères de l'Éducation nationale, de l'Enseignement supérieur et de la Culture ne sont pas complètement sans relations. Le fonctionnement des bibliothèques, tel qu'il a été pensé, suppose effectivement la mise en place d'organes administratifs communs. Un seul exemple suffit à illustrer la corrélation entre les trois entités : la gestion unifiée de tous les personnels de bibliothèque de la FPE (Éducation nationale, Enseignement supérieur et Culture réunis) assurée par la DGRH. De ce fait, trois institutions possèdent une certaine autonomie nécessaire à l'accomplissement de leur rôle :

1. Le Service du livre et de la lecture (SLL) assure un rôle d'évaluation et de réglementation dans le domaine de la chaîne du livre, et en particulier dans les champs de la librairie et de l'édition, de la lecture publique, des politiques numériques et patrimoniales. Il exerce la tutelle sur la Bibliothèque nationale de France, la Bibliothèque publique d'information et le Centre national du livre et suit les carrières et effectifs des personnels des bibliothèques affectés au ministère. Il s'appuie, pour la mise en œuvre de la politique de l'État, sur les directions régionales des affaires culturelles (DRAC) et leurs conseillers pour le livre et la lecture.

2. Le Centre national du livre (CNL) a pour mission d'encourager la création et la diffusion d'ouvrages de qualité, à travers divers dispositifs de soutien aux acteurs de la chaîne du livre (auteurs, éditeurs, libraires, bibliothèques, organisateurs de manifestations littéraires).

– Le Comité technique paritaire ministériel (CTPM) est l'instance consultative où s'exerce la participation des personnels à la gestion et au fonctionnement de leur administration. Le CTPM est consulté sur les questions relatives à l'organisation des services ainsi qu'à l'élaboration des règles statutaires.
– Les commissions administratives paritaires (CAP) s'intéressent aux préoccupations individuelles des fonctionnaires en termes de titularisation, notation, avancement, mutation. Il existe autant de CAP qu'il y a de corps en bibliothèque (conservateurs, bibliothécaires, bibliothécaires assistants spécialisés, magasiniers) et tout agent peut en demander la saisine auprès des membres élus de sa commission de rattachement.
– L'Inspection générale des bibliothèques (IGB) est un service de contrôle, d'évaluation et de conseil placé sous l'autorité directe du ministre de l'Enseignement supérieur et de la Recherche et mis à la disposition du ministre de la Culture pour les bibliothèques qui relèvent de sa compétence. Elle assure également la présidence des jurys de recrutement en bibliothèque et siège dans les instances consultatives (membres titulaires de droit). Enfin, l'IGB est chargée par ses ministères de tutelle de rédiger des rapports d'étude thématique dans le cadre des programmes annuels qui lui sont fixés.

4. Recrutement

Le recrutement des bibliothécaires assistants spécialisés de classe normale s'opère par la voie de deux concours. Il s'agit pour le candidat de déterminer – en fonction des dispositions fixées préalablement par la réglementation – à quel type de concours, externe ou interne, il se présentera :
– Concours externe : les postes offerts sont attribués aux candidats titulaires d'un baccalauréat, d'un diplôme homologué au niveau IV (en application des dispositions du décret n° 92-23 du 8 janvier 1992 relatif à l'homologation des titres et diplômes de l'enseignement technologique) ou d'une expérience professionnelle équivalente (art. 6 du décret n° 2007-196 du 13 février 2007).

Il est par ailleurs intéressant de noter qu'aucune condition de diplôme n'est imposée aux mères et aux pères de trois enfants et plus, ainsi qu'aux sportifs de haut niveau.
– Concours interne : les postes offerts sont ouverts aux fonctionnaires et agents publics de l'État, des collectivités territoriales et des établissements publics qui en dépendent, aux militaires ainsi qu'aux agents en fonction dans une organisation internationale intergouvernementale à la date de clôture des inscriptions, comptant au moins quatre ans de services publics au 1er janvier de l'année au titre de laquelle est organisé le concours.

Remarque

Les candidats internes et externes au concours de bibliothécaire assistant spécialisé de classe normale participent aux mêmes épreuves mais sont évalués dans leur « catégorie » respective.

5. Conditions d'inscription

Le concours est ouvert aux candidats titulaires de la nationalité française au jour des épreuves écrites ainsi qu'aux ressortissants d'un État membre de la Communauté européenne ou d'un autre État partie à l'accord sur l'Espace économique européen.

6. Déroulement de la carrière

Le corps des bibliothécaires assistants spécialisés est constitué de trois grades : classe normale, classe supérieure et classe exceptionnelle. Ces grades se matérialisent par une grille indiciaire qui correspond au salaire des fonctionnaires.

Échelons	Durées moyennes d'avancement	Indices Nouveaux majorés[1]	Traitement mensuel net[2] (€)
Bibliothécaire assistant spécialisé de classe exceptionnelle			
11	-	562	2 113,34
10	3 ans	540	2 055,81
9	3 ans	519	1 990,60
8	3 ans	494	1 894,72
7	3 ans	471	1 806,50
6	2 ans	449	1 722,12
5	2 ans	428	1 641,58
4	2 ans	410	1 572,54
3	2 ans	395	1 515,01
2	2 ans	380	1 457,47
1	1 an	365	1 399,94
Bibliothécaire assistant spécialisé de classe supérieure			
13	-	515	1 975,26
12	4 ans	491	1 883,21
11	4 ans	468	1 794,99
10	3 ans	445	1 706,78
9	3 ans	425	1 630,07
8	3 ans	405	1 553,36
7	3 ans	390	1 495,83
6	3 ans	375	1 438,30
5	3 ans	361	1 384,60
4	2 ans	348	1 334,74
3	2 ans	340	1 304,06
2	2 ans	332	1 273,37
1	1 an	327	1 254,19
Bibliothécaire assistant spécialisé de classe normale			
13	-	486	1 864,03
12	4 ans	466	1 787,32
11	4 ans	443	1 699,11
10	3 ans	420	1 610,89
9	3 ans	400	1 534,18
8	3 ans	384	1 472,82
7	3 ans	371	1 422,95
6	3 ans	358	1 373,09
5	3 ans	345	1 323,23
4	2 ans	334	1 281,04
3	2 ans	325	1 246,52
2	2 ans	316	1 225,41
1	1 an	314	1 217,65

1. L'indice nouveau majoré (INM) figure sur la fiche de salaire d'un fonctionnaire. Au 1er juillet 2010, la valeur brute du point d'indice équivaut à 4,6303 €.
2. Le traitement mensuel net s'établit à partir du traitement brut amputé des retenues pour pension civile (taux : 8,76 %), CSG, RDS et contribution solidarité. Les données du tableau peuvent cependant différer de votre fiche de paie dans la mesure où les primes relatives à la situation de chacun ne sont pas prises en compte ici.

À titre indicatif, voilà un aperçu des rémunérations mensuelles brutes des bibliothécaires assistants spécialisés présentées et mises à jour sur le site du ministère de l'Éducation nationale au 11 avril 2013[1]:

	Début de carrière	Milieu de carrière	Fin de carrière
Classe normale	1 375,19 €	1 676,16 €	2 143,82 €
Classe supérieure	1 676,16 €	1 875,76 €	2 264,21 €
Classe exceptionnelle	1 745,62 €	2 060,42 €	2 379,97 €

Dans l'éventualité de son admission au concours de bibliothécaire assistant spécialisé de classe normale, le lauréat sera nommé en qualité de stagiaire pendant une période obligée durant laquelle il suivra une formation post-recrutement[2]. Sa titularisation prendra effet à l'issue d'une année de stage. Après avis de la commission administrative paritaire (CAP), le ministre prononcera officiellement par arrêté la titularisation de l'agent ou, à défaut, la prolongation de son stage pour une durée maximale d'un an.

Le concours interne de bibliothécaire assistant spécialisé de classe normale est ouvert à tout magasinier ou magasinier principal justifiant de quatre ans de service. En revanche, les conditions de promotion sur liste d'aptitude (passage au choix) dans ce même corps, intéressent uniquement les membres de catégorie C du personnel de magasinage justifiant d'au moins neuf années de services publics au 1er janvier de l'année de nomination.

Les bibliothécaires assistants spécialisés de classe normale peuvent être promus en classe supérieure :
– par la voie d'un examen professionnel[3], dès lors qu'ils justifient d'au moins un an d'ancienneté dans le quatrième échelon de leur grade et d'au moins trois années de services effectifs dans un corps, cadre d'emplois ou emploi de catégorie B ;
– par la voie du choix[4], après inscription sur un tableau d'avancement établi après avis de la commission administrative paritaire, dès lors qu'ils justifient d'au moins un an d'ancienneté dans le sixième échelon de leur grade et d'au moins cinq années de services effectifs dans un corps, cadre d'emplois ou emploi de catégorie B.

1. Des primes viennent s'ajouter au traitement salarial du fonctionnaire. Le décret 2001-328 du 13 avril 2001 précise qu'une enveloppe de 1 042,75 € est allouée à chaque bibliothécaire assistant spécialisé au titre de la prime de technicité forfaitaire. Par ailleurs, conformément au décret 2002-61 du 14 janvier 2002 publié au *JO* du 15 janvier 2002 et révisé en mars 2006, les bibliothécaires assistants spécialisés de classe normale situés dans la grille entre le 1er et le 5e échelon perçoivent une prime appelée IAT (indemnité d'administration et de technicité) de 1 245,62 € par an. De leur côté, les autres bibliothécaires assistants spécialisés (classe normale, situés entre le 6e et 13e échelon ; classe supérieure ; classe exceptionnelle) reçoivent l'IFTS (indemnité forfaitaire pour travaux supplémentaires) dont le taux annuel est de 1 815,12 €. Depuis 2005, l'ensemble des primes est versé mensuellement sur le salaire de l'agent (entre 190,70 € et 238,16 € net).

2. Arrêté du 4 février 2002 fixant le contenu et les modalités d'organisation de la formation des assistants des bibliothèques stagiaires.

3. L'**épreuve d'admissibilité** est constituée d'une série de 5 à 10 questions à réponse courte portant sur l'information bibliographique, ses structures et ses accès (Durée de l'épreuve : 2 heures / Coefficient 2). L'**épreuve d'admission** consiste en un entretien avec le jury. Pour conduire cet entretien, qui a pour point de départ un exposé du candidat d'une durée de cinq minutes au plus, les examinateurs disposent du dossier constitué par le candidat en vue de la reconnaissance des acquis de l'expérience professionnelle (RAEP) (Durée de l'épreuve : 25 minutes, dont 5 minutes au plus pour l'exposé / Coefficient 3). **Remarque** : Le format actuel de l'épreuve écrite risque d'être abandonné à partir de la session 2014 ; l'hypothèse selon laquelle le dossier RAEP ferait office d'épreuve d'admissibilité semble se confirmer.

4. Éléments constitutifs du dossier de candidature à une promotion au choix : fiche individuelle de proposition de l'agent, rapport d'activité dactylographié établi par l'agent, rapport d'aptitude professionnelle établi par le supérieur hiérarchique, CV et organigramme situant la place de l'agent dans le service.

Série de quatre à six questions à réponse courte.

Durée de l'épreuve : 4 heures / Coefficient cumulé des exercices : 2.

Remarque

Le jour du concours, l'étude de cas et le questionnaire sont distribués simultanément en début de séance ; il revient alors au candidat le soin d'organiser le temps qui lui est imparti.

Admission

L'épreuve orale d'admission consiste en un entretien avec le jury qui a pour point de départ un exposé du candidat sur son expérience professionnelle d'une durée de cinq minutes au plus. Pour conduire cet entretien, les examinateurs disposent d'un dossier de reconnaissance des acquis de l'expérience professionnelle constitué par le postulant.

Durée de l'épreuve : 25 minutes, dont 5 minutes au plus pour l'exposé / Coefficient : 3.

En vue de l'épreuve d'admission, le candidat admissible établit un dossier de reconnaissance des acquis de son expérience professionnelle (RAEP)[1], qu'il remet au service organisateur à une date fixée dans l'arrêté d'ouverture du concours.

Remarque

L'absence de dossier ou sa transmission après cette date (le cachet de la poste faisant foi) entraîne l'élimination du candidat qui n'est pas convoqué à l'épreuve d'admission. Aucune pièce complémentaire transmise par le candidat après cette même date n'est prise en compte.

1. La reconnaissance des acquis de l'expérience professionnelle (RAEP) est un mécanisme d'évaluation des savoirs, des compétences et aptitudes professionnelles, fondé sur des critères professionnels.
Ainsi, ce support permet à un jury d'apprécier la capacité des candidats :
– à analyser leur environnement professionnel ;
– à exercer de nouvelles fonctions et/ou responsabilités.
(*Cf.* Deuxième partie : Épreuve orale d'admission)

8. Programme du concours

Les épreuves d'admissibilité et d'admission peuvent porter sur les thèmes suivants :

1. Administration

a. Notions sur l'organisation de l'État et des collectivités territoriales.
b. Notions sur les fonctions publiques : principes généraux, droits et obligations des fonctionnaires.
c. Notions sur le fonctionnement des institutions européennes.

2. Les documents

a. Notions sur les différents types de documents (manuscrits, documents imprimés et graphiques ; ressources audiovisuelles et électroniques).
b. Notions sur la production et la diffusion des documents (édition, imprimerie, librairie, bibliothèques).

3. Les différents types de bibliothèques et services documentaires

a. Notions sur leurs missions et leur organisation.
b. L'offre de service des bibliothèques.

4. Les publics des bibliothèques, leurs comportements et leurs attentes

9. Inscription au concours

Depuis 2009, les concours d'État des personnels de bibliothèques seront organisés par le **ministère de l'Enseignement supérieur et de la Recherche**. Il est donc important de noter que la gestion administrative du concours de bibliothécaire assistant spécialisé de classe normale n'est plus confiée comme par le passé à l'École nationale supérieure des sciences de l'information et des bibliothèques (ENSSIB)[1]. Par conséquent, les inscriptions sont ouvertes en même temps que l'ensemble des concours nationaux de recrutement des personnels gérés par la **Direction générale des ressources humaines** (DGRH) du ministère de l'Éducation nationale et du ministère de l'Enseignement supérieur et de la Recherche.

Ces inscriptions devront par ailleurs être systématiquement enregistrées sur Internet à partir de l'adresse suivante : http://www.education.gouv.fr/cid4983/s-inscrire-aux-concours-de-bibliotheques.html.

Enfin, les candidats devront impérativement respecter les procédures d'**inscription** et de confirmation par **validation.** La possibilité leur est offerte de modifier les données de leur dossier jusqu'à la date de clôture des inscriptions. Toute modification des données contenues dans le dossier devra faire l'objet d'une nouvelle validation ; seule la dernière version du dossier enregistrée par le candidat sera prise en compte.

L'ouverture et la clôture des inscriptions seront notifiées par des dates et des horaires non extensibles. À cet effet, le ministère recommande vivement aux potentiels candidats de ne pas attendre les derniers jours de chacune de ces deux périodes pour s'inscrire… Car aucune inscription ou modification d'inscription par Internet ne sera admise en dehors de ces délais !

Les candidats aux concours externes pourront choisir au moment de leur inscription de subir les épreuves d'admissibilité dans l'académie dans le ressort de laquelle ils ont leur résidence personnelle. En revanche, les candidats des concours internes opteront peut-être pour l'académie correspondant à leur résidence administrative. Mais seules les épreuves écrites auront lieu dans l'académie d'inscription du candidat – celles relatives à l'admission se déroulant en général à Paris.

10. Affectation à l'issue du concours

Les postes offerts à ces concours sont à pourvoir sur l'ensemble du territoire (France métropolitaine, DOM et COM). Les lauréats doivent exprimer des vœux pour leur affectation même si les nominations sont prononcées par ordre de mérite ou classement.

En somme, le lieu d'affectation peut être différent de l'académie dans laquelle le candidat s'inscrit et où celui-ci passe les épreuves écrites.

11. Préparation au concours

Toute sélection de personnes implique une préparation de leur part, voire une formation préalable. Nous serions même tentés de dire que si ce constat reste évident pour des examens, il semble d'autant plus affirmé pour des concours. Le concours de bibliothécaire assistant spécialisé de classe normale ne déroge en rien à cette règle.

Les Centres régionaux de formation aux carrières des bibliothèques, du livre et de la documentation (CRFCBLD) ont été investis de missions liées à la préparation aux concours des bibliothèques. Ces organismes ont su prendre la mesure des différentes évolutions des épreuves et mettre en place des programmes pédagogiques adaptés. Au nombre de douze, ces centres sont rattachés à des universités de tutelle. Pour la préparation au concours de bibliothécaire assistant spécialisé de classe normale, vous pouvez vous adresser à l'un des CRFCBLD de la liste suivante :

Bordeaux
MEDIAQUITAINE
Université de Bordeaux
Bât. 10A, avenue d'Aquitaine
BP 90092

1. L'ENSSIB conserve toutefois ses principales attributions : former l'ensemble des futurs cadres des bibliothèques appartenant aux fonctions publiques d'État et des collectivités territoriales (conservateurs, bibliothécaires, masters) et développer la recherche en sciences de l'information, bibliothéconomie et histoire du livre.

33170 Gradignan
Tél. : 05.56.94.20.32 / 20.53
Fax : 05.56.94.36.68

Caen
CRFCB Université de Caen Basse-Normandie
Avenue de Lausanne
14032 Caen cedex
Tél. : 02.31.56.53.44 / 59.55
Fax : 02.31.56.58.18
cfcb@unicaen.fr

Clermont-Ferrand
CRFCB de Clermont-Ferrand
Université Blaise-Pascal
34, avenue Carnot
63000 Clermont-Ferrand
Tél. : 04.73.40.61.55
Fax : 04.73.40.64.59
crfb@univ-bpclermont.fr

Dijon
BIBLIEST
Université de Bourgogne
4, avenue Alain-Savary
21000 Dijon
Tél. : 03.80.39.51.09
Fax : 03.80.39.51.87
bibliest@u-bourgogne.fr

Grenoble
MEDIAT Rhône-Alpes
Université Pierre-Mendès-France
BP 47X
38040 Grenoble Cedex 9
Tél. : 04.76.82.56.28
Fax : 04.76.82.60.95
mediat@upmf-grenoble.fr

Grenoble (Antenne de Lyon)
MEDIAT Rhône-Alpes
B.U. des Sciences – Lyon 1
20, avenue Gaston-Berger
69603 Villeurbanne cedex
Tél. : 04.26.23.71.50
Fax : 04.26.23.71.51
mediat@univ-lyon1.fr

Lille
DFMLD – MEDIALILLE –
Université Charles-de-Gaulle – Lille 3
Domaine universitaire du « Pont de bois »
BP 60 149
59653 Villeneuve-d'Ascq Cedex
Tél. : 03.20.41.67.97
Fax : 03.20.41.67.31

Marseille
CFCB d'Aix-Marseille
Université de Provence
Aix-Marseille I
1, place Victor-Hugo
13331 Marseille Cedex 3
Tél. : 04.91.10.60.96
Fax : 04.91.10.67.42
crfcb@univ-provence.fr

Nancy
MEDIAL
Université Nancy 2
IUT Charlemagne
2 ter, boulevard Charlemagne
54000 Nancy
Tél. : 03.54.50.39.05
Fax : 03.54.50.39.05

Paris
MEDIADIX
Université Paris-Ouest-
Nanterre-La Défense
Pôle métiers du livre
11, avenue Pozzo-di-Borgo
92210 Saint-Cloud
Tél : 01.40.97.98.75 / 01.40.97.98.76
Fax : 01.40.97.98.77

Poitiers
MEDIA Centre-Ouest
Université de Poitiers
93, avenue du Recteur-Pineau – BP 605
86022 Poitiers Cedex
Tél. : 05.49.45.33.73
Fax : 05.49.45.40.76
mediacentreouest@univ-poitiers.fr

Rennes
CFCB Bretagne et Pays de la Loire
Université de Rennes 2
Place du Recteur-Henri-
Le-Moal
CS 64302
35043 Rennes Cedex
Tél. : 02.99.14.12.95
Fax : 02.99.14.12.99

Toulouse
CFCB Midi-Pyrénées–Languedoc-Roussillon
Université de Toulouse 2 – Le Mirail
5, allée Antonio-Machado
31058 Toulouse Cedex 9
Tél. : 05.61.50.41.91
Fax : 05.61.50.45.30
crfcb-contact@univ-toulouse.fr

Bien que les CRFCBLD soient compétents dans leur rôle de formation aux métiers du livre, le travail personnel du candidat, lors de sa préparation au concours de bibliothécaire assistant spécialisé de classe normale, reste indispensable. Il existe des ouvrages et sites Web particulièrement recommandés par les professionnels des bibliothèques pour vous aider, sinon à étendre vos connaissances, pour le moins à vérifier et/ou conforter des idées déjà reçues. Pour ne citer qu'eux, nous conseillons donc de vous référer à :
– Le Métier de bibliothécaire, Association des bibliothécaires français, sous la direction d'Yves Alix, Paris, Éditions du Cercle de la librairie, 2010 (12e édition).
– Administration et bibliothèques, Yves Desrichard, Paris, Éditions du Cercle de la librairie, 2006 (collection Bibliothèques).
– Contenus pédagogiques, Médiadix (centre régional de formation aux carrières des bibliothèques d'Île-de-France), [en ligne]. Adresse URL : http://netx.u-paris10.fr/mediadix/

Enfin, pour se présenter au concours de bibliothécaire assistant spécialisé de classe normale dans les meilleures conditions qui soient, les « vrais » concurrents externes[1] devraient accomplir des stages de courte durée en bibliothèque. L'expérience du terrain les aiderait immanquablement à se familiariser au vocabulaire et aux pratiques professionnelles. Vivre quelques moments de la « réalité » d'une bibliothèque est une démarche indispensable pour prétendre réussir aux différentes épreuves. À cet égard, les bibliothèques ont un rôle prépondérant à jouer en matière d'accueil et de formation « prérecrutement ». Accompagner les bonnes volontés d'aujourd'hui dans leur projet professionnel, c'est promouvoir notre métier et, plus encore, participer, dès la préparation aux concours, à l'intégration des futurs « bibliothécaires » – au sens général du terme.

1. Dans le jargon de la formation au concours, il est courant d'établir une distinction entre les « vrais » et les « faux » externes. Ces derniers sont des candidats qui exercent déjà des fonctions en bibliothèque sur des emplois non statutaires ou en qualité de titulaires et qui ne bénéficient pas de l'ancienneté requise pour s'inscrire au concours interne. Par opposition, les « vrais » externes sont des candidats qui n'ont jamais travaillé en bibliothèque.

12. Quelques chiffres relatifs au concours

	2006		2008		2010		2012	
	Concours externe	Concours interne	Concours externe	Concours interne	Concours externe	Concours interne	Concours externe	Concours interne
Nombre d'inscrits	4 011	915	2 370	646	10 141	1 694	5 903	1 031
Nombre de présents	2 070	718	1 216	523	3 244	760	1 717	477
Nombre d'admissibles	49	41	47	52	63	56	35	33
Nombre d'admis	11	8	9	7	19	15	10	10

Les données du tableau ci-dessus font état de la faible proportion de réussite – comme dans la plupart des concours administratifs – eu égard au nombre de candidats postulant et au nombre de lauréats. Au cours des quatre dernières sessions, le concours de bibliothécaire assistant spécialisé de classe normale a rencontré une vive popularité. Il semblerait donc que l'âpre sélection soit surtout liée à une importante concurrence. Plus que le niveau d'études des uns et des autres, c'est aussi le caractère technique et professionnel des épreuves qui ajoute une difficulté supplémentaire au concours. À ce titre, nulle personne ne peut être dispensée de l'étude précise et exhaustive des connaissances bibliothéconomiques. Les candidats au concours de bibliothécaire assistant spécialisé de classe normale s'armeront donc d'une bonne dose de motivation et se lanceront dans une sérieuse préparation. Les conseils méthodologiques et les exercices d'application qui suivent pourront les aider à mettre toutes les chances de leur côté.

Gestion du temps imparti

La gestion du temps au concours de bibliothécaire assistant spécialisé de classe normale revêt un caractère tout à fait particulier. En effet, les candidats disposent d'un délai ininterrompu de **quatre heures** pour réaliser successivement les deux épreuves d'admissibilité. Cette situation unique dans l'organisation des concours aux métiers de la documentation confère tout de même à l'exercice une difficulté supplémentaire. Le jury estime peut-être nécessaire de sélectionner des candidats qui savent gérer le temps et qui, de toute façon, auront à régir celui de leurs collègues dans un cadre professionnel.

Face à la masse de travail à produire, le temps imparti peut sembler légitimement dérisoire. Quelle que soit votre première impression sur la difficulté des exercices, vous devez rester serein et ne pas vous décourager. Mobilisez votre capacité à vous concentrer et franchissez les étapes les unes après les autres. En général, il est conseillé de commencer par ce que vous réussissez le mieux. D'un point de vue psychologique, il est en effet plus confortable d'avoir le sentiment d'avancer, de produire un résultat.

La difficulté étant la même pour l'ensemble des concurrents, nous allons tenter d'optimiser la gestion du « sablier ». Pour ce faire, nous avons choisi de rassembler des informations issues d'expériences antérieures. Lorsqu'il y a quelques années les candidats se présentaient au concours pour l'accès au statut d'inspecteur de magasinage[1], ils étaient confrontés aux mêmes épreuves que celles du concours de bibliothécaire assistant spécialisé de classe normale : un questionnaire et une étude de cas. La seule différence apparente résidait dans l'organisation même du concours. Les postulants disposaient tout d'abord de trois heures pour réaliser le cas pratique ; passé ce délai et après une courte interruption, ils étaient invités à répondre à une série de questions dont la durée ne devait pas excéder une heure. De ces observations, nous nous permettons de tirer les enseignements suivants :

– le temps dévolu au **questionnaire** ne peut être inférieur à 45 minutes compte tenu du niveau de rédaction requis et du délai nécessaire à la réalisation de la deuxième partie de l'épreuve ;

– par déduction, il reste 195 minutes pour achever le **cas pratique**. Ni trop ni pas assez, le temps affecté à cette partie doit intégrer la dimension des opérations à mener : l'analyse, l'élaboration d'un plan, la rédaction, la mise en forme d'un planning et la relecture.

Indépendamment de ces observations, il convient de prendre en considération les aptitudes individuelles de chaque candidat. Vous devez effectivement déterminer les étapes qui requièrent le plus d'énergie ou de patience. Avec un peu d'entraînement, vous apprendrez à identifier les étapes qui consomment le plus de temps et vous adapterez votre programme en fonction des éléments recueillis. Ce n'est qu'au terme de cette autoévaluation que vous parviendrez à mieux vous connaître et vous évaluer. En somme, vous restez votre propre « maître des horloges ».

Cependant, pour vos débuts, vous pouvez vous appuyer sur les repères consignés dans le tableau ci-dessous. Ce guide chronométrique vous aidera à ajuster vos travaux en fonction de vos capacités ou choix personnels. À l'issue des différents tests, vous pourrez établir un tableau sur mesure qui correspondra plus précisément à votre profil.

Pour avoir la maîtrise du temps imparti, vous conviendrez qu'il faille être en possession d'une montre ou éventuellement d'un chronomètre. Il

1. Décret n° 88-686 du 6 mai 1988 paru au *JO* du 8 mai 1988.

Étapes des épreuves écrites du concours			Temps estimés
Questionnaire			45 minutes
Analyse de dossier	Analyse	de l'énoncé	5 minutes
		des questions posées	5 minutes
		des pièces jointes	20 minutes
	Élaboration du plan		50 minutes
	Rédaction		10 minutes
	Mise en forme du planning		15 minutes
	Relecture		10 minutes

arrive de temps à autre que des personnes, paralysées par l'évènement, deviennent étourdies au point d'en oublier leur « cadran ». Vous imaginez bien que pareille situation ne ferait qu'ajouter à la complexité des exercices et serait génératrice de stress. Nous vous engageons donc à rassembler vos effets personnels[1] la veille du jour « J » pour vous présenter dans les meilleures conditions psychologiques possibles.

1. Parmi les effets personnels à ne pas oublier chez vous, nous pouvons citer :
– la convocation aux épreuves écrites ;
– votre pièce d'identité (carte nationale d'identité ou passeport) ;
– votre titre de transport ;
– un stylo bleu ou noir (à bille ou à encre) pour rédiger sur la copie d'examen ;
– un correcteur ou un effaceur pour éviter les ratures disgracieuses ;
– un crayon à papier, une gomme et une grande règle pour présenter un planning soigné ;
– un jeu de surligneurs pour signaler les éléments du dossier qui vous semblent importants ;
– et, bien sûr, votre montre !

Planning de révision

Le planning – donné à titre purement indicatif – doit pouvoir vous aider dans votre organisation personnelle. Outre la déclinaison du socle de connaissances requis pour prétendre réussir le concours de bibliothécaire assistant spécialisé de classe normale, ce programme vous engage à respecter un rythme d'assimilation des informations.

Période	Durée	Contenu des révisions
Périodes 1 à 6	**1,5 mois**	**Environnement administratif des bibliothèques**
Période 1	1 semaine	Organisation administrative de l'État
Période 2	1 semaine	Organisation administrative des collectivités territoriales
Période 3	1 semaine	Notions sur l'organisation des bibliothèques et leurs administrations de tutelles
Période 4	1 semaine	Statut, recrutement et carrière des fonctionnaires de la fonction publique
Période 5	1 semaine	Personnels des bibliothèques. Droits et devoirs. Notions relatives à l'encadrement
Période 6	1 semaine	Règlement intérieur. ERP. Sécurité et assistance aux personnes
Périodes 7 à 13	**2 mois**	**Connaissances professionnelles de base**
Période 7	2 semaines	Vocabulaire bibliothéconomique
Période 8	1 semaine	Visites de bibliothèques et rencontres avec des professionnels
Période 9	1 semaine	Supports de l'information. Documentation électronique. Internet
Période 10	1 semaine	Outils bibliographiques : catalogues, bases de données
Période 11	1 semaine	Organisation des espaces documentaires : magasins, réserve, matériels de stockage
Période 12	1 semaine	Accueil, orientation, animation, information et formation du public
Période 13	1 semaine	Services : inscription, prêt, communication, renseignement bibliographique, etc.
Périodes 14 à 19	**1,5 mois**	**Techniques documentaires**
Période 14	1 semaine	Accroissement des collections : dons, échanges, achats, legs, dépôts
Période 15	1 semaine	Signalement et valorisation des fonds. Classifications et classement. Signalétique
Période 16	1 semaine	Traitement matériel des documents : enregistrement, bulletinage, équipement
Période 17	1 semaine	Conservation : récolement, désherbage, reliure. Conditions de conservation
Période 18	1 semaine	Coopération et réseaux documentaires. Manifestations culturelles
Période 19	1 semaine	Numérisation : enjeux et techniques
Périodes 20 à 25	**1,5 mois**	**Autres notions essentielles**
Période 20	1 semaine	Notions de base sur la recherche documentaire
Période 21	1 semaine	Matériels informatiques. Logiciels et système d'exploitation
Période 22	1 semaine	Technologies de la communication. Propriété intellectuelle. Informatique et libertés
Période 23	1 semaine	Économie du livre : panorama de l'édition et de la librairie
Période 24	1 semaine	Typologie et sociologie des publics
Période 25	1 semaine	Nouveaux services. Bibliothèques numériques. Learning center

PÉRIODES 26 À 31	2,5 mois	Épreuves d'admissibilité et d'admission
Période 26	3 semaines	Communication interne : expression écrite et orale. Rédaction d'une note de service
Période 27	2 semaines	Questionnaire : méthodologie, entraînement, gestion du temps
Période 28	2 semaines	Étude de cas : méthodologie, entraînement, gestion du temps
Période 29	1 semaine	Technique d'élaboration de plannings
Période 30	2 semaines	Méthodologie pour l'épreuve orale
Période 31[1]	4 semaines	Constitution du dossier RAEP : méthodologie de rédaction du rapport d'activités

1. Uniquement en direction des candidats au concours interne de bibliothécaire assistant spécialisé de classe normale.

PARTIE 1
Épreuve écrite d'admissibilité

Les épreuves du concours de bibliothécaire assistant spécialisé de classe normale sont pour partie générales et pour partie professionnelles. Le panachage des deux tendances confère aux exercices une difficulté particulière. Les connaissances techniques ne peuvent se substituer à l'indispensable qualité de réflexion et d'expression écrite… et réciproquement. Le candidat devra donc, pour l'occasion, faire montre d'une certaine dextérité.

À bien des égards, la nature du concours de bibliothécaire assistant spécialisé de classe normale ressemble à s'y méprendre à celle du concours de magasinier principal. Mais les limites de cette comparaison s'arrêtent uniquement à la façon dont les deux concours sont organisés, à la similitude du programme de révision et à une commune méthodologie d'élaboration des réponses. C'est d'ailleurs principalement pour cette dernière raison que des réflexions d'ordre général ont déjà été évoquées au cours de la rédaction du livre Magasinier principal des bibliothèques (Jérôme Brunet, Paris, Vuibert, 2010, 7e éd.). En revanche, nous observerons à travers ces pages, les grandes différences entre le concours de « BAS classe normale » et le concours de « MAG principal », notamment sur la question essentielle du fond et de l'approche des contenus. Il sera effectivement primordial de cerner les enjeux et la philosophie des exercices pour « coller » à l'état d'esprit de leurs concepteurs, à savoir vos correcteurs ou membres du jury.

1. Série de 4 à 6 questions

Coefficients

2

Durée

45 min

L'épreuve

Le questionnaire est l'une des deux épreuves distribuées simultanément aux candidats au concours de bibliothécaire assistant spécialisé de classe normale. Elle est également la plus accessible pour les personnes se livrant à une sérieuse préparation. Même s'il reste affaire de « bachotage », cet exercice pose le fondement du savoir requis. D'ailleurs, l'épreuve de cas pratique se nourrit grandement des connaissances utiles pour répondre au questionnaire. Il est donc tout naturel que, pour la rédaction de ce manuel, on ait sciemment choisi de commencer par cette épreuve.

C'est aussi l'occasion pour nous d'aborder la première différence entre les questionnaires respectifs de magasinier principal et de bibliothécaire assistant spécialisé spécialisé de classe normale. Pour ce dernier, la majorité des réponses nécessite *a minima* un développement, et plus fréquemment une rédaction. À l'inverse, pour le concours de MAG PRINCIPAL, il n'est pas rare de rencontrer des questions si directes que les réponses en sont automatiquement synthétiques.

Nature de l'épreuve

L'épreuve consiste en une série de quatre à six questions à réponse courte[1] portant sur le programme de révision.

Ces dernières sont consignées sur une feuille de copie double sur laquelle il vous faudra composer directement. En fonction de la nature des questions, les espaces de rédaction sont plus ou moins importants.

1. Il est délicat d'apprécier l'exacte nature de l'exercice tant la formule « réponse courte » reste subjective à cet endroit. Cependant, cette même formule induit l'idée qu'il faille développer une réponse et s'affranchir donc du style télégraphique ou lapidaire. Ainsi, au risque de tomber dans l'interprétation abusive du libellé de l'épreuve, l'auteur serait tenté de situer la longueur d'une réponse courte sur une échelle allant de 3 à 10 lignes de rédaction.

Méthodologie et conseils

1. Quelques conseils pour le questionnaire

Répondre à un questionnaire semblable à ceux proposés au concours de bibliothécaire assistant spécialisé, n'est pas, a priori, un exercice fastidieux, surtout lorsqu'on possède des connaissances solides en la matière. Pourtant, le contenu d'une réponse, si juste soit-il, ne suffit nullement à satisfaire l'exigence du correcteur ou de l'examinateur. La forme de la réponse doit impérativement être soignée.

Le jour du concours, vous pouvez commencer par parcourir l'ensemble des questions et choisir ainsi celles par lesquelles vous souhaitez débuter. De façon naturelle, les candidats répondent toujours aux questions dont ils connaissent d'emblée la solution. Cette démarche leur apporte un certain confort psychologique et un gain de temps non négligeable pour le reste de l'exercice. À l'inverse, lorsque vous éprouvez une difficulté à répondre à une ou plusieurs questions, passez donc à la suivante sans paniquer. Il est possible que vous trouviez l'inspiration au fil de l'avancement de vos travaux.

Comme nous le précisions plus haut, le candidat doit répondre directement sur la copie d'examen. Cependant, nous ne saurions trop lui conseiller de préparer ses réponses sur les feuilles de brouillon fournies à cet effet. Cette attitude s'avère des plus judicieuses dans le cas où on limite sa réponse à un nombre de lignes défini. Autre avantage non négligeable pour obtenir d'excellents résultats, cette option permet de soigner tout à la fois l'orthographe et la présentation du devoir.

2. Méthodologie d'élaboration des réponses

À présent, nous engageons le candidat à observer les questions qui induisent des stratégies distinctes dans la manière d'aborder les réponses :

La plupart des questions posées visent à évaluer la capacité du candidat à organiser ses propres écrits. On peut effectivement vous demander de rédiger en un nombre prédéfini de lignes la réponse à une question faisant appel à un certain bon sens. La nature même de vos arguments suppose la construction d'un plan[1] logique autour d'une question à la fois technique et pratique. Véritables tests d'expression écrite, ces questions sont toujours affectées d'un plus fort coefficient.

Dans leur formulation ainsi affichée, on peut à l'évidence, dégager deux exigences sous-tendues par les questions :

– Lorsque la mention « (2 lignes) », « (3 lignes) » ou « (4 lignes) » figure en fin d'énoncé, on comprendra que la réponse se doit d'être à la fois brève, condensée mais instructive.

– *A contrario*, si cette même indication est comprise entre « (6 lignes) et (10 lignes) », la rédaction en sera d'autant plus élaborée et reposera sur un développement bien construit.

Quoiqu'il en soit, dans l'une ou l'autre des hypothèses, vous serez jugé sur la pertinence du contenu, l'articulation des idées et leur progression, le style de la rédaction, l'orthographe, la propreté et le respect du

1. À ce sujet, la notion de plan reste omniprésente pour le concours de bibliothécaire assistant spécialisé. On retrouvera cette idée à la lecture du chapitre intitulé « Méthodologie de l'analyse de dossier ».

nombre de lignes[1] évoqué ci-dessus. Ne proposez pas une énumération d'idées mais préférez au contraire la construction de phrases intelligibles. Faites valoir votre culture professionnelle tout en organisant votre réflexion.

1. La mention relative au nombre de lignes de rédaction n'est pas systématiquement indiquée sur chacune des questions. Cette information fluctue en fonction des sessions de concours. Cependant, en l'absence de prescriptions en la matière, on notera que le support de la réponse est très souvent matérialisé par des tirets qui fixent en nombre de lignes la longueur maximale de la réponse. En somme, le nombre de lignes prescrites ou matérialisées correspond au nombre de lignes rédigées à ne pas dépasser. Ainsi, une réponse peut être plus concise mais tout aussi pertinente.

Entraînement

Exemples de questionnaires

Les exercices qui vous sont proposés ici peuvent faire l'objet d'un entraînement « grandeur nature ». De ceux-ci ont été retranchées les questions ne correspondant plus à l'esprit de l'épreuve du concours de bibliothécaire assistant spécialisé de classe normale. Ces tests vous permettront d'évaluer votre éventuelle marge de progression. Chaque épreuve sera suivie de sa correction et de commentaires associés.

Nous rappelons toutefois que vous devez absolument confronter vos révisions à la nécessaire lecture du Métier de bibliothécaire rédigé par l'Association des bibliothécaires français (ABF) ou à celle d'Administration et bibliothèques d'Yves Desrichard.

Annales corrigées

Sujet 1

Difficulté XXX	Durée 1 heure

Ministère de l'Éducation nationale, de l'Enseignement supérieur et de la Recherche. Concours externe et interne d'assistant des bibliothèques, session 2006

❶ Citez les principaux opérateurs booléens et expliquez de façon rédigée à quoi ils servent. *(12 lignes)*

❷ Que signifie « WIFI », quel est son intérêt dans les bibliothèques ? *(14 lignes)*

❸ Comment localiser et obtenir une thèse française ? *(12 lignes)*

❹ Indiquez les différents moyens de prévention ou de lutte contre l'incendie. *(12 lignes)*

....

....

....

....

....

....

Corrigé

① Citez les principaux opérateurs booléens et expliquez de façon rédigée à quoi ils servent.

1. Analyse de la question

La réflexion peut s'organiser ainsi :
- Introduction : concept des opérateurs booléens
- « ET » ou « AND » : description
- « OU » ou « OR » : description
- « SAUF » ou « NOT » : description

2. Apport de connaissances

Le mathématicien anglais George Boole a donné son nom à la logique booléenne, basée sur la théorie des ensembles. Cette logique permet de combiner plusieurs termes dans une même recherche et sert à affiner une requête sur les bases de données.

3. Réponse

Il existe trois opérateurs booléens (ET, OU et SAUF) dont l'intérêt est de permettre de « dialoguer » avec un outil de recherche d'information. Ces éléments autorisent la combinaison de mots clés dans le cadre d'une interrogation de catalogues informatiques, de bases de données ou d'Internet :
ET ou AND : cet opérateur marque l'intersection. Il sert à combiner, lors d'une consultation de base, divers mots clés en sorte qu'ils se retrouvent tous simultanément dans chacun des résultats de la requête.
OU ou OR : celui-ci marque l'union et sert à combiner divers mots clés de façon à ce qu'au moins l'un d'eux se retrouve dans le résultat d'une recherche.
SAUF ou NOT : cette locution marque l'exclusion ou le rejet. Elle sert à éliminer un concept non pertinent qui pourrait provoquer des interférences dans les résultats d'une recherche d'information.

② Que signifie « WIFI », quel est son intérêt dans les bibliothèques ?

1. Analyse de la question

Il y a deux questions en une :
- Description du sigle et définition.
- Intérêt pour les bibliothèques.

2. Apport de connaissances

WIFI (plus souvent rencontré sous la forme Wi-Fi ou WiFi) est l'acronyme correspondant à la formule anglophone Wireless Fidelity. En français, ce sigle signifie littéralement « fidélité sans fil » et, d'un point de vue purement technique, « accès sans fil à Internet ».
Dans la pratique, le WIFI est une technologie de réseau qui permet de connecter toutes sortes d'appareils électroniques (ordinateur portable, téléphone mobile, agenda électronique, etc.) à une liaison Internet haut débit sans utiliser de câble. C'est la raison pour laquelle on parle fréquemment de connexion sans fil. La portée de cette connexion reste limitée à une distance raisonnable allant d'une quinzaine à une centaine de mètres.
Pour les bibliothèques, l'avantage majeur de l'installation de ce type de dispositif est la possibilité de multiplier les accès à Internet. Face à l'intérêt porté à l'interrogation des ressources électroniques et à la démocratisation des ordinateurs portables, les utilisateurs se voient ainsi offrir un accès non limité au nombre de postes disponibles ou au nombre de connexions filaires.

3. Réponse

WIFI est la contraction anglaise de WIreless FIdelity (traduit littéralement en français par « fidélité sans fil ») et correspond d'un point de vue technique au protocole d'« accès sans fil à Internet ».
Dans la pratique, le WIFI est une technologie de réseau qui permet de connecter toutes sortes d'appareils électroniques (ordinateur portable, téléphone mobile, agenda électronique, etc.) à une liaison Internet haut débit sans utiliser de câble. C'est la raison pour laquelle on parle fréquemment

de connexion sans fil. La portée de cette connexion reste limitée à une distance raisonnable allant d'une quinzaine à une centaine de mètres.
Pour les bibliothèques, l'avantage majeur de l'installation de ce type de dispositif est la possibilité de multiplier les accès à Internet. Face à l'intérêt porté à l'interrogation des ressources électroniques et à la démocratisation des ordinateurs portables, les utilisateurs se voient ainsi offrir un accès non contraint au nombre de postes disponibles ou au nombre de connexions filaires.

③ Comment localiser et obtenir une thèse française ?

1. Analyse de la question

Lorsqu'on évoque le domaine relatif à la localisation des documents, par réflexe, on pense aux outils indispensables du bibliothécaire : les « sacro-saints » catalogues.
Maintenant, parler de thèses revient à faire référence aux « travaux académiques » ou plus exactement aux « travaux universitaires ». Les thèses sont rédigées et soutenues dans les universités, stockées et conservées dans les BU. L'exemplaire « papier » de la thèse est donc disponible à la bibliothèque de l'université où elle a été soutenue.
Ainsi, à la question **« Comment localiser une thèse française ? »**, on sous-entend que le lecteur ne possède pas d'information sur l'origine du document. Dans ce cas, il doit interroger un catalogue commun aux établissements de l'enseignement supérieur et de la recherche, à savoir, le SUDOC (Système Universitaire de DOCumentation).
Pour **obtenir une thèse** repérée dans ce catalogue, le lecteur a deux possibilités :
– Par chance, la thèse est localisée dans un secteur géographique proche de son domicile et, dans ce cas, il se rend directement à la bibliothèque universitaire pour y avoir accès.
– La thèse est distante de son lieu d'habitation mais le lecteur peut se rendre dans n'importe quelle BU pour solliciter le service du prêt entre bibliothèques. Il obtiendra ce document in situ par le truchement dudit service.

Il faut savoir que, depuis 1986, les thèses soutenues sur le territoire français sont consultables sous forme de microfiches dans chaque bibliothèque universitaire. Cette remarque peut éventuellement servir de conclusion à votre rédaction.
Sources d'information
Le catalogue collectif SUDOC propose, sur son site, une méthodologie de recherche de thèses, notamment en utilisant un filtre sur les supports documentaires (http://www.abes.fr/ abes/documents/aidePSI-these.pdf).

3. Réponse

La localisation des documents passe nécessairement par la consultation d'un catalogue de bibliothèque. Cette remarque reste valable pour obtenir des informations sur une thèse. L'outil indispensable à la localisation de ces documents académiques se nomme SUDOC (Système Universitaire de DOCumentation). Il s'agit du catalogue collectif des bibliothèques universitaires où est conservé l'ensemble des thèses soutenues.
Ensuite, pour obtenir une thèse repérée dans ce catalogue, le lecteur possède deux options. Par chance, la thèse est localisée dans un secteur géographique proche de son domicile et, dans ce cas, il se rend directement à la bibliothèque universitaire pour y avoir accès. En revanche, si la thèse est distante de son lieu d'habitation, l'usager peut se rendre dans cette même BU pour solliciter le service du prêt entre bibliothèques.
Cependant, il peut être utile de savoir que, depuis 1986, les thèses du territoire français sont consultables sous forme de microfiches dans chaque bibliothèque universitaire.

④ Indiquez les différents moyens de prévention ou de lutte contre l'incendie.

1. Analyse de la question

Il est demandé d'énumérer les différents moyens de prévention et de lutte contre les risques d'incendie connus. Ces deux notions peuvent d'ailleurs faire l'objet de deux parties distinctes dans votre stratégie de rédaction.

– La prévention incendie est un ensemble de mesures qui permettent de minimiser les risques de départ de feu.
– Les moyens de lutte contre l'incendie correspondent aux différents dispositifs techniques qui participent à circonscrire et à éteindre un feu.
En revanche, on ne vous demande pas de décrire le rôle des personnels d'une bibliothèque dans l'hypothèse d'un départ d'incendie et en particulier les dispositions à mettre en œuvre pour l'évacuation des personnes.

2. Apport de connaissances

■ **Prévention incendie :**
Elle repose sur deux objectifs majeurs : supprimer les causes de déclenchement et assurer la sécurité des individus. Les différentes mesures doivent être prises à plusieurs niveaux :
– La commission de sécurité
Elle a pour mission d'éclairer les institutions administratives (mairie, rectorat, université, etc.) chargées de l'application des règles de sécurité dans les ERP (établissements recevant du public). Composée d'experts et de sapeurs-pompiers, la commission se déplace pour contrôler le respect des mesures de sécurité édictées par le Code de la construction et de l'habitation. Elle a compétence à émettre des avis sur les permis de construire et sur les autorisations d'ouverture des établissements. Enfin, cette instance peut pratiquer des visites régulières ou inopinées destinées à vérifier la conformité des normes de sécurité appliquées.
– Le CHS (Comité d'hygiène et de sécurité)
Les Comités d'hygiène et de sécurité sont des structures légales et obligatoires, rattachées aux instances majeures des établissements (conseil municipal de mairie, conseil d'administration de l'université, etc.) et compétentes en matière d'hygiène et de sécurité. Ils traitent notamment des questions de prévention et de protection contre des risques éventuels. Ils établissent des procès-verbaux en fonction des écueils et des incidents rencontrés.
– Les espaces architecturés d'un bâtiment
Par leur conception même, les bâtiments doivent pouvoir, eux aussi, jouer un rôle dans la prévention incendie tant à l'extérieur de l'enceinte, qu'à l'intérieur. À ce titre, les éléments de structure (poteaux, murs porteurs, poutres, planchers...) qui représentent au fond le squelette d'une bâtisse doivent utiliser des matériaux de faible inflammabilité. Cette remarque vaut également pour les aménagements intérieurs (revêtements muraux et de surface, mobiliers...).
– Les équipements
L'intervention d'experts est requise pour assurer la surveillance des installations électriques et de chauffage (conduites de gaz, chaudières).

■ **Moyens de lutte contre l'incendie :**
La lutte incendie doit s'articuler autour de moyens techniques et de moyens humains.
Moyens techniques :
– extincteurs mobiles répartis harmonieusement au sein du bâtiment (à eau pulvérisée ou au gaz carbonique selon la nature du feu) ;
– RIA (Robinets d'Incendie Armés) constitués d'une longueur de tuyau enroulé sur dévidoir ;
– extincteurs automatiques à eau (ou sprinklers) matérialisés par des douchettes installées au niveau des plafonds ;
– SSI (Système de Sécurité Incendie) est un système automatisé permettant de détecter un départ de feu (détecteurs de fumée fixés en hauteur), d'avertir les occupants d'un bâtiment (alarme), d'asservir l'ensemble des éléments nécessaires à la mise en sécurité d'un établissement (désenfumage par extracteurs, fermeture automatique des ventilations, fermeture des portes coupe-feu, ouverture des issues de secours) et de commander éventuellement l'extinction du feu (extincteurs automatiques à eau).
Organisation des personnels :
– formation des agents par le Comité d'hygiène et de sécurité de l'établissement (formation au maniement des extincteurs, comportement d'usage face au feu) ;
– poste de sécurité occupé par une personne sur la totalité du temps d'ouverture de la bibliothèque.

Cette personne est susceptible de coordonner les manœuvres d'intervention ;
– mise en place d'un service de sécurité incendie organisé avec des personnels désignés parmi les effectifs de la bibliothèque et qualifiés ERP 1[1] ou SSIAP 1[2].

3. Réponse

La sécurité incendie en bibliothèque s'articule autour de dispositifs de prévention et de moyens de lutte contre le feu.

La prévention consiste en un ensemble de mesures qui permettent de minimiser les risques de départ d'incendie. Elle peut s'appuyer sur les avis émis par la Commission de sécurité et par le Comité d'hygiène et de sécurité de l'établissement. Par ailleurs, le bâtiment (structures, aménagements intérieurs, mobiliers) et les contrôles réguliers des installations (électricité, gaz) pratiqués par des experts doivent également jouer leur rôle dans la prévention incendie.

En termes de lutte incendie, il existe des moyens techniques plus ou moins évolués tels les extincteurs mobiles, les robinets d'incendie armés, les sprinklers ou les systèmes de sécurité incendie. Mais, dans l'éventualité d'incendie, l'organisation des personnels de la bibliothèque (formation, occupation permanente du poste de sécurité, service de sécurité assuré par des agents qualifiés et diplômés) est tout aussi importante.

1. ERP est la contraction d'Établissement Recevant du Public. Par extension, les ERP sont des agents chargés de missions de sécurité au sein d'un établissement accueillant des publics. Pour être habilité ERP, il est nécessaire de valider une formation sanctionnée par un diplôme et se déclinant en deux niveaux distincts : ERP 1 et ERP 2 (qualification supérieure).

2. SSIAP signifie Service de Sécurité Incendie et d'Assistance à Personnes, ce qui correspond tout simplement à la nouvelle appellation d'ERP. Les agents formés et qualifiés porteront le titre de SSIAP 1 ou SSIAP 2 (qualification supérieure).

Sujet 2

Difficulté XXX | Durée 1 heure

Ministère de l'Éducation nationale, de l'Enseignement supérieur et de la Recherche. Concours externe et interne d'assistant des bibliothèques[1], session 2006 bis

❶ Quel lien faites-vous entre le PEB et le Sudoc ? *(6 lignes)*

❷... Comment accède-t-on à la carrière de bibliothécaire assistant spécialisé et de quelle manière y progresse-t-on ? *(10 lignes)*

❸ Expliquez à quoi sert l'AFNOR en développant le sigle. *(6 lignes)*

❹ Dites comment est constitué le Conseil de la documentation, indiquez quel est son rôle ? *(12 lignes)*

❺ Quel est l'intérêt de la formation professionnelle continue en bibliothèque ? Vous illustrerez votre réponse en citant deux actions spécifiques. *(10 lignes)*

1. Un incident majeur a perturbé le bon déroulement du concours 2006. Une copie du concours interne, qui renfermait le questionnaire, a été perdue, ce qui a obligé à faire recommencer cette partie de l'épreuve et à faire composer sur un nouveau sujet tous les candidats « internes » qui s'étaient présentés lors de la tenue des écrits de ce concours.

Corrigé

① Quel lien faites-vous entre le PEB et le Sudoc ?

1. Analyse de la question

Dans un premier temps, il est indispensable de définir les deux notions proposées. Vous devez donc apporter des informations précises et instructives sur ce que représentent d'un côté le PEB, de l'autre le Sudoc. Vous pouvez d'ailleurs inverser l'ordre des éléments en partant dudit catalogue et en finissant par le prêt entre bibliothèques. Mais rappelez-vous une idée déjà répétée à maintes reprises : lorsque vous êtes confronté(e) à un sigle professionnel, vous devez impérativement commencer par le développer.

Dans un deuxième temps, vous êtes amené(e) à établir un « lien » entre les deux notions précitées. En quelque sorte, on vous engage à réfléchir sur la probable relation qui peut exister entre des recherches bibliographiques effectuées dans le catalogue du Sudoc et la façon d'accéder aux ressources documentaires via le PEB. Vous noterez enfin que sur cette dernière partie de la question l'angle d'approche est laissé à la discrétion du candidat. Vous pouvez en effet argumenter en vous mettant à la place d'un lecteur potentiel ou en habitant la fonction d'un professionnel de bibliothèque.

c) Forme attendue de la réponse

Les « 6 lignes » d'écriture risquent de vous apparaître insuffisantes si vous possédez une très bonne connaissance des domaines à traiter. C'est la raison pour laquelle il va vous falloir être sélectif dans vos propos et ne vous intéresser qu'à l'essentiel.

La logique la plus évidente consisterait à débuter par une brève description du Sudoc (2 lignes) suivie par celle du PEB (2 lignes) pour finir par le lien qui unit ces deux concepts (2 lignes).

2. Apport de connaissances

■ Le Sudoc

Le Système Universitaire de DOCumentation est un outil qui permet aux bibliothèques universitaires françaises de recenser les collections dont elles sont garantes. Produit par l'Agence Bibliographique de l'Enseignement Supérieur (ABES), ce vaste catalogue collectif riche de plus de sept millions de références bibliographiques présente de nombreuses autres fonctionnalités, comme la possibilité de :

– rechercher des renseignements bibliographiques à l'aide d'un moteur de recherche simple et efficace ;
– localiser les collections dans les bibliothèques appartenant au réseau ;
– accéder aux informations essentielles relatives à ces bibliothèques grâce au « Répertoire des centres de ressources » (adresse, heures d'ouverture, spécialités...) ;
– etc.

■ Le PEB

Le Prêt Entre Bibliothèques (PEB) est un service de réciprocité qui permet à un réseau de bibliothèques de recevoir et/ou d'expédier des demandes de fourniture de documents. En d'autres termes, ce service offre la possibilité à un lecteur d'emprunter ou de consulter des unités documentaires (livres, thèses, périodiques, etc.) qui sont vraisemblablement distantes de son lieu d'habitation.

Un usager peut bénéficier de cet ingénieux dispositif à condition que :

– il soit inscrit dans une bibliothèque partenaire du réseau ;
– il s'adresse au service de PEB de cette bibliothèque, sa démarche ne pouvant être autonome ;
– il formule une demande pour des documents ne se trouvant pas dans les fonds de la bibliothèque qu'il fréquente ;
– il s'engage à s'acquitter des coûts occasionnés par cette demande ;
– la bibliothèque sollicitée pour la fourniture de documents fasse elle-même partie du réseau d'échange.

Dès lors que toutes ces modalités sont remplies, les demandes peuvent aboutir sous des formes variables :

– fourniture d'originaux ;

– fourniture de reproductions.

Il faut par ailleurs savoir que le système de PEB ne se limite pas au seul réseau des bibliothèques universitaires françaises ou des établissements d'enseignement supérieur. Il a également vocation à s'étendre aux bibliothèques de lecture publique du territoire (bibliothèques municipales entre autres), voire même à l'étranger.

■ **Le PEB et le Sudoc**

Pour répondre à la question qui est posée dans le cadre du concours d'assistant des bibliothèques 2006, il existe en effet une passerelle probante entre le Sudoc et le PEB appelée « Supeb ». Ce module autorise de nombreuses applications, telles que :

– l'articulation totale entre la recherche documentaire effectuée dans le catalogue Sudoc et le déclenchement d'une demande de PEB dans le réseau ;

– la circulation automatique d'une demande de PEB ;

– le chaînage entre bibliothèques qui dépendent d'un même établissement (BU et BUFR par exemple), de façon à centraliser le PEB dans une bibliothèque donnée ;

– la possibilité d'habiliter des usagers à déclencher eux-mêmes leurs demandes PEB via un accès Web tout en conservant un certain contrôle sur les transactions.

b) Sources d'information

Fourniture de documents, Agence bibliographique de l'enseignement supérieur (page consultée le 3 avril 2007), [en ligne]. Adresse URL : http://www.abes.fr/abes/index.html

3. Réponse

Le catalogue collectif « Système universitaire de documentation » (Sudoc) permet d'effectuer des recherches bibliographiques dans l'ensemble des fonds des bibliothèques universitaires françaises. De son côté, le Prêt Entre Bibliothèques (PEB) est un service mis en place par ce même réseau de bibliothèques qui offre la possibilité de fournir des documents distants du lieu d'habitation des lecteurs. Pour établir un lien systématique entre ces deux dispositifs connexes, les concepteurs du Sudoc ont intégré à leur catalogue un module appelé « Supeb ».

② Comment accède-t-on à la carrière de bibliothécaire assistant spécialisé et de quelle manière y progresse-t-on ?

1. Analyse de la question

La façon d'aborder la question n° 4 est plus complexe qu'elle le paraît.

Vous avez certainement remarqué que nous sommes confrontés ici à une double problématique qui peut donc être déclinée en deux points :

– L'accès à la « carrière de bibliothécaire assistant spécialisé » : Cet aspect de la question consiste à énoncer les principes de recrutement des fonctionnaires de la fonction publique d'Etat et, par déduction, les principes de recrutement des bibliothécaires assistants spécialisés.

En somme, on pourrait réécrire la question en ces termes : « Comment devient-on bibliothécaire assistant spécialisé ? ».

– La « manière de progresser » au sein de la carrière de bibliothécaire assistant spécialisé : A présent, on vous demande de décrire les différentes dispositions relatives à l'avancement au sein même du corps des bibliothécaires assistants spécialisés, tout grade compris.

Par conséquent, la question pourrait-elle aussi être reformulée en ces termes : « Comment évolue-t-on à l'intérieur du corps des bibliothécaires assistants spécialisés ? ».

Vous noterez par ailleurs que le postulat de la question concerne exclusivement la carrière des bibliothécaires assistants spécialisés. L'étendue de votre argumentation doit avoir comme point de départ l'accès au métier et comme limite à ne pas dépasser, l'évolution dans ce même statut. Concernant cette dernière idée, vous devez vous restreindre au cadre fixé par la question, à savoir la progression à l'intérieur du corps des BAS. La réponse s'arrête donc à l' « échelon le plus élevé dans le grade le plus élevé du statut » en question. Inutile d'aborder ici la possibilité offerte à un bibliothécaire assistant spécialisé d'être promu bibliothécaire !

2. Apport de connaissances

Notre réflexion va s'organiser autour des deux niveaux de réponse présentés ci-dessous.

■ L'accès à la « carrière de bibliothécaire assistant spécialisé »

– Ce que dit le statut général des fonctionnaires :

Le statut général des fonctionnaires est un texte fondamental qui édicte les principes communs relatifs à la gestion des carrières des fonctionnaires français. On y découvre notamment l'ensemble des droits et des devoirs des personnels de la fonction publique. En matière de recrutement, voici quelques extraits de ce document officiel :

Article 16 (Titre I) – Les fonctionnaires sont recrutés par concours, sauf dérogation prévue par la loi.

Article 19 (Titre II) – Les fonctionnaires sont recrutés par voie de concours organisés suivant l'une des modalités ci-après ou suivant l'une ou l'autre de ces modalités :

1. Des concours ouverts aux candidats justifiant de certains diplômes ou de l'accomplissement de certaines études.

2. Des concours réservés aux fonctionnaires de l'État [...] Les candidats à ces concours devront avoir accompli une certaine durée de services publics et, le cas échéant, reçu une certaine formation [...].

3. [...] pour l'accès à certains corps et dans les conditions fixées par leur statut particulier, des concours réservés aux candidats justifiant de l'exercice pendant une durée déterminée d'une ou plusieurs activités professionnelles [...] La durée de ces activités ou mandats ne peut être prise en compte que si les intéressés n'avaient pas, lorsqu'ils les exerçaient, la qualité de fonctionnaire [...].

Article 26 (Titre II) – En vue de favoriser la promotion interne, les statuts particuliers fixent une proportion de postes susceptibles d'être proposés au personnel appartenant déjà à l'administration [...] par la nomination de fonctionnaires, suivant l'une ou l'autre des modalités ci-après :

1. Examen professionnel ;

2. Liste d'aptitude établie après avis de la commission administrative paritaire du corps d'accueil.

– Ce que dit le statut particulier des bibliothécaires assistants spécialisés :

Le statut particulier des bibliothécaires assistants spécialisés est tout simplement le texte officiel qui régit la carrière de ces mêmes personnels et il vient confirmer les modalités énoncées dans le statut général des fonctionnaires.

Articles 5 et 9 – Les bibliothécaires assistants spécialisés sont recrutés :

1. Par voie de concours externe et interne (accès aux grades de classe normale et de classe supérieure) ;

2. Au choix, pour les membres du corps des magasiniers des bibliothèques justifiant d'au moins neuf années de services publics au 1er janvier de l'année de nomination (accès au grade de classe normale).

– En conclusion :

On peut en effet devenir bibliothécaire assistant spécialisé :

1. Par voie d'un concours externe sous réserve que le candidat soit titulaire d'un diplôme homologué au niveau IV pour accéder au grade de classe normale et d'un diplôme classé au moins au niveau III, dans le domaine du livre, des bibliothèques, de la documentation, de l'information scientifique et technique pour accéder au grade de classe supérieure ;

2. Par voie d'un concours interne à la condition que le candidat soit fonctionnaire ou agent titulaire, qu'il compte une année de service civil effectif et qu'il soit toujours en fonction ;

3. Lorsqu'il est organisé, par le biais d'un concours réservé qui s'adresse à des personnes travaillant en bibliothèque depuis plusieurs années en tant que contractuel[1] ;

4. Au choix ou en d'autres termes par le jeu d'une promotion pouvant être accordée aux magasiniers des bibliothèques qui cumulent au moins neuf années de service public.

La « manière de progresser » au sein de la carrière de bibliothécaire assistant spécialisé

Le but visé par cette question est d'évaluer votre niveau de connaissances dans un domaine qui ne doit pas vous laisser indifférent, serait-ce que votre carrière, votre satisfaction personnelle, sinon votre salaire ! Vous devez en effet être conscient de toutes les facettes qui concernent le métier de bibliothécaire assistant spécialisé y compris la façon de gravir les échelons. D'un côté, c'est faire montre d'une grande motivation que de s'intéresser à tous les aspects d'un parcours professionnel.

Le corps des bibliothécaires assistants spécialisés est constitué de trois grades : classe normale, classe supérieure et classe exceptionnelle. Ces grades se matérialisent par une grille dans laquelle on trouve une succession d'échelons.

– Ce que dit le statut général des fonctionnaires :

Article 56 (Titre II) – L'avancement des fonctionnaires comprend l'avancement d'échelon et l'avancement de grade.

Article 57 (Titre II) – L'avancement d'échelon a lieu de façon continue d'un échelon à l'échelon immédiatement supérieur. Il est fonction à la fois de l'ancienneté et de la valeur professionnelle des fonctionnaires [...] Il se traduit par une augmentation de traitement.

Article 58 (Titre II) – L'avancement de grade a lieu de façon continue d'un grade à grade immédiatement supérieur [...] Sauf pour les emplois laissés à la décision du gouvernement, l'avancement de grade a lieu, selon les proportions définies par les statuts particuliers, suivant l'une ou plusieurs des modalités ci-après :

1. Soit au choix, par voie d'inscription à un tableau annuel d'avancement, établi après avis de la commission administrative paritaire, par appréciation de la valeur professionnelle des agents ;

2. Soit par voie d'inscription à un tableau annuel d'avancement, établi après avis de la commission administrative paritaire, après une sélection par voie d'examen professionnel ; les statuts particuliers peuvent prévoir que le jury complète son appréciation résultant des épreuves de l'examen par la consultation du dossier individuel de tous les candidats.

3. Soit par sélection opérée exclusivement par voie de concours professionnel.

– En conclusion :

1. Pour passer d'un échelon à un autre :

Un bibliothécaire assistant spécialisé gravit les échelons successifs de son grade selon un rythme déterminé par les statuts. Cette évolution « naturelle » peut être accélérée par l'obtention d'une « réduction d'ancienneté » dans l'échelon.

2. Pour passer d'un grade à un autre :

Plusieurs scénarios sont possibles.

– Par la voie du choix : Pour être promu en classe supérieure, un bibliothécaire assistant spécialisé de classe normale doit justifier d'au moins un an d'ancienneté dans le sixième échelon de son grade et de cinq ans de services publics en catégorie B. De même, un bibliothécaire assistant spécialisé de classe supérieure ayant atteint le sixième échelon depuis au moins un an et justifiant de cinq ans de services publics en catégorie B peut être promu en classe exceptionnelle.

– Par la voie d'un examen professionnel : Un examen professionnel peut être organisé pour permettre à un bibliothécaire assistant spécialisé de classe normale justifiant d'au moins un an d'ancienneté dans le quatrième échelon de son grade et de trois ans de services publics en catégorie B d'intégrer la classe supérieure.

De même, un bibliothécaire assistant spécialisé de classe supérieure peut passer en classe excep-

1. L'exemple le plus récent de concours réservé est celui qui répond au cadre de la loi Sauvadet (Loi n° 2012-347 du 12 mars 2012) dite de « l'accès à l'emploi titulaire et à l'amélioration des conditions d'emploi des agents contractuels dans la fonction publique ». Cette nouvelle mesure couvre la période 2012-2016.

tionnelle par le biais de l'examen professionnel dès lors qu'il justifie d'au moins deux ans d'ancienneté dans le cinquième échelon de son grade et d'au moins trois années de services effectifs dans un corps, cadre d'emplois ou emploi de catégorie B.

3. Réponse

Pour accéder à la carrière de bibliothécaire assistant spécialisé de classe normale ou de classe supérieure, des concours externes, internes et parfois réservés sont organisés. Cependant, les magasiniers qui justifient d'au moins neuf années de service public peuvent bénéficier d'une promotion interne et être ainsi recrutés au choix dans le corps des bibliothécaires assistants spécialisés de classe normale.

Un bibliothécaire assistant spécialisé gravit les échelons successifs du grade auquel il appartient. Le rythme de cette progression peut d'ailleurs être accéléré par l'obtention de réductions d'ancienneté. Le passage dans un grade supérieur est également rendu possible par le jeu des promotions ou par le biais d'un examen professionnel.

③ Expliquez à quoi sert l'AFNOR en développant le sigle.

1. Analyse de la question

La question peut, si l'on n'y prend garde, nous amener très loin. En nous demandant de préciser le rôle et les objectifs de l'AFNOR, on nous engage implicitement à réfléchir sur l'intérêt pour notre société d'ériger des normes. Il convient donc de canaliser notre propos et d'orienter notre réflexion vers une relation évidente entre l'AFNOR et les métiers des bibliothèques.

2. Proposition de plan

- Développement du sigle AFNOR et brève description des missions de l'AFNOR
- Lien entre l'AFNOR et les bibliothèques

3. Apport de connaissances

■ L'AFNOR

L'Association Française de NORmalisation (AFNOR) est l'organisme officiel de la France en matière d'élaboration des normes. Créée en 1926, elle est placée sous la tutelle du ministère chargé de l'Industrie. En vertu de ses actions auprès de plus de 3 000 entreprises adhérentes, l'AFNOR est considérée par les pouvoirs publics comme un organisme ayant vocation à assurer une mission d'intérêt général. Elle défend enfin les intérêts français au sein de l'organisation internationale de normalisation – plus connue sous l'appellation « ISO ». Sa mission centrale est d'être l'opérateur et l'animateur national pour la production des normes et des référentiels collectifs. L'AFNOR recense les besoins en normalisation, coordonne et oriente l'activité des bureaux de normalisation, veille à ce que toutes les parties intéressées soient représentées dans les commissions de normalisation, organise les enquêtes publiques, homologue les normes, publie les documents normatifs qui deviendront des référentiels et promeut les positions françaises aux niveaux européen et international.

■ La notion de normes

Une norme est un document de référence qui apporte des réponses à des questions techniques et commerciales que se posent de façon répétée les acteurs, sur des produits, des biens d'équipement ou des services. D'un point de vue professionnel, la norme illustre le savoir-faire, les pratiques et la technologie des entreprises concernées et impliquées. Elle est élaborée en consensus par l'ensemble des acteurs d'un secteur (producteurs, utilisateurs, laboratoires, pouvoirs publics, consommateurs...).

Les normes favorisent donc l'harmonisation des règles et des pratiques. Elles sont d'une aide précieuse pour définir des besoins, mettre à profit des résultats obtenus au cours de nombreuses années d'expérience et pour fournir un référentiel de valorisation des services. Elles contribuent par conséquent à l'amélioration de la qualité des services offerts aux consommateurs et/ou aux usagers.

■ Le lien entre l'AFNOR et les bibliothèques

Par déduction, des normes doivent pouvoir s'appliquer aux domaines des bibliothécaires, des mé-

tiers des bibliothèques et des usagers des bibliothèques.
En effet, de façon empirique, l'AFNOR définit des priorités qui seront étudiées dans les Grands Programmes de Normalisation (GPN). Le programme qui nous intéresse aujourd'hui est le GPN 22 baptisé « Information et communication ». Cette structure est elle-même organisée en Commissions Générales (CG).
La CG 46 répond à l'appellation de « Documentation ». Cette dernière est notamment chargée de définir la politique et les orientations dans le domaine de l'information et de la documentation. En outre, elle doit coordonner les travaux des Commissions de Normalisation (CN) placées sous son autorité.
Les CN rattachées à la CG 46 élaborent les normes destinées aux bibliothèques, centres de documentation et d'information, services d'indexation et d'analyse, archives, monde de l'édition, organismes culturels tels que les musées… La CG 46 pilote entre autre la commission de normalisation CN 357 « Modélisation, production et accès aux documents ». En son sein, plusieurs Groupes d'Experts (GE) réfléchissent au contenu intellectuel des normes. Par exemple, le GE 6 est investi du thème « Évolution de la description bibliographique ».
Enfin nous y voilà ! Sous la laborieuse identité d'AFNOR/CG46/CN357/GE6 se cachent les concepteurs de quelques célèbres normes fréquemment utilisées en bibliothèque pour la description bibliographique des documents :
– Z 44-005 : « Références bibliographiques – Contenu, forme et structure »
– Z 44-050 : « Catalogage des monographies – Texte imprimé »
– Z 44-060 : « Catalogage d'auteurs et d'anonymes »
– Etc.

b) Sources d'information

Normalisation AFNOR, Association française de normalisation (page consultée le 20 mai 2007), [en ligne]. Adresse URL : http://www.afnor.org/portail.asp

4. Réponse

L'Association française de normalisation élabore les normes officielles de la France. Elle publie donc des documents professionnels qui servent à définir des besoins, à harmoniser des pratiques et à fournir un référentiel de valorisation des services. Pour les bibliothèques, un programme en direction de la documentation a été mis en place par l'AFNOR. Des experts ont été notamment chargés de définir les règles relatives à la description bibliographique des documents. C'est ainsi qu'est née la « Z 44-050 », célèbre norme sur le catalogage des monographies.

④ Dites comment est constitué le conseil de la documentation, indiquez quel est son rôle.

1. Analyse de la question

Vous avez certainement remarqué que la problématique est double mais se rapporte à un domaine unique : le « conseil de la documentation »… d'une université !
Cet élément fondamental – le système universitaire bien entendu – ne figure effectivement pas dans le libellé de la question. Pour autant, il a, à cet endroit, toute son importance. Il convient donc de préciser l'origine de cette instance afin d'évacuer toute forme de suspense. Le conseil de la documentation d'une université s'applique à l'environnement institutionnel du Service Commun de la Documentation (SCD). Vous noterez qu'on parle aussi de « conseil de coopération documentaire » pour une organisation en Service Interétablissement de Coopération Documentaire (SICD), service subordonné à au moins deux universités. Mais nous n'aborderons pas ici les particularités de cette dernière structure puisque le cadre de la question se limite au strict « conseil de la documentation ».
Reprenons là où nous nous étions arrêtés ! Il y a en fait deux questions dissimulées sous une seule plus globale, que nous avons sciemment choisi d'inverser :

– la (ou les) mission(s) du conseil de la documentation d'une université ;
– les dispositions prévues concernant la composition des membres qui y siègent.

2. Apport de connaissances

■ **Rôle du conseil de la documentation :**

– il fixe les principes généraux relatifs à l'organisation du SCD, notamment son éventuelle division en sections documentaires ;
– il énonce les règles de fonctionnement de la bibliothèque ;
– il introduit les grandes lignes de la politique documentaire de l'université ;
– il examine les questions relatives à la coopération avec d'autres bibliothèques, et en particulier donne un avis quant à l'intégration ou l'association de nouvelles bibliothèques d'UFR ;
– il donne des indications sur le budget propre du SCD et la tarification des services rendus ;
– il fait lecture du règlement intérieur des bibliothèques.

Il n'a qu'un rôle consultatif et ses délibérations sont soumises à l'approbation du conseil d'administration de l'université.

■ **Composition du conseil de la documentation :**

– le président de l'université ou un de ses représentants ;
– des membres de droit (le directeur du SCD, le secrétaire général et l'agent comptable) ;
– des personnalités extérieures désignées par le président de l'université sur proposition des membres du conseil d'administration ;
– des enseignants en qualité de membres du CA, du CEVU ou du CS ;
– des étudiants en qualité de membres du CA, du CEVU ou du CS ;
– des membres élus parmi les personnels du SCD, bibliothèques intégrées et associées comprises.

b) Sources d'information

Arrêté du 4 juillet 1985 fixant les modalités de fonctionnement des conseils des services communs de la documentation des universités et des conseils des services interétablissements de coopération documentaire, République française, *JO* du 11 juillet 1985 (p. 7815-7816).

3. Réponse

Le conseil de la documentation d'une université fixe les principes généraux relatifs à l'organisation structurelle du SCD (Service Commun de la Documentation). Il énonce les règles de fonctionnement de la bibliothèque et propose une orientation en matière de politique documentaire de l'université. Par ailleurs, il examine les questions relatives à la coopération, l'intégration ou l'association des bibliothèques des unités de formation et de recherche. Il donne également des indications concernant les lignes budgétaires du SCD et la tarification des services rendus. Enfin, le contenu du règlement intérieur du SCD est supervisé par le conseil de la documentation. Toutes ces dispositions sont soumises à l'approbation du conseil d'administration de l'université. Le conseil de la documentation est présidé par le président de l'université. En outre, sont invités à siéger en son sein des personnalités extérieures, le directeur du SCD, le secrétaire général, l'agent comptable, des enseignants, des étudiants et des personnels du SCD élus.

⑤ Quel est l'intérêt de la formation professionnelle continue en bibliothèque ? Vous illustrerez votre réponse en citant deux actions spécifiques.

1. Analyse de la question

Évoquer la « formation professionnelle continue en bibliothèque » revient à parler de la formation des personnels des bibliothèques. Cependant, le candidat ne doit pas faire d'amalgame : il n'est pas interrogé sur les organismes de formation spécifiques au secteur des bibliothèques. Il est plutôt conduit à définir l'utilité des dispositifs de formation professionnelle dans le secteur de la documentation.

Au fond, l'intérêt de former les agents de bibliothèques est le même que pour n'importe quelle autre profession. Les bibliothécaires n'ont pas le monopole de ce qui est communément appelé la « formation tout au long de la vie ».

En revanche, la deuxième partie de la question impose de donner deux exemples de formation continue spécifiques aux bibliothèques.

2. Proposition de plan :

- Les bénéfices de la formation professionnelle des bibliothécaires
- Exemples d'actions de formation spécifiques aux métiers des bibliothèques

3. Apport de connaissances

D'un point de vue général, l'idée de « formation professionnelle continue » ou « formation permanente » a pour objet de permettre l'adaptation des travailleurs au changement des techniques et des conditions de travail, de favoriser leur promotion sociale par l'accès aux différents niveaux de la culture et de la qualification professionnelle.

En bibliothèque, la vocation de la formation continue est d'apporter aux personnels de la documentation et de l'information une actualisation permanente des savoirs et des pratiques dans un contexte professionnel en forte mutation. La formation trouve donc sa justification dans la contribution à l'efficacité des services d'une bibliothèque, à l'amélioration de l'existant, à l'accompagnement des changements et à la réalisation de projets collectifs ou individuels. Ces dispositifs de formation offrent de fait des avantages bilatéraux, forcément incomplets :

■ **Pour les structures administratives**

Parce qu'elles sont confrontées à des évolutions multiples, notamment en termes d'accueil des publics, de médiation, de pédagogie (exemple des formations à la méthodologie de la recherche documentaire pratiquées dans les SCD des universités) ou d'évolutions des techniques d'accès à l'information (informatisation, maniement des ressources électroniques), les bibliothèques ont tout intérêt à anticiper ces changements. Ce n'est que par le biais d'une incitation au développement des compétences de leurs personnels et, par conséquent, à la promotion des actions de formation qu'elles parviendront à assurer leurs missions.

■ **Pour les bibliothécaires**

En contrepartie, les spécialistes de la documentation trouveront des bénéfices à intégrer des cycles de formation professionnelle continue. Pour chacun d'entre eux, l'enjeu se traduit souvent par l'opportunité de satisfaire un accomplissement personnel, un perfectionnement, un élargissement des connaissances, un projet professionnel ou une préparation à un concours.

Des actions de formation sont régulièrement organisées et programmées à l'attention des personnels des bibliothèques. Fer de lance de la formation en la matière, l'École Nationale Supérieure des Sciences de l'Information et des Bibliothèques (ENSSIB) propose chaque année – via un catalogue largement diffusé – différents stages, répartis selon quatre grands thèmes qui traversent les problématiques des établissements concernés (« Établissement et management », « Collections et politiques documentaires », « Publics », « Informatique et technologies de l'information et de la communication »). Au-delà de l'ENSSIB, les douze Centres Régionaux de Formation aux Carrières des Bibliothèques (CRFCB) se saisissent également des besoins relatifs à la formation des bibliothécaires.

b) Sources d'information

« Formation continue des personnels des bibliothèques de l'enseignement supérieur », Brigitte RENOUF et Jean-Émile TOSELLO-BANCAL, Bulletin des bibliothèques de France, 2002, 3.

4. Réponse

En bibliothèque, la vocation de la formation continue est d'apporter aux personnels de la documentation et de l'information une actualisation permanente des savoirs et des pratiques dans un contexte professionnel en forte mutation. La formation trouve donc sa justification dans la contribution à l'efficacité des services d'une bibliothèque, dans l'amélioration de l'existant, dans l'accompagnement des changements et dans la réalisation de projets collectifs ou individuels.

Des actions de formation sont régulièrement organisées et programmées à l'attention des personnels des bibliothèques, notamment par le biais de l'École Nationale Supérieure des Sciences de l'Information et des Bibliothèques (ENSSIB) et des douze Centres Régionaux de Formation aux Carrières des Bibliothèques (CRFCB).

Sujet 3

Difficulté XXX | Durée 1 heure

MINISTÈRE DE L'ENSEIGNEMENT SUPÉRIEUR ET DE LA RECHERCHE. CONCOURS EXTERNE ET INTERNE D'ASSISTANT DES BIBLIOTHÈQUES, SESSION 2008

❶ Quels sont les principaux facteurs de dégradation internes et externes des documents papiers ? *(5 lignes)*

❷ Quel est l'intérêt pour le lecteur de chercher dans le catalogue de la bibliothèque plutôt que sur les rayons ? *(5 lignes)*

❸ Quelle différence faites-vous entre l'encyclopédie Universalis et Wikipédia ? *(5 lignes)*

❹ Qu'appelle-t-on « archives ouvertes » ? *(10 lignes)*

❺ Quel est le rôle d'une CPE ? (5 lignes)

❾ Quelles sont les missions de l'ABES ? *(8 lignes)*

Corrigé

① Quels sont les principaux facteurs de dégradation internes et externes des documents papier ?

1. Analyse de la question

Connaissez-vous les facteurs endogènes et exogènes qui sont à l'origine de la dégradation des collections papier ? Quels sont les phénomènes physiques, chimiques ou biologiques qui nuisent au support papier des monographies et des périodiques ? Voilà en d'autres termes le sens de la question n° 1 de ce devoir.

La question ne nécessite cependant pas un niveau d'exhaustivité absolu puisqu'on vous demande de ne développer que les principales raisons de détérioration des documents papier. Bien que paraissant subjective, cette dernière formule laisse à penser que vous devez axer votre rédaction sur les causes de dégradation les plus connues.

En revanche, on ne vous demande nullement d'apporter des remèdes aux maux !

2. Apport de connaissances

Les mécanismes complexes qui entrent en jeu dans la dégradation du papier résultent principalement des atteintes du temps et de l'environnement. Même s'ils restent interdépendants, on peut toutefois classer ces phénomènes sous deux rubriques.

■ **Les facteurs endogènes :**

– La cellulose

Elle est le principal constituant du papier. Obtenue à partir de fibres de plantes, de bois ou de textiles, la cellulose détermine les qualités physiques du papier – qui sont à relier aux critères de résistance mécanique et de fragilité du matériau. Malheureusement, plusieurs éléments contenus dans la cellulose (et en particulier la lignine) sont à l'origine de réactions chimiques irréversibles qui peuvent entraîner la perte du support et de l'information véhiculée (par exemple, le jaunissement et le caractère cassant du papier observé sur certaines collections graphiques du XIXe siècle, les journaux...).

– Les encres

À l'issue d'études menées par des chercheurs, le constat est sans appel... Les encres utilisées pour l'écriture participent à la dégradation du papier, et en particulier les encres ferro-galliques (ou métallo-galliques) fabriquées à partir de sels métalliques, d'extraits de noix de galle, et de gommes. Dans un environnement humide, les sulfates de fer contenus dans ce type d'encre peuvent se transformer en acide sulfurique, alors fatal à l'intégrité physique du papier et des zones manuscrites.

– Les colles

Leur rôle est de corriger le caractère hydrophile du papier afin de permettre l'écriture ou l'impression. Les colles peuvent être composées d'amidon (farine cuite), être d'origine animale (déchets d'animaux cuits) ou encore végétale (tel le colophane – résine extraite des conifères). À ce propos, il est avéré que les agents de collage à base de colophane, très acides, sont responsables de la perte de résistance mécanique du papier lors du vieillissement.

■ **Les facteurs exogènes**

– La pollution atmosphérique (dioxyde de soufre et oxydes d'azote).

– La lumière.

– L'humidité.

– Les variations de température et l'effet de la chaleur.

– Les moisissures (champignons), les insectes et les micro-organimes (bactéries).

b) Sources d'information

Voir le site du Centre de Recherche sur la Conservation des Collections (CRCC) (http:// www.crcc.cnrs.fr/).

3. Réponse

La dégradation des documents graphiques est liée aux facteurs endogènes qui interviennent notamment dans la fabrication du papier et aux facteurs exogènes qui composent l'environnement dans lequel sont stockées ces œuvres. Ainsi, les matières premières utilisées pour former un livre (cellulose, colle et encre), la pollution atmosphérique, la lumière, l'humidité ou les variations de température représentent les principales causes de dégradation du papier.

② Quel est l'intérêt pour le lecteur de chercher dans le catalogue de la bibliothèque plutôt que sur les rayons ?

1. Analyse de la question

Le thème relatif aux catalogues de bibliothèque peut couvrir un vaste champ de réflexion, en particulier celui de la méthodologie de recherche documentaire. Or, à cet endroit, la problématique reste plus aisée puisqu'elle s'arrête à une simple description des avantages qu'offre l'utilisation d'un catalogue de bibliothèque.

Oui, mais... quid des catalogues de bibliothèque ? Ces outils de recherche documentaire se présentent encore sous deux formes connues : les catalogues papier (constitués de fiches dactylographiées) et les catalogues informatiques (ou électroniques). Vous aurez noté que la question n° 2 n'oppose pas les premiers aux seconds et que par conséquent cet élément d'information ne devrait a priori avoir aucune influence sur la réponse à apporter. Pourtant, les deux versions de catalogue précitées ne présentent pas forcément les mêmes intérêts. Prenons un seul exemple ! Un lecteur hésite entre deux démarches pour trouver un document : déambuler autour des rayons ou consulter un catalogue papier ; quelle que soit l'option choisie, il ne pourra en aucun cas être renseigné quant à la disponibilité de l'ouvrage (« prêté », « perdu », « pilonné », « en traitement », etc.). En revanche, si la possibilité lui est offerte de se référer à un catalogue informatisé, il pourra prétendre à un tel niveau d'information.

En conclusion, la question veut confronter deux modes de recherche distincts : l'action hasardeuse qui consiste à balayer du regard les étagères des rayonnages pour voir ce que l'on peut y trouver et la consultation méthodologique d'un catalogue (peu importe sa nature !). Mais au fond, il apparaît plus opportun d'argumenter sur les seuls avantages à recourir à l'utilisation d'un catalogue informatique.

2. Apport de connaissances

■ Définition

Un catalogue de bibliothèque est la liste descriptive des documents que possède une bibliothèque (livres, périodiques, documentation audiovisuelle, mémoires, thèses, rapports, etc.).

■ Avantages à utiliser un catalogue de bibliothèque (3 niveaux de réponse)

Un catalogue de bibliothèque – quelle que soit sa configuration – sert à :

- sélectionner des documents par auteur, titre, sujet, etc. ;
- localiser les documents.

Un catalogue informatique possède des commodités plus étendues encore qu'un simple catalogue sur fiches puisqu'il permet également de :

- choisir un type de support (monographie, périodique, document audiovisuel, etc.) ;
- cibler une requête avec davantage de précision (éditeur, date de publication, etc.) ;
- affiner une recherche en utilisant les mots clés proposés (thésaurus) ;
- vérifier la disponibilité des documents.

Un catalogue informatique accessible par Internet autorise enfin quelques dernières fonctionnalités, notamment celle d'interroger à distance le fonds d'une bibliothèque dans le but d'anticiper.

Voilà donc autant d'arguments qui militent en faveur de l'utilisation d'un catalogue de bibliothèque ! Ce sont d'ailleurs ces mêmes arguments qui incitent les bibliothécaires à organiser la formation des utilisateurs à la méthodologie de recherche documentaire.

3. Réponse

Un catalogue de bibliothèque sert principalement à sélectionner des documents par champs (auteur, titre ou sujet) et à les localiser sur les étagères. Mais avec l'avènement des catalogues informatiques, de nouvelles applications permettent aujourd'hui d'effectuer des recherches avec davantage de précision (choix d'un support, d'une langue...), de vérifier la disponibilité des documents et même d'interroger à distance – via Internet – le fonds d'une bibliothèque.

③ Quelle différence faites-vous entre l'encyclopédie Universalis et Wikipédia ?

1. Analyse de la question

Est-il préférable de consulter l'encyclopédie Universalis plutôt que Wikipédia ? Parmi ces deux

« enseignes », laquelle offre le plus de fiabilité ? Sont-elles au fond destinées à la même utilisation ? Voici quelques-unes des énigmes qui gravitent autour de cette troisième question.

Il eût été incontestablement passionnant de réserver cette thématique à un développement plus approfondi – celui par exemple d'une composition de culture générale du concours de bibliothécaire ou conservateur d'État. Une telle entreprise aurait en effet permis d'orienter le débat sur au moins deux aspects fondamentaux de la problématique : l'évaluation et la validation de l'information. Il aurait par ailleurs été amusant de mesurer les clivages entre « pro » et « anti-wikipédia », de tester la vague de popularité de ce nouvel outil. Mais plus modestement, on attend ici des candidats qu'ils établissent une simple distinction entre une encyclopédie qui fait consensus autour d'elle (Universalis) et une autre davantage controversée (Wikipédia).

La réponse doit surtout être rédigée avec retenue, sans démonstration partisane et autre tournure polémique. Rappelez-vous : seul le principe de neutralité de point de vue prévaut !

c) Forme attendue de la réponse

Pour les raisons évoquées ci-dessus, 5 lignes… pas une de plus… voire peut-être moins !

On peut par exemple consacrer 2,5 lignes de rédaction à l'encyclopédie Universalis et autant pour sa concurrente Wikipédia.

2. Apport de connaissances

■ Encyclopædia Universalis

Comme de nombreuses autres encyclopédies confirmées (Britannica, Hachette ou Larousse), Universalis s'appuie sur une ligne éditoriale très structurée. Les articles sont réalisés par d'éminents spécialistes et validés par un comité scientifique. Ainsi, il est unanimement convenu qu'Univeralis est une des encyclopédies les plus abouties et les plus riches du marché. Le contenu des informations – rédigées exclusivement en français – la destine d'ailleurs à un niveau universitaire.

Éditée sous forme papier (30 volumes), commercialisée en version numérique (Cédérom et DVD) ou accessible en ligne (Internet), cette encyclopédie n'en reste pas moins payante.

■ Wikipédia

Créée en janvier 2001, Wikipédia est une encyclopédie d'un genre nouveau, disponible gratuitement par le seul canal du Web. Écrite et amendée par les internautes eux-mêmes, cette encyclopédie est susceptible de recevoir les contributions de chacun – sans justification d'un diplôme ou d'un niveau de qualification – en vue d'en améliorer le contenu. Wikipédia est aussi une encyclopédie multilingue (plus de 250 langues couvertes), proposant à ce jour près de 12 millions d'articles. C'est pourquoi elle est devenue un des sites de la Toile les plus consultés au monde.

En revanche, le degré de complétude et la qualité des articles font encore apparaître les limites d'un tel système. Un effort particulier devrait effectivement être entrepris en direction de l'écriture (syntaxe et orthographe) et de la structure des exposés.

Pour résumer :

	Encyclopædia Universalis	**Encyclopédie Wikipédia**
Point commun	Accessible en ligne sur Internet	
Différences	– Auteurs : spécialistes du domaine	– Auteurs : aucune sélection
	– Validation : comité scientifique	– Validation : auteurs
	– Payante	– Gratuite
	– Langue : français	– Langue : multilingue
	– Usage : niveau universitaire	– Usage : information de base

3. Réponse

Les articles proposés par Universalis sont écrits par des scientifiques et validés par un comité de lecture. Destinée à un niveau universitaire, cette encyclopédie est exclusivement rédigée en langue française et son accès en ligne reste payant. En revanche, Wikipédia ne pratique aucune sélection d'auteurs et s'appuie sur la collaboration volontaire des internautes pour corriger son contenu. Totalement gratuite et multilingue, elle permet d'accéder aux informations dites de base.

④ Qu'appelle-t-on « archives ouvertes » ?

1. Analyse de la question

« Que sont les archives ouvertes » ? Cette question aussi directe qu'explicite – vous l'aurez compris – engage le candidat à proposer tout au moins une définition. Cependant, vous aurez également constaté que son développement autorise jusqu'à « 10 lignes » de rédaction. Or décliner une définition revient à écrire en tout et pour tout 2 à 3 lignes de texte. Face à ce constat, il convient d'apporter quelques arguments supplémentaires visant à étoffer la réponse. Un ou deux exemples seront peut-être les bienvenus !

Par contre, la question telle qu'elle est déclinée ne donne aucune information précise quant au contexte géographique dans lequel doit se situer la réponse. Ceci conduira par conséquent le candidat à s'appuyer sur des notions très générales.

2. Apport de connaissances

■ Concept

Une archive ouverte se présente comme une bibliothèque numérique, avec la particularité d'être exclusivement enrichie de documents issus d'organismes de recherche. Il s'agit en effet d'un réservoir de données scientifiques, déposées sur un serveur par leurs auteurs et accessibles gratuitement sur Internet.

Les archives ouvertes ont été créées pour faire face à une inquiétante réalité économique : l'augmentation substantielle du coût des revues scientifiques. Alertée par les bibliothèques, une partie de la communauté des chercheurs a pris acte des difficultés de ces dernières à acquérir et donc à diffuser la production scientifique.

■ Objectifs

Le but du dispositif est de proposer en texte intégral et en libre accès des publications dont le niveau scientifique est au moins équivalent à celui des revues à comité de lecture. Accroître la visibilité et l'accessibilité de la recherche, promouvoir les travaux des chercheurs et des laboratoires, accélérer les échanges scientifiques et renforcer l'impact des résultats de la recherche sont autant d'objectifs affichés par les archives ouvertes.

Enfin, vous noterez que pour les professionnels de l'information, les bibliothécaires et autres documentalistes, les enjeux que représentent les archives ouvertes supposent qu'ils sachent redéfinir leur rôle dans la diffusion de l'information auprès de la communauté scientifique.

■ Exemple

En France, un certain nombre d'établissements de recherche et d'enseignement supérieur se sont regroupés afin de promouvoir et développer ensemble une archive ouverte totalement pluridisciplinaire : HAL (Hyper Articles en Ligne). Reposant sur le principe de l'auto-archivage, HAL est conçu comme un lieu de dépôt destiné à la diffusion des travaux de recherche (articles, thèses, textes de conférences ou de séminaires, etc.).

b) Sources d'information

Voir le site http://hal.archives-ouvertes.fr/

3. Réponse

Une archive ouverte est une bibliothèque numérique exclusivement consacrée aux travaux des chercheurs (articles, thèses, textes de conférences ou de séminaires, etc.). Il s'agit en effet d'un réservoir de données scientifiques accessibles gratuitement sur Internet.

Le but du dispositif est de proposer en texte intégral et en libre accès des publications dont le niveau scientifique est au moins équivalent à celui des revues à comité de lecture. Accroître la visibilité et l'accessibilité de la recherche, promouvoir les travaux des chercheurs et des laboratoires, accélérer les échanges scientifiques et renforcer l'impact des résultats de la recherche sont autant d'objectifs visés par les archives ouvertes.

En France, quelques organismes de recherche se sont regroupés afin de promouvoir et développer une base de données pluridisciplinaire appelée HAL (Hyper Articles en Ligne).

⑤ Quel est le rôle d'une CPE ?

1. Analyse de la question

Lorsqu'un sigle est intégré dans une question, le principe consiste à commencer par son développement.

Ensuite, il convient de préciser les missions propres aux Commissions paritaires d'établissement (CPE). Car, même si « rôle » est exprimé au singulier, cette expression comporte l'idée d'un tout ou d'un ensemble de missions.

Vous noterez également que la description de la constitution de ces instances administratives n'est pas exigée. De même, aucune information ne nous permet de préciser le type de personnels concernés par ces CPE. Ces bases posées indiquent que vos propos devront rester très généraux pour débuter et plus spécifiques quant aux bibliothèques pour finir.

2. Apport de connaissances

Il existe trois organismes consultatifs au sein desquels les fonctionnaires peuvent exercer leur participation à la gestion et au fonctionnement de l'administration : les CAP, les CTP et, ceux qui nous intéressent ici, les CPE.

Les Commissions paritaires d'établissement (CPE) préparent les travaux des commissions administratives paritaires – qu'elles soient académiques ou nationales. De fait, elles sont consultées pour tout ce qui concerne la carrière individuelle des agents, à savoir les questions relatives à la titularisation, l'évaluation, l'avancement d'échelon, les promotions, les mutations, les sanctions…

Indépendamment de leurs compétences, il faut savoir que ces commissions ne sont pas uniquement dédiées aux personnels des bibliothèques. Elles concernent en effet l'ensemble des corps de personnels BIATOS (personnels de recherche et formation, de l'administration scolaire et universitaire et des bibliothèques) affectés dans les établissements publics relevant du ministère de l'Enseignement supérieur et de la Recherche.

3. Réponse

Les Commissions paritaires d'établissement (CPE) préparent les travaux des commissions administratives paritaires (CAP) – qu'elles soient d'ailleurs académiques ou nationales. Elles sont consultées pour tout ce qui concerne la carrière individuelle des agents, à savoir les questions relatives à la titularisation, l'évaluation, l'avancement d'échelon, les promotions, les mutations, les sanctions…

⑥ Quelles sont les missions de l'ABES ?

1. Analyse de la question

Après avoir développé le sigle correspondant à « ABES », il convient de préciser le rôle de cet organisme. Vous noterez que le terme « missions » est employé au pluriel ; par conséquent, l'argumentaire doit reposer sur une sélection des principales vocations de l'ABES.

En revanche, ce serait une erreur de vouloir axer son exposé sur les produits dérivés des missions de l'ABES, à savoir : SUDOC, STAR, CALAMES ou Arabesques. Le candidat peut toutefois les citer en exemples pour illustrer les objectifs fondamentaux de l'Agence.

2. Apport de connaissances

L'Agence bibliographique de l'enseignement supérieur (ABES) a été créée en 1994 dans le but :

– de recenser et de localiser les fonds documentaires des bibliothèques de l'enseignement supérieur ;

– d'assurer la coordination du traitement documentaire des collections et veiller en particulier à la normalisation du catalogage et de l'indexation ;

– d'assurer la gestion et le développement des systèmes et des applications informatiques nécessaires à l'accomplissement de ces missions.

L'ABES a ainsi conçu et mis en place plusieurs outils d'information documentaire :

– SUDOC (Système universitaire de documentation) : ce catalogue collectif des bibliothèques de l'enseignement supérieur est devenu en quelques années seulement un outil documentaire incontournable comme en témoignent ces chiffres : 1 100 bibliothèques partenaires, plus de 8 millions de notices bibliographiques, 25 millions de documents localisés et 25 millions d'interrogations publiques en 2007.

– STAR (Signalement des thèses, archivage et recherche) : dispositif national de signalement, de dépôt et d'archivage pérenne des thèses électroniques.

– CALAMES : Catalogue en ligne des archives et des manuscrits de l'enseignement supérieur.

Enfin, l'ABES, en travaillant en étroite collaboration avec le consortium Couperin (COnsortium Universitaire de Périodiques Numériques), contribue à faciliter la mutualisation des achats de ressources électroniques pour le compte des universités et organismes de recherche.

b) Sources d'information

– Décret n° 94-921 du 24 octobre 1994 portant création de l'Agence bibliographique de l'enseignement supérieur.

– Informations détaillées sur le site de l'ABES et en particulier sous la rubrique « projet d'établissement » (http://www.abes.fr).

3. Réponse

L'Agence bibliographique de l'enseignement supérieur (ABES) a pour objectif de recenser et de localiser les fonds documentaires des bibliothèques de l'enseignement supérieur. Elle doit par ailleurs assurer la coordination du traitement documentaire des collections et veiller à la normalisation du catalogage et de l'indexation. Elle a enfin en charge la gestion et le développement des systèmes informatiques nécessaires à l'accomplissement de ces missions.

L'ABES, dans son rôle de leader de réseau et en partenariat avec le consortium Couperin, porte également plusieurs groupements de commandes de ressources électroniques pour les universités.

Sujet 4

Difficulté XXX	Durée 1 heure

MINISTÈRE DE L'ENSEIGNEMENT SUPÉRIEUR ET DE LA RECHERCHE.
CONCOURS EXTERNE ET INTERNE D'ASSISTANT DES BIBLIOTHÈQUES – SESSION 2010

1 Quel est le rôle d'un IHS ? (développer le sigle) *(4 lignes)*

2 Qu'est-ce que le bulletinage ? *(4 lignes)*

3 Qu'est-ce qu'un fil RSS ? (really simple syndication) *(3 lignes)*

4 Qu'est-ce qu'un Intranet ? *(3 lignes)*

5 Qu'est-ce que l'« océrisation » ? *(3 lignes)*

Corrigé

① Quel est le rôle d'un IHS ?

1. Analyse de la question

Les clés de cette énigme résident dans le décryptage de la locution « IHS » !

Certains auront peut-être vu dans ce sigle l'évocation d'un organisme ou d'une institution quelconque, mais le libellé exact de la question (« rôle d'un IHS ? ») témoigne d'une toute autre vérité. Cette formule insinue en effet qu'un IHS est une personne et plus précisément un personnel rattaché à un statut ou cadre d'emploi.

2. Apport de connaissances

La question ne possède pas de lien direct avec les métiers exercés au sein des bibliothèques. En revanche, elle pointe des missions qui relèvent du contexte des établissements publics de l'enseignement supérieur : l'hygiène et la sécurité.

Un Ingénieur en hygiène et sécurité (IHS) est un personnel ITRF[1] qui dépend de la branche d'activité professionnelle G (BAP G) dénommée « Patrimoine, logistique, prévention et restauration ». Il exerce ses compétences sous l'autorité et la responsabilité du Secrétariat général d'une ou plusieurs composantes, duquel il reçoit ses directives et auquel il rend compte de son action. Il assiste et conseille la direction ou la présidence d'un établis-

1. Les Ingénieurs et personnels techniques de recherche et de formation (ITRF.) exercent leurs fonctions dans :
– les établissements d'enseignement supérieur (universités, instituts nationaux polytechniques, écoles d'ingénieurs) ;
– les grands établissements (Collège de France, Institut de France, Conservatoire national des arts et métiers, Muséum national d'histoire naturelle…) ;
– les établissements sous tutelle du ministère de l'Éducation nationale (INRP, CNED…) ;
– les rectorats d'académie.

sement pour l'élaboration et la mise en œuvre de la politique de prévention des risques professionnels et la protection de l'environnement.

3. Réponse

Un Ingénieur en hygiène et sécurité (IHS) assiste et conseille l'autorité hiérarchique d'un établissement pour l'élaboration et la mise en œuvre de la politique de prévention des risques professionnels et la protection de l'environnement. Il anime les réunions du Comité d'hygiène et de sécurité (CHS) au sein desquelles il organise la formation en direction des personnels.

② Qu'est-ce que le bulletinage ?

1. Analyse de la question

Cette question – posée également au concours de magasinier principal de 2003 – se traduit tout simplement par l'apport d'une définition à laquelle peut être adjointe une information contenant une certaine valeur ajoutée.

2. Réponse

Le bulletinage consiste à pointer, contrôler et enregistrer les fascicules de périodiques au fur et à mesure de leur arrivée en bibliothèque. Cette opération – effectuée manuellement sur des fiches de classeur (Kardex) ou informatiquement grâce à un logiciel de gestion (SIGB) – permet de préciser dans un catalogue l'état de collection des publications en série.

③ Qu'est-ce qu'un fil RSS ? (really simple syndication)

1. Analyse de la question

La question ne semble à première vue présenter aucune difficulté particulière, puisqu'il est simplement demandé aux candidats de produire une définition. Cependant, la notion de « fil RSS » est plus complexe qu'il n'y paraît. Sans vouloir anticiper sur les informations citées plus bas dans la partie « connaissances », nous voulons attester ici que le sens pris par « fil RSS » varie selon que l'on traite le sujet sous l'angle de sa conception (outil développé par des webmasters) ou sous l'angle de son utilisation (celle des internautes).

2. Apport de connaissances

Comme nous l'avons laissé à comprendre ci-dessus, un « Fil RSS » (appelé aussi « Flux RSS ») peut s'entourer de plusieurs significations. La réflexion peut en effet être abordée de deux façons différentes :

– **Du côté des concepteurs** : Pour les administrateurs de sites Internet, un flux RSS est un outil qui permet de faciliter la diffusion des informations. Cette application est basée sur le principe de la « syndication de contenu » ou, autrement dit, sur des protocoles de partage de l'information. Un webmaster peut donc librement choisir d'incorporer un fil RSS dans le but de publier sur ses propres pages les actualités des sites qu'il aura sélectionnés.

– **Du côté des utilisateurs** : À l'autre bout de la chaîne, les internautes se servent de la technologie RSS pour recevoir automatiquement les dernières mises à jour d'un site ou d'un blog. Cet outil leur offre effectivement la possibilité de filtrer et de concentrer sur un seul écran les actualités pertinentes de leurs sites favoris, sans pour autant qu'il soit nécessaire de se connecter à chacun d'entre eux. Il suffit pour cela qu'ils notifient dans un « agrégateur d'informations[1] » les coordonnées du ou des fils RSS.

3. Réponse

Pour un webmaster, un fil RSS est un dispositif de partage et de diffusion des informations sur Internet. Mais pour les internautes, cette application représente surtout le meilleur moyen de recevoir automatiquement les dernières actualités de leurs sites favoris.

④ Qu'est-ce qu'un Intranet ?

2. Réponse

L'Intranet est un réseau informatique qui utilise les technologies d'Internet pour diffuser de l'information à l'intérieur d'un établissement ou d'une entreprise. L'accès à cet outil de communication est

1. Logiciel permettant de rassembler (« agréger ») et de synthétiser des informations publiées sur différents sites du Web.

donc restreint aux seuls employés ou membres d'un organisme.

⑤ Qu'est-ce que l'« océrisation » ?

1. Analyse de la question

Pour faire simple, nous dirons qu'il convient de rédiger une définition de 3 lignes sur un domaine de connaissances qui, n'ayant pas encore livré toutes ses certitudes, reste délicat à commenter.

Remarque

On notera que les membres du jury ont associé à juste raison des guillemets au vocable « océrisation » pour souligner le caractère non académique du terme employé.

2. Apport de connaissances

« Océrisation » est un néologisme qui provient de la substantivation du sigle « OCR » (Optical Character Recognition). D'ailleurs, beaucoup lui préfèrent l'orthographe « OCRisation », mieux adaptée à la notion qu'elle recouvre, mais dont la prononciation acronymique pourrait induire en erreur le profane.

En français, OCR signifie Reconnaissance optique de caractères. Ce terme désigne un procédé informatique qui permet de reconnaître, dans une image, les lettres composant un texte. Le principal intérêt de cette technique est de pouvoir ensuite effectuer une recherche dans un texte, ainsi que de sélectionner des mots ou des phrases de ce même texte.

3. Réponse

Le système de reconnaissance optique de caractères est un procédé informatique qui permet de reconnaître, dans une image, les lettres composant un texte. Cette technique accepte donc de transformer un fichier image en fichier texte.

Sujet 5

Difficulté XXX | Durée 1 heure

MINISTÈRE DE L'ENSEIGNEMENT SUPÉRIEUR ET DE LA RECHERCHE.
CONCOURS EXTERNE ET INTERNE D'ASSISTANT DES BIBLIOTHÈQUES – SESSION 2012[1]

1 Quel est le rôle de l'agent comptable ? *(3 lignes)*

....

....

....

2 Qu'est-ce qu'un public empêché ? *(3 lignes)*

....

....

....

3 La BPI : développer le sigle et indiquer ses principales caractéristiques. *(6 lignes)*

....

....

....

....

....

....

4 Que signifie STAR ? A quoi sert-il ? *(5 lignes)*

....

....

....

....

....

5 Qu'est-ce que le « labo » à la BNF ? *(5 lignes)*

....

....

....

6 Qu'est-ce que l'ESGBU ? Préciser son champ et son rôle. *(3 lignes)*

....

....

....

Corrigé

① Quel est le rôle de l'agent comptable ?

1. Analyse de la question

De quel agent comptable parle-t-on ? Les balises de la question n'étant pas préalablement fixées, il semble qu'il faille argumenter sur la base d'un cadre très général. Il est toutefois possible de relier la question à l'environnement institutionnel où s'exercent les fonctions des bibliothécaires assistants spécialisés. En d'autres termes, nous pourrions orienter la réponse en prenant ancrage sur l'un des deux statuts qui fixent les attributions et les modalités de fonctionnement des établissements publics suivants :

– Pour la BNF et la BPI : Établissement public à caractère administratif (EPCA).

– Pour les bibliothèques universitaires : Établissement public à caractère scientifique, culturel et professionnel (EPCSCP).

Remarque

La liste des attributions d'un agent comptable est dense ; néanmoins vous devez circonscrire votre propos aux 3 lignes de rédaction prescrites.

2. Apport de connaissances

L'agent comptable est un comptable public. Il dispose donc de l'indépendance nécessaire pour l'exercice de ses fonctions. Il est chargé du recouvrement des recettes, du paiement des dépenses, de la conservation des fonds et valeurs de l'établissement et de la tenue de la comptabilité générale. Il vérifie également la régularité des décisions des ordonnateurs et produit annuellement le compte financier. Conseiller du président ou du directeur en matière financière et comptable, il apporte son aide dans le pilotage de l'établissement et contribue à la prise de décision. Il est un acteur de la modernisation de la politique budgétaire et financière de l'établissement. D'ailleurs, l'agent comptable peut exercer, sur décision du président ou du directeur, les fonctions de chef des services financiers de l'établissement.

3. Sources d'information

– Site du ministère de l'Enseignement supérieur et de la recherche
(http://www.enseignementsup-recherche.gouv.fr/cid23266/agent-comptable.html)
– Répertoire des métiers de l'éducation nationale et de l'enseignement supérieur (REME)

4. Réponse

L'agent comptable est chargé du recouvrement des recettes, du paiement des dépenses, de la conservation des fonds et valeurs de l'établissement et de la tenue de la comptabilité générale. Il vérifie la régularité des décisions des ordonnateurs et produit annuellement le compte financier.

② Qu'est-ce qu'un public empêché ?

1. Analyse de la question

Il s'agit de définir ce que recouvre la notion de « public empêché » qui, au passage, ne doit pas être confondue avec celle de « public éloigné ».

2. Sources d'information

Glossaire bibliothéconomique issu de la coopération des centres régionaux de formations aux carrières des bibliothèques (http://blogs.univ-poitiers.fr/glossaire-mco/)

3. Réponse

Il faut entendre par public empêché toute personne privée de la totalité des services offerts par une bibliothèque du fait d'un handicap (mobilité réduite, cécité, etc.) ou d'une impossibilité à se déplacer (personnes hospitalisées, incarcérées, etc.).

③ La BPI : développer le sigle et indiquer ses principales caractéristiques. (

1. Analyse de la question

Plan de rédaction
La BPI : Développement du sigle
La BPI : caractéristiques
– Vocation nationale de coopération
– Fonds documentaire : pluridisciplinarité
– Aucun prêt de document à domicile (consultation sur place)
– Pas de magasin (uniquement en libre accès)
– Service spécifique : autoformation en langues

2. Réponse

La Bibliothèque publique d'information bénéficie du statut d'établissement public national. Elle exerce à ce titre une mission de coopération nationale. Bibliothèque d'étude, son fonds vise l'encyclopédisme et l'actualité. Elle privilégie la consultation sur place des collections, annulant ainsi toute possibilité pour le lecteur d'emprunter les documents à domicile. L'ensemble du fonds documentaire étant en libre accès, la BPI ne dispose d'aucun magasin de stockage. Enfin, elle propose une offre de services spécialisés à l'instar de l'autoformation en langues.

④ Que signifie STAR ? A quoi sert-il ?

1. Apport de connaissances

STAR est une application développée et pilotée par l'Agence bibliographique de l'enseignement supérieur (ABES). L'application reste un point de passage obligé pour les thèses électroniques dans tous les établissements ayant choisi d'abandonner le dépôt papier au profit du support électronique comme dépôt officiel de la thèse. Elle offre la possibilité à ces mêmes établissements de s'acquitter de leurs obligations de signalement et de conservation des thèses électroniques de façon automatisée et transparente.

Le dispositif STAR permet notamment de :
– déposer les fichiers du document thèse et générer ses métadonnées ;

– archiver de façon pérenne la thèse au Centre informatique national de l'enseignement supérieur (CINES) ;
– assurer le signalement automatique dans le catalogue SUDOC ;
– attribuer un identifiant pérenne à la thèse électronique ;
– veiller au respect des droits de la propriété intellectuelle ;
– héberger sur une plateforme de l'ABES le document thèse pour faciliter sa diffusion.

Processus collaboratif, l'alimentation de STAR fait appel à différents métiers au sein de chaque établissement : les services de scolarité, la bibliothèque, le service de valorisation de la recherche, le service informatique, etc.

2. Sources d'information

Brochure de présentation de STAR :
http://www.abes.fr/Publications-Evenements/Telecharger-les-brochures/Brochure-STAR

3. Réponse

Le dispositif STAR (Signalement des thèses électroniques, archivage et recherche) est un service national de dépôt des thèses en version numérique. Développée par l'agence bibliographique de l'enseignement supérieur (ABES), cette application offre la possibilité aux établissements de consigner leurs thèses sur support électronique. Elle permet surtout d'en garantir la conservation pérenne et d'assurer de manière automatisée le signalement dans le catalogue SUDOC.

⑤ Qu'est-ce que le « labo » à la BNF ?

1. Apport de connaissances

Le Labo est un espace d'exposition permanent qui fait partie intégrante de l'espace découverte de la BNF. Premier laboratoire expérimental public des usages des nouvelles technologies de lecture, d'écriture et de diffusion de la connaissance, il présente, en libre accès, différentes animations nées de la rencontre entre nouvelles technologies et collections de la bibliothèque.

Véritable laboratoire de recherche et de développement, cet espace permet à la BNF de saisir les changements et les mutations auxquels la bibliothèque de demain doit faire face. L'enjeu est de répondre aux défis lancés par la révolution numérique et la dématérialisation des supports. Derrière les objets eux-mêmes, ce sont les habitudes de lecture, d'écriture et de recherche qui sont interrogées.

Ces animations abordent la problématique des nouvelles pratiques d'écriture et de lecture induites par l'apparition de nouveaux supports ou interfaces. Elles ont vocation à présenter les collections de la bibliothèque sous un angle nouveau *via* des technologies de pointe et des prototypes élaborés par les laboratoires de recherche et de développement partenaires.

2. Sources d'information

Sur le site de la BNF :
http://labo.bnf.fr/html/accueil.htm

3. Réponse

Le Labo de la BNF est un espace public d'exposition permanent sur l'usage des nouvelles technologies de lecture, d'écriture et de diffusion de la connaissance. Il propose des animations visant à répondre aux défis lancés par la révolution numérique et la dématérialisation des supports.

⑥ Qu'est-ce que l'ESGBU ? Préciser son champ et son rôle.

1. Analyse de la question

La difficulté de la question ne porte pas tant sur le fond mais sur la forme. Il convient en effet de limiter sa réponse à trois lignes de rédaction, alors même que le développement du sigle ESGBU devrait à lui seul occuper la moitié de la réponse. Il faut à cela ajouter un élément du « champ » d'application de l'ESGBU et préciser son « rôle ». Véritable exercice d'équilibriste, on mesure à cet endroit ce que signifie l'effort de synthèse !

2. Apport de connaissances

L'ESGBU est une enquête annuelle adressée aux services documentaires des établissements d'enseignement supérieur. Les informations récoltées favorisent un suivi régulier de l'état et de l'activité des bibliothèques universitaires. Elles sont pour l'administration centrale et pour les établissements un outil d'analyse, et d'évaluation de la fonction documentaire.

Les données qui y sont consignées portent principalement sur :

– les locaux, le budget, le personnel ;

– les acquisitions de documentation, les abonnements, les dépenses documentaires ;

– les collections, sur tous supports ;

– l'informatisation et le système d'information documentaire ;

– les CADIST ;

– les services rendus (prêt, ouverture, formation, public) ;

– les centres de ressources documentaires associés.

Pour renseigner cette enquête, les services documentaires de l'enseignement supérieur disposent d'un outil d'interrogation et de mise en forme des données statistiques : ASIBU (application statistique interactive des bibliothèques universitaires).

3. Sources d'information

ESGBU : https://www.sup.adc.education.fr/asibu/esgbu_desc.htm

ASIBU : https://www.sup.adc.education.fr/asibu/

4. Réponse

L'enquête statistique générale auprès des services documentaires de l'enseignement supérieur (ESGBU) permet de suivre annuellement l'état et l'activité des bibliothèques universitaires. Pour l'administration centrale, elle est un outil d'analyse et d'évaluation de la fonction documentaire.

2. Le cas pratique

Coefficients

2

Durée

3 heures 15 minutes

L'épreuve

Épreuve majeure et souvent déterminante, le cas pratique est un exercice courant des concours administratifs de catégorie A et B. Sans être le quotidien professionnel d'un bibliothécaire assistant spécialisé, ce test témoigne de la capacité d'un candidat à s'adapter à une situation concrète ou à une requête d'un supérieur hiérarchique. Elle s'attache aussi à évaluer l'aptitude d'un futur « BAS » à présenter correctement un devoir ou une « commande ».

Le cas pratique est l'une des deux épreuves distribuées simultanément aux candidats du concours de bibliothécaire assistant spécialisé de classe normale. Elle est parfois comparée au cas pratique du concours de magasinier principal, et ce pour ces quelques raisons au moins :

– une mise en situation professionnelle analogue ;
– une mission d'encadrement des personnels assez proche ;
– un document de réponse similaire quant à sa conception.

Par contre, l'exercice se distingue de l'épreuve du concours de magasinier principal sur de nombreux autres domaines, ce qui, entendons-nous, lui confère une approche absolument singulière :

– Les missions de bibliothécaire assistant spécialisé restent bien identifiées et, par conséquent, les thèmes abordés en sont différents.
– Aucune question de « mathématiques appliquées aux bibliothèques » ne figure dans l'épreuve.
– Les pièces jointes utiles à la réalisation de l'exercice n'ont pas les mêmes orientations.
– Le contenu de la réponse et l'exigence d'une logique de rédaction sont plus élaborés et aboutis.

1. Nature de l'épreuve

L'intitulé exact de l'épreuve se décline comme suit : « Cas pratique avec une mise en situation, à partir d'un dossier de dix pages au maximum. » Derrière cette dénomination se cache une double complexité qui correspond finalement à la définition des deux fondamentaux de l'épreuve : la forme du document à produire d'une part, et le fond de l'« étude technique » d'autre part. Pour réaliser cet exercice et afin d'éviter des amalgames préjudiciables, vous conviendrez qu'il est capital de déterminer les enjeux du cas pratique. Les réflexions à venir contribueront donc à cerner au plus près la nature et la philosophie de l'épreuve.

– La **forme** du document à produire consiste en la **rédaction d'une note**. Pourtant, aucun élément dans l'intitulé de l'exercice ne permet d'appuyer cette affirmation. S'il est clair que pour le « cas pratique » du concours de magasinier principal il faille rédiger ce type de communication administrative[1], en revanche, pour celui de bibliothécaire assistant spécialisé, le doute peut persister. Cependant, en observant les différentes sessions de concours déjà organisées, on s'aperçoit que l'information concernant la forme à donner à la copie se trouve incluse, en filigrane certes, dans l'énoncé ou dans la question posée. Nous aurons d'ailleurs l'occasion lors des prochaines lignes d'en faire la démonstration par la preuve.

– Quant au **fond** du cas pratique, il convient de distinguer à la fois l'esprit de l'exercice, les thèmes abordés et la question annexe (planning, calendrier, organigramme, etc.).

1. Intitulé exact de l'épreuve de cas pratique du concours de magasinier principal : « Rédaction d'une note sur la résolution d'un problème pratique auquel un magasinier principal peut être confronté dans l'exercice de ses fonctions. »

1. L'esprit du cas pratique

D'emblée, nous rejetons l'idée selon laquelle l'épreuve est un exercice de culture générale. La mise en situation professionnelle d'un BAS confère à l'analyse une dimension exclusivement technique.

Le cas pratique n'est pas non plus une dissertation stricto sensu puisqu'il s'appuie précisément sur un dossier et n'obéit donc pas aux mêmes règles.

Pareillement, même si nombre de livres méthodologiques associent cas pratique et note de synthèse, celui du concours de bibliothécaire assistant spécialisé échappe à cette logique. En effet, son dossier d'accompagnement n'a pas d'autres prétentions que de proposer de modestes pistes de réflexion. De fait, pour instruire l'étude de cas, il convient ici de biaiser les règles classiques d'une note de synthèse, à savoir : faire preuve de bon sens et avancer des éléments extérieurs au dossier issus de sa propre expérience des bibliothèques.

Finalement, le cas pratique du concours de bibliothécaire assistant spécialisé de classe normale rassemble plusieurs logiques qui nous interdisent d'être à ce point catégoriques sur sa réelle nature. Toutefois, il est raisonnable d'affirmer, aux vues des dernières sessions, que cet exercice se situe à mi-chemin entre une note de synthèse professionnelle et une dissertation technique. Le candidat se doit donc de s'adapter aux différentes philosophies de l'épreuve, en même temps qu'il apprend à se familiariser avec les nombreuses thématiques possibles du métier.

2. Les thèmes prévisibles du cas pratique

À ce niveau, il existe moins d'incertitude. L'intitulé de l'épreuve parle en effet d'une « mise en situation », qu'il faut comprendre comme étant une situation à laquelle un bibliothécaire assistant spécialisé de classe normale peut être confronté dans l'exercice de ses fonctions. Partant de ce fait, il suffit de déterminer le périmètre d'action d'un BAS pour attester des sujets prévisibles du concours. Malgré tout, et nous l'avons déjà observé à l'occasion de la description du statut, il faut souligner combien leurs missions sont étendues à un grand nombre de thèmes relatifs à la vie des bibliothèques.

3. La question annexe du planning

Cette partie de l'épreuve accentue un peu plus encore le caractère technique du cas pratique.

Afin de fixer une méthodologie appropriée, un point particulier de cet ouvrage sera consacré à l'élaboration de modèles de planning et de calendrier.

En somme, il n'est pas illogique d'affirmer que l'épreuve de cas pratique du concours de bibliothécaire assistant spécialisé de classe normale reste un exercice complexe et exigeant, tant il requiert une totale polyvalence.

2. Présentation sous la forme d'une note

La **note administrative** est un vecteur de communication entre un agent et l'autorité hiérarchique qui le mandate pour instruire une affaire. À ce titre, on l'appelle aussi note « d'information » ou note « correspondance ». Il s'agit en effet d'un document d'ordre intérieur entre des fonctionnaires d'un même service. Concrètement, un conservateur, responsable d'un département de bibliothèque, pourrait demander à un bibliothécaire assistant spécialisé de rédiger un texte à partir d'un mini-dossier. La subtilité dans la rédaction repose à la fois sur le raisonnement logique et sur la présentation de la réflexion. Cet « outil » à caractère administratif a pour but de faire le point sur une question et constitue un tel levier lors d'une décision à prendre que les textes officiels utilisent même l'expression de « note assortie de propositions » pour en souligner sa visée.

Le style de la note administrative doit être simple, clair, précis, direct et objectif. À l'inverse du principe bien connu de la lettre, la note ne comporte aucune formule de politesse. Pour autant, cela ne signifie pas qu'il faille manquer de respect à la personne qui vous confie le travail !

À présent, il convient d'illustrer ces propos par la **présentation matérielle de la note**. Sa composition tient compte de quelques règles administratives basiques que nous détaillerons ci-après. Nous ne désirons pas nous égarer dans les « dédales » des normes administratives. Laissant aux spécialistes l'art et la manière de suivre scrupuleusement les techniques du genre, nous avons fait en sorte de répondre aux attentes des membres du jury du concours de bibliothécaire assistant spécialisé de classe normale.

Présentation matérielle de la note administrative

a. **TIMBRE** — b. lieu d'origine et date

c. LIBELLÉ
« Note à l'attention de… »

d. Objet :…

INTRODUCTION

DÉVELOPPEMENT

CONCLUSION

e. **SIGNATURE**

f. P. J. :

Description de la note administrative

a. Le timbre

Situé en haut à gauche, le timbre est l'en-tête du document à produire. En réalité, on inscrit l'organe administratif émetteur mentionné dans l'énoncé du devoir. À ce niveau, le suspense n'est pas insoutenable puisqu'il s'agit systématiquement d'une bibliothèque où un bibliothécaire assistant spécialisé peut exercer ses fonctions (Exemples : « Bibliothèque universitaire », « Service commun de la documentation », « Service interétablissement de coopération documentaire », etc.).

Dans ces exemples, il faut noter au passage que l'établissement reste anonyme ou virtuel. Vous éviterez donc les effets du type : « Bibliothèque universitaire de X… ».

b. Le lieu et la date

Le lieu et la date seront inscrits en haut à droite de la copie d'examen. Ces éléments ne sont pas primordiaux et en faire l'économie ne constitue pas un élément discriminant pour la notation.

Comme stipulé ci-dessus, la mention de lieu n'est pratiquement jamais précisée mais les habitudes pourraient changer ! À défaut d'indication, il vaut mieux ne rien écrire que d'être tenté de mettre le lieu dans lequel vous êtes convoqué(e) pour l'examen.

De même, on fera figurer la date lorsque celle-ci trouve son intérêt dans le contexte de l'exercice (Exemple : vous êtes sollicité(e) pour organiser des plannings de vacances universitaires, et dans ce cas, il est logique de présenter les travaux à une date antérieure aux congés). Sinon, vous pouvez tout simplement utiliser la date du jour du concours.

c. Le libellé

Le libellé s'introduit toujours par « **Note à l'attention de…** » suivi de la mention de son destinataire qualifié par son titre. Le statut de la personne qui vous commande le projet se trouve dans l'énoncé du devoir. Si tel n'est pas le cas, utilisez un terme générique du style : « Note à l'attention de monsieur le responsable de la bibliothèque ».

Vous pouvez être amené(e) à rédiger une note à l'attention de subordonnés. Cette initiative ne peut provenir que de la seule volonté de votre supérieur hiérarchique. Dans ce cas de figure, vous proposerez à ce dernier de viser votre travail avant de le diffuser aux intéressés.

d. L'objet

Il constitue en peu de mots l'essentiel de l'affaire à traiter. Expression très succincte et exempte de verbe, l'objet rappelle précisément le but de la note administrative.

e. La signature

Attention ! La règle absolue des concours administratifs est de ne pas rompre avec l'anonymat des copies. Aucune mention personnelle susceptible de vous disqualifier ne devra être inscrite en dehors des zones prévues à cet effet. Pour la signature, vous utiliserez le titre auquel vous vous destinez en cas de réussite, savoir : « bibliothécaire assistant spécialisé de classe normale ».

Remarque

Lorsqu'une note est adressée non pas au commanditaire mais à des subordonnés, il est d'usage de signer : « **le bibliothécaire assistant spécialisé de classe normale sous couvert du responsable de la bibliothèque** ».

La signature se situe en bas à droite de la page d'examen.

f. Les pièces jointes

On retrouve cette rubrique dans nombre de documents administratifs. La nature de la pièce jointe doit être annoncée en bas à gauche de la note, puis répétée en guise de titre en haut de la pièce jointe en question.

Méthodologie et conseils

1. Généralités

L'épreuve a pour but de vérifier l'aptitude du candidat à analyser un ensemble d'éléments utiles à la résolution d'une problématique. Elle porte notamment sur :

1. La pertinence des solutions proposées

L'épreuve qui consiste à placer le bibliothécaire assistant spécialisé au sein de ses fonctions peut parfois créer chez le candidat le sentiment d'une absence de repères. Quoi qu'il en soit, cette mise en situation virtuelle nécessite de trouver un juste équilibre entre des réponses approximatives – voire dénuées de sens – et des solutions extravagantes.

2. L'organisation des tâches

Organiser des tâches ou un événement revient, en quelque sorte, à s'adapter à des situations particulières. La fonction « planning » traduit au mieux cette spécificité du métier de bibliothécaire assistant spécialisé. La programmation d'actions de service public, de rangement, de traitement matériel ou d'organisation spatiale des collections correspond aux thèmes fréquemment abordés dans les sujets de cas pratique.

3. La présentation de données

Au-delà du contenu, le candidat doit concevoir un document intelligible. La présentation consiste à coordonner entre eux deux éléments de réponse : une partie rédigée (celle qui s'engage à répondre à une question centrale) et un tableau (question annexe souvent liée à l'élaboration d'un planning). Ces éléments prendront bien évidemment en compte la nature de la problématique à traiter, la personne à qui elle s'adresse, la tonalité administrative d'une note, etc.

4. La qualité de l'expression et de l'argumentation

L'enchaînement logique des idées et la faculté à rédiger correctement des phrases concourent à l'intérêt de la réponse.

5. La rigueur du vocabulaire professionnel

La maîtrise des connaissances bibliothéconomiques donne au devoir une dimension plus technique. Le vocabulaire professionnel devra donc être assimilé avec la plus grande attention.

Tout bien réfléchi, il semble que l'évaluation de l'épreuve repose particulièrement sur cette chaîne de compétences. Nous prendrons en considération chacune de ces notions lors de l'examen de la méthodologie.

2. Description des éléments fournis

Pour résoudre la problématique de l'épreuve, les organisateurs mettent à la disposition des candidats un « mini » dossier constitué en moyenne d'une dizaine de pages et renfermant des données diverses et variées. Toutes les pièces qui le composent n'ont pas la même valeur. Nous avons donc choisi de les identifier pour permettre au candidat de se familiariser avec ces divers éléments.

L'**énoncé** est le premier élément significatif du devoir. On y dépeint un contexte plus ou moins développé et la situation à laquelle vous allez être confronté(e). En général, la thématique du sujet fait état de problèmes auxquels il est demandé d'apporter des solutions. L'enjeu de l'exercice consiste à exposer un certain nombre de propositions à votre supérieur hiérarchique par le biais de la rédaction d'une note.

Les **questions** portent sur la commande du supérieur hiérarchique. Elles se situent entre l'énoncé et le récapitulatif des documents annexes. En général, la commande se traduit par une question centrale relativement importante (correspondant à trois ou quatre pages d'écriture) et une question « annexe » (portant sur l'élaboration d'un tableau ou planning). Vous observerez combien les questions sont instructives tant elles induisent souvent des suggestions sur l'organisation du plan de rédaction.

Les réponses restent évidemment suspendues à ces questions… et uniquement à ces questions !

Les **pièces jointes** ou **documents annexes** conditionnent votre réflexion sans pour autant en limiter l'étendue à leur seul contenu, pour ces deux raisons au minimum : leur nombre restreint et leurs données disparates (extrait d'un guide de lecteur, plan de salle, horaires d'ouverture d'une bibliothèque, charte de bon usage, règlement intérieur, texte législatif, etc.). Les informations fournies par ces documents n'ont d'autre dessein que de vous proposer des pistes de réflexion à affiner et de vous guider dans la sélection des idées à développer.

3. Méthode de travail

Penser une méthode de travail pour résoudre un cas pratique revient à « suivre le fil d'Ariane ». Opération pédagogique plutôt complexe tant il nous faut prendre en considération les nombreuses ramifications et spécificités de l'épreuve, la méthodologie sera organisée en cinq séquences, que nous déclinerons chronologiquement : **analyse des documents**, **construction du plan**, **rédaction**, **relecture et élaboration d'un planning**.

1. L'analyse des documents

À la base, le cas pratique correspond à un traitement de l'information. Partons d'une évidence : pour réaliser cet exercice, le candidat dispose de trois types de données ; certaines sont contenues dans l'énoncé, d'autres dans les questions posées et enfin les dernières dans les pièces jointes en annexes. On parle alors de données « triples » et transversales. Effectivement, la clé de l'efficacité réside en un va-et-vient permanent entre les trois éléments précités. Il est donc nécessaire de se livrer à l'analyse la plus exhaustive possible.

a. Analyse de l'énoncé

L'énoncé se propose de définir la situation d'un bibliothécaire assistant spécialisé dans une mission bien particulière et s'attache à livrer des données lapidaires mais essentielles à la compréhension du sujet.

C'est au cours de sa lecture que l'on découvrira notamment le « Thème central » de l'affaire à traiter. En quelque sorte, nous serons renseignés sur l'objectif à atteindre.

Parmi les autres informations capitales, nous retiendrons les indications relatives à l'« Administration » de tutelle à laquelle est rattaché le bibliothécaire assistant spécialisé et les éventuelles précisions apportées sur la « Période à couvrir » ou les « Délais » de réalisation de la problématique. En fait, l'analyse de l'énoncé consiste à repérer l'ensemble de ces éléments pour mieux cerner le contexte de l'exercice.

c. Analyse des questions posées

Les enjeux de la ou des questions posées sont déterminants puisqu'ils conditionnent les critères d'évaluation de l'épreuve.

C'est effectivement à partir de la compréhension des « questions posées » que les correcteurs sélectionneront les candidats. Véritable point de départ du cas pratique, votre perspicacité est impérative pour ne pas tomber dans le piège d'un **hors-sujet** alors préjudiciable. Pour éviter de tels contresens, il convient d'identifier les termes essentiels, de délimiter les champs du sujet et de reformuler les expressions avec des mots qui vous sont propres. En outre, vous observerez la façon dont la question est présentée : elle suggère – voire impose – quasi systématiquement la stratégie du plan de rédaction.

D'autre part, il ne faudra pas perdre de vue les indications fournies concernant l'éventuelle « forme de la réponse » à donner ou, en d'autres termes, bien respecter la présentation des résultats sur la copie, dans la forme attendue et largement suggérée par la question.

Enfin, en introduction de cette partie du dossier figure souvent l'information concernant l'identité du « commanditaire » ou, autrement dit, du supérieur hiérarchique qui prescrit le travail à réaliser.

e. Analyse des pièces jointes en annexes

Troisième source d'information, les annexes instruisent la réflexion et contribuent à parfaire les réponses. Elles fonctionnent comme des points d'ancrage dans lesquels il est possible de puiser l'inspiration.

L'analyse suppose une lecture à trois vitesses. Tout d'abord, un premier survol permettra de discerner les éléments susceptibles de répondre aux questions (lecture des titres et des intertitres). Ensuite, il est nécessaire de réaliser une lecture complète des pièces jointes. En effet, l'expérience prouve que bon nombre de candidats, surtout lorsqu'ils se trouvent en présence de textes techniques ou juridiques, négligent arbitrairement des détails qui n'en sont aucunement. Se livrer à une lecture exhaustive est aussi le plus sûr moyen d'éviter des omissions, des erreurs ou des contresens. Enfin, la dernière étape préconisée consiste en une lecture active que chacun accompagnera de méthodes appropriées et personnelles (surlignage, annotation en marge du texte, etc.). Là aussi, il est essentiel et judicieux de soulever une idée selon une formulation propre qui traduise bien la perception que l'on a eue du sujet.

Le dossier d'accompagnement peut être dans l'absolu composé de pièces de diverses natures : textes législatifs, articles de journaux, tableaux de données chiffrées… Ces documents annexés, si laborieux soient-ils à exploiter, ne doivent surtout pas être occultés. Ils renvoient de près ou de loin à un élément de réponse en rapport direct avec la (ou les) question(s) posée(s). En réalité, les pièces du dossier présentent souvent entre elles un intérêt inégal. Quelques exercices peuvent effectivement renfermer des documents pauvres en information, mais rarement des documents « pièges » ne servant qu'à tromper votre vigilance. C'est pourquoi, il faut absolument comprendre le fait que les pièces jointes ne décrivent pas l'exacte réalité de la situation dans laquelle vous êtes engagé(e), mais sont présentées pour vous offrir quelques pistes de réflexion.

Si toutefois vous étiez soumis(e) à des choix stratégiques liés à un événement particulier, il vous faudra toujours réfléchir en terme de « situation » et de « contrainte ». Lorsqu'on oppose ces deux notions, on constate qu'une situation peut être adaptée alors qu'une **contrainte doit être impérativement respectée**.

2. La construction d'un plan de rédaction

Après l'analyse scrupuleuse des pièces du devoir, il reste au candidat à élaborer un plan de rédaction. Il s'agit donc pour lui d'entrer dans la première phase, celle de la conception d'un document informatif, la seconde étant celle de la rédaction proprement dite. L'exercice proposé pour le cas pratique du concours de bibliothécaire assistant spécialisé s'inscrit effectivement comme un véritable test d'expression écrite. À l'occasion de l'épreuve du questionnaire, nous en avions déjà livré les aspects : la nécessité d'un plan de rédaction s'impose dans chaque épreuve de communication écrite.

Lors de l'analyse générale, vous vous êtes concentré(e) sur la recherche des idées utiles, dans l'absolu, à la réponse attendue. Il est désormais temps d'organiser votre réflexion en un enchaînement logique et progressif, donc, en définitive, à établir un plan de rédaction dont la stratégie conditionnera fortement la notation. En effet, cet exercice permet de mettre en valeur les qualités du candidat en attestant :

– qu'il a parfaitement cerné le problème à traiter et ses enjeux professionnels ;

– qu'il possède la capacité à conduire un raisonnement cohérent.

L'élaboration du plan de rédaction canalise votre démarche pour vous interdire de travailler « sans filet ». Avant d'aborder cette phase critique, il est primordial de vérifier que vous vous apprêtez à répondre précisément à la question posée ; une fois votre travail engagé, vous n'aurez guère la possibilité matérielle – en terme de temps – de « revenir sur vos pas » ou de changer de stratégie.

La construction du plan s'effectue en trois étapes :

– la définition et la délimitation des différentes parties à développer ;

– la désignation des sous-parties (correspondant aux paragraphes) ;

– l'organisation des idées à l'intérieur des paragraphes.

La structure matérielle du plan est composée d'une liste d'idées que le candidat a choisi de développer, liste synthétique certes mais cependant claire et précise, réalisée en intitulés numériques (« I », « II », « III »... – « 1 », « 2 », « 3 »...) et/ou personnalisés (tirets, flèches, points...). Ces parties ainsi nettement différenciées permettent de hiérarchiser et classer entre eux les concepts retenus lors de l'analyse. Il convient, bien sûr, de s'assurer que correspond à chaque partie proposée une « matière rédactionnelle » en d'autres termes, à du contenu.

La notion de plan s'organise en fonction de la dominante identifiée dans la question : dominante à caractère chronologique, thématique ou problématique. La dominante chronologique comporte autant de parties qu'il y aura d'étapes à franchir pour arriver à une solution. La seconde dominante propose d'aborder les thèmes qui gravitent autour de la question posée et d'y associer des commentaires opportuns. Enfin, la dominante problématique porte à la fois sur un problème à résoudre et sur l'examen des solutions préconisées ou déjà mises en place. Vous apprendrez donc à identifier ces logiques d'examen pour orienter votre choix de développement.

À y regarder de plus près, vous constaterez que le plan est souvent suggéré dans la question posée. Ce fil conducteur pose les bases de l'architecture de votre rédaction. Mais un plan efficace est un plan suffisamment détaillé pour en faciliter la rédaction et, par conséquent, la lisibilité par le correcteur.

Lorsque tout ou partie d'un cas pratique nécessite la rédaction d'un texte, il faut savoir qu'aucun plan type n'est imposé. De même, la subtilité de l'exercice tient moins dans un nombre prédéfini de parties que dans la structure et la logique du plan. Sans vouloir influencer les préférences du candidat, précisons qu'il est bien plus facile de construire un développement autour de deux idées prépondérantes que de maîtriser un plan en trois ou quatre parties.

Une fois le plan bien ficelé, il reste à mettre en place la stratégie de la plume !

3. La rédaction

Cet ouvrage n'affiche pas l'ambition de faire office de recueil visant à mieux maîtriser la « langue de Molière ». D'autres auteurs se sont prêtés à cet exercice avec brio. Dans la multitude de leurs manuels, vous saurez certainement débusquer la « perle rare », celle qui correspondra au plus près à vos besoins. Si vous préférez être aiguillé(e) sur l'un d'entre eux, nous vous conseillons alors la lecture de : Français, Françoise Thiébault-Roger, éditions Vuibert, 2005 (collection Mise à niveau, concours de catégorie C, 3e édition).

Nous avons choisi ici de restreindre notre propos à quelques règles implicites : les rappels sommaires du bien-fondé de la rédaction, dont les conseils pratiques correspondent aux attentes de votre correcteur.

Dans le contexte du concours de bibliothécaire assistant spécialisé, les tests – et particulièrement l'exercice d'étude de cas – sont plus techniques que généraux. Il est désormais manifeste qu'on ne vous demande pas de vous préparer à des épreuves scolaires ou universitaires de type français : composition, rédaction, dissertation, note de synthèse, etc. Pourtant, il conviendra d'y observer quelques normes classiques d'expression écrite comme : la **construction grammaticale des phrases**, l'**orthographe**, le **vocabulaire**, l'**utilisation avisée des transitions**, la **propreté de la copie**, la **rédaction de l'introduction**, du **corps de l'exposé**, de la **conclusion** et le renvoi à une **pièce jointe**.

a. Construction grammaticale des phrases

Difficile de suivre les méandres de la grammaire française !

Pour éviter toute incompréhension ou maladresse, il sera judicieux de former des phrases courtes, mais claires. De façon rudimentaire, la phrase se matérialise par un groupe nominal – le sujet – et un verbe. Vous pourrez associer à cette unité élémentaire des compléments de divers genres (complément d'objet direct, complément circonstanciel, etc.). Seulement, nous vous conseillons vivement de ne pas surcharger vos écrits.

Dans un autre domaine, il est préférable de rédiger à la troisième personne du singulier (« il ») ou en utilisant des tournures impersonnelles (« on » ou parfois « nous »). L'emploi très modéré du « je » n'est pas sanctionné lors du concours. En revanche, son usage abusif confère souvent aux copies un style familier qui peut être au final pénalisant.

La conjugaison des verbes, pour sa part, devra prendre en compte les évènements à décrire (le « présent » pour relater un évènement, le « conditionnel » pour formuler des propositions, le « futur » pour une projection).

Et puis, avec l'enchaînement des idées, émergera l'inévitable utilisation de mots de liaison appropriés (les conjonctions : « mais », « ou », « et », « donc »...).

Enfin, le candidat prendra soin d'observer les règles élémentaires en matière de ponctuation. L'utilisation de la ponctuation permet d'apporter du relief à un « récit » et a contrario, son absence dénature souvent le sens des idées exposées.

b. Orthographe

Talon d'Achille des candidats, les fautes d'orthographe laissent une impression désagréable au lecteur. Au moment de sanctionner par le biais de la notation, le correcteur prendra en considération cette information. Si le respect de l'orthographe ne rapporte aucune bonification dans la note finale, en revanche, les fautes, elles, sont pénalisantes. Les rapports de jury du concours d'assistant des bibliothèques ne laissaient planer aucun doute à ce sujet et précisaient que des points peuvent être déduits du barème général du fait d'une orthographe lacunaire.

c. Vocabulaire

Quant au vocabulaire, on vous demande de ne pas reproduire les mêmes mots ou expressions tout au long de votre devoir. En effet, les répétitions alourdissent le propos et ne manqueront pas d'exaspérer le correcteur. La langue française est suffisamment riche pour que vous ne vous priviez pas d'employer des synonymes.

Dans un autre registre, on attend d'un futur bibliothécaire qu'il utilise le langage professionnel. Rien n'indique dans les analyses de dossier proposées que le vocabulaire bibliothéconomique soit prisé... mais dans les rapports de jury, tout concourt à valoriser ceux qui s'approprient cet opportun « dialecte ». Utilisez-le donc à bon escient pour finir de convaincre votre correcteur !

d. Transitions

Dernier effet de style souvent apprécié dans la lecture d'un document, les transitions permettent d'établir un lien étroit entre la fin d'une partie et le commencement d'une autre. Elles installent le correcteur dans une sorte de confort de lecture et favorisent l'enchaînement logique des idées.

e. Propreté de la copie

La toute première impression de l'examinateur se dégage d'une vue d'ensemble de la copie. Ce tout premier contact va lui permettre de juger, d'une part, de la propreté des différentes pages et d'autre part, de la lisibilité de l'écriture. Par principe, nous vous recommandons de vous abstenir des effets disgracieux comme les ratures et autres taches. Que faire alors lorsqu'on est dans l'impossibilité de coucher sa réflexion sur le papier d'un unique trait de plume ? Dans ce cas, il est préférable d'utiliser un stylo à encre effaçable plutôt qu'un stylo à bille[1]. Enfin, munissez-vous d'un correcteur blanc comme ultime rempart aux éventuelles erreurs.

f. Rédaction de l'introduction

L'introduction sert à rappeler en quelques termes les motifs du document de réponse. Elle découle directement de l'énoncé du devoir. Mais, dans un souci de créativité, évitez de paraphraser les éléments fournis. Une formule personnalisée et adaptée sera plutôt la bienvenue. L'introduction se doit d'annoncer synthétiquement mais littérairement le plan des différentes parties du développement. Cette technique de repérage des grandes étapes de votre rédaction permettra au correcteur de suivre votre raisonnement.

g. Rédaction du corps de l'exposé

Nous voilà parvenu à la partie du devoir la plus dense en matière de contenu. Vous êtes sur le point de livrer quelque trois ou quatre pages de rédaction décisives. C'est donc ici plus qu'ailleurs que se joue l'évaluation de vos travaux. Le correcteur va juger de votre faculté à résoudre la problématique, à organiser vos propos, à articuler vos idées et à présenter votre copie.

1. Nous profitons de l'occasion pour préciser que seules les couleurs neutres (bleue ou noire) sont tolérées pour la rédaction. Les autres (rouge ou verte) peuvent être considérées comme des signes distinctifs susceptibles d'entraîner la nullité de votre copie.

Il est entendu que la rédaction du corps du devoir doit suivre scrupuleusement la stratégie du plan déterminé en amont. Si tel est le cas, une à deux phrases par idée retenue suffiront à expliciter votre démarche.

Le développement de la note comportera ainsi plusieurs grandes parties, lesquelles seront constituées de paragraphes. Cette structuration complexe des écrits nécessite que vous sépariez les différentes parties par le jeu de « sauts de ligne ». Vous pouvez par ailleurs décider d'identifier les chapitres principaux de votre rédaction par l'apport de titres[2]. Bref, une présentation aérée ajoutera de la clarté et de la lisibilité à votre exposé.

Le ton à emprunter dans le développement des idées replace l'exercice dans son contexte : un supérieur hiérarchique vous demande de mener une réflexion sur un domaine de compétence qui est le vôtre. Vous n'avez donc pas à imposer une vue de l'esprit personnalisée mais plutôt à émettre des propositions raisonnées et raisonnables. Par conséquent, et pour marquer cette retenue, l'emploi du conditionnel et de tournures atténuantes semblent le plus adapté à l'exercice du cas pratique. De même, la rédaction reposera sur une énonciation neutre, objective, impersonnelle et impartiale des idées. En d'autres termes, vous devez impérativement vous garder de prendre des positions péremptoires qui sembleraient n'autoriser aucune contradiction.

Le style est conditionné par le caractère administratif et bibliothéconomique du document à produire. Il répond à un besoin de clarté et de précision utile pour en faciliter la compréhension. De fait, il faudra éviter les expressions creuses qui n'instruisent en rien la problématique.

2. En effet, la note est un document technique entre agents issus de la même profession qui n'impose pas nécessairement l'emploi d'une forme trop solennelle ou trop académique. Cependant, cette suggestion ne s'étend qu'aux seules grandes parties du devoir et ne doit nullement laisser croire que vous pourrez échapper au mode prescrit de la rédaction. Qu'on se le dise : le style « télégraphique » ne correspond donc pas aux attentes des jurys du concours de bibliothécaire assistant spécialisé de classe normale !

h. Rédaction de la conclusion

La conclusion n'est pas imposée dans une étude de cas avec mise en situation. Optionnelle, elle sera d'autant plus remarquable et remarquée si elle ouvre le débat ou s'inscrit dans la continuité du raisonnement. Parfois, elle peut même témoigner de votre vision plus globale d'un problème ou d'un événement. C'est le seul endroit du devoir où l'on tolérera une mention hors-sujet !

i. Pièce jointe

Le renvoi à une pièce jointe ne représente pas un effort supplémentaire de rédaction. Il ajoute à une question technique et subsidiaire (exemple : élaboration d'un planning). Le principe consiste à annoncer en fin de note le titre de ce document d'accompagnement et à répéter cet intitulé sur la page correspondant à la « fameuse » pièce jointe.

4. La relecture

La relecture n'est pas une opération de « quitte ou double ». Les quelques dernières minutes que vous avez à passer avec votre copie ne vous permettent pas de modifier votre stratégie. En revanche, lors de cette ultime lecture, il convient de focaliser votre attention sur les fautes d'orthographe et éventuellement sur la formulation des idées rédigées avec maladresse.

5. L'élaboration d'un document annexe

Depuis la création du concours d'assistant des bibliothèques en 2001, le cas pratique intègre systématiquement une question subsidiaire visant à évaluer les candidats sur leur capacité à élaborer un planning, un calendrier, un organigramme, etc. Rien de plus normal quand on sait combien le personnel de catégorie B, placé en situation d'encadrer des agents de bibliothèque, doit savoir surmonter cette difficulté.

Le planning

Le planning désigne à la fois la **méthode** et le **matériel** utilisés pour concevoir et visualiser l'ordonnancement des tâches. Il renvoie à la double notion de planification et d'organisation des évènements à venir. En somme, un planning de bibliothèque est un programme de travail détaillé qui repose sur le découpage et la répartition des activités au sein de l'établissement.

Trois variables composent les éléments fondamentaux d'un planning : les horaires, les postes de travail et les personnels. Cet outil tripartite se décline sous diverses identités (« planning de service public », « planning d'accueil », « planning de rangement des collections »...) mais son principe d'élaboration reste identique.

Beaucoup confondent le planning et l'emploi du temps. Ce dernier met uniquement en relation les personnels et leurs horaires. Pour mieux marquer la distinction, on admet que l'on peut lire un emploi du temps dans un planning alors qu'on ne peut lire le planning dans un emploi du temps.

À noter également qu'un planning n'est pas systématiquement hebdomadaire. Mais il est effectivement fréquent de planifier des actions de travail à l'échelle de la semaine. Ce réflexe vient précisément du fait que la quotité horaire d'un agent est calculée sur la base d'une semaine. Le planning peut par conséquent être construit selon un rythme quotidien, mensuel, voire annuel.

Le planning doit en outre offrir la possibilité d'extraire rapidement une information sur l'activité de la bibliothèque (par exemple : « Qui est où et quand ? »). En général, il se présente sous forme d'un tableau à double entrée[1] (plages horaires d'un côté et postes de travail de l'autre). L'intersection d'une ligne et d'une colonne produit une case dans laquelle figurera le résultat attendu, à savoir : le nom d'un ou de plusieurs personnels. Cependant, le jour du concours, vous ne disposerez pas de l'ensemble des éléments nécessaires à la réalisation d'un plan-

1. Ces dites entrées sont en fait de brefs intitulés situés en abscisses et en ordonnées d'une grille ou tableau.

ning. C'est la raison pour laquelle il ne vous sera pas demandé de présenter un planning abouti mais simplement une maquette ou grille vierge parfois appelée dans certains sujets un « modèle de planning ».

Le calendrier

Dans un cadre professionnel, un calendrier est défini comme une « suite chronologique d'actions qu'un groupe, ou un individu, inscrit à son programme pour une période donnée[1] ». Par conséquent, un calendrier s'apparente à un planning (tableau comportant un découpage du temps et des tâches à effectuer) mais n'a pas pour ambition d'atteindre le niveau de précision de ce dernier. Il a en effet vocation à exposer le scénario du travail à exécuter, scénario que les plannings viendront ensuite compléter et actualiser pour tenir compte des évènements et autres situations non prévus à l'avance.

Autrement dit, si trois variables composent les éléments fondamentaux d'un planning (*divisions de temps ; tâches ; personnels*), seules deux données (*divisions de temps ; tâches*) seront retenues pour l'élaboration d'un calendrier. Ces quelques explications soulignent aussi les différences qui apparaissent dans la conception même du document de réponse.

L'organigramme

Il s'agit d'une représentation schématique de l'organisation d'un établissement, d'une entreprise, d'un département, etc. Ce graphique sert à indiquer la répartition des responsabilités et les relations fonctionnelles et hiérarchiques qui existent entre elles.

Dans le cadre du concours, il est tout à fait envisageable de demander à un futur bibliothécaire assistant spécialisé de classe normale de concevoir un organigramme de service pour témoigner de sa capacité à décrire l'environnement professionnel qui est le sien.

S'agissant d'un planning, d'un calendrier ou d'un organigramme, il faut considérer que le tableau ou schéma est un document annexe de la rédaction de votre note. Sa place sur la copie d'examen se situe donc en fin d'exposé telle une « pièce jointe » à votre devoir. Il convient donc de lui donner un titre.

1. Définition proposées par le Centre national de ressources textuelles et lexicales (CNRTL) du CNRS (http://www.cnrtl.fr).

Annales corrigées

À présent, voici trois tests proposés lors des premières sessions officielles du concours d'assistant des bibliothèques et de bibliothécaire assistant spécialisé de classe normale (période couverte : 2006-2010). Dans un premier temps, il vous est conseillé de les réaliser sans l'aide de la correction associée. Vous inspirant des exemples précédents, vous tenterez de vous livrer à l'analyse la plus exhaustive qui soit, que vous comparerez ensuite avec celle des corrigés.

Dans la mesure où vous souhaitez vous perfectionner plus encore dans ce type d'épreuve, nous vous conseillons de reprendre, à votre propre compte, l'étude des sujets des concours d'assistant territorial et d'assistant territorial qualifié de conservation, du patrimoine et des bibliothèques. Tous ces exercices peuvent faire office d'excellents entraînements pour le concours de bibliothécaire assistant spécialisé de classe normale. L'auteur vous conseille à ce propos de vous référer à *Concours d'assistant territorial (qualifié) de conservation du patrimoine et des bibliothèques*, Jean-Yves Thiébault et Françoise Thiébault-Roger, éditions Vuibert, 2007 (collection Annales, concours de catégorie B, 4e édition).

Vous pourrez également vous renseigner auprès des délégations régionales du centre national de la fonction publique territoriale (CNFPT) ou des centres régionaux de formation aux carrières des bibliothèques, du livre et de la documentation (CRFCBLD).

Sujet 1

Difficulté XXX | Durée 3 heures

CONCOURS 2006 – MINISTÈRE DE L'ÉDUCATION NATIONALE, DE L'ENSEIGNEMENT SUPÉRIEUR ET DE LA RECHERCHE – CONCOURS INTERNE (COEFFICIENT 2) ET EXTERNE (COEFFICIENT 3)

Analyse d'un dossier technique

Assistant(e) des bibliothèques, vous exercez vos fonctions dans une bibliothèque entièrement rénovée, répondant aux normes d'accessibilité et de sécurité en vigueur.

Dans le cadre de la mission gouvernementale « Culture et handicap », l'accès à la documentation pour les déficients sensoriels a été l'un des axes forts du réaménagement de votre bibliothèque, qui a été dotée des collections adéquates.

Le directeur vous charge d'une mission transversale sur l'accueil des handicapés sensoriels au sein du nouveau bâtiment et vous confie la responsabilité d'une salle équipée de matériels adaptés à ces publics.

Consignes

À l'aide des documents fournis, vous rédigerez une note présentant vos propositions concrètes et argumentées concernant :

- l'accueil et l'information de ces publics,
- les services à offrir,
- des mesures de sécurité supplémentaires,
- les changements à apporter dans l'organisation du travail à l'intérieur de votre établissement.

Vous fournirez également un modèle de planning hebdomadaire pour les permanences dans cette salle, sachant qu'elle sera ouverte du lundi au vendredi de 9 h à 17 h.

Votre note ne devra pas excéder 4 à 5 pages au maximum.

Liste des documents fournis

Document 1 : Loi du 12 février 2005 pour l'égalité des droits et des chances, la participation et la citoyenneté des personnes handicapées. (extrait du Journal officiel, 1 page)

Document 2 : Laurence Santantonios, « Lecture en ligne pour les handicapés », Livres hebdo n° 624, 2 décembre 2005. (1 page)

Document 3 : La cellule d'accueil handicap d'une université. (1 page)

Document 4 : Ministère de la Culture et de la Communication. Équipements culturels. Charte d'accueil des personnes handicapées, texte de recommandation. (2 pages, extraits)

Document 1

JO n° 36 du 12 février 2005 page 2353

LOIS

Loi n° 2005-102 du 11 février 2005 pour l'égalité des droits et des chances, la participation et la citoyenneté des personnes handicapées

NOR : SANX0300217L

L'Assemblée nationale et le Sénat ont adopté,
Le Président de la République promulgue la loi dont la teneur suit :
[...]

Chapitre III
Cadre bâti, transports et nouvelles technologies

Article 41

« *Art. L. 111-7-3.* – Les établissements existants recevant du public doivent être tels que toute personne handicapée puisse y accéder, y circuler et y recevoir les informations qui y sont diffusées, dans les parties ouvertes au public. L'information destinée au public doit être diffusée par des moyens adaptés aux différents handicaps.

« Des décrets en Conseil d'État fixent pour ces établissements, par type et par catégorie, les exigences relatives à l'accessibilité prévues à l'article L. 111-7 et aux prestations que ceux-ci doivent fournir aux personnes handicapées. Pour faciliter l'accessibilité, il peut être fait recours aux nouvelles technologies de la communication et à une signalétique adaptée.

« Les établissements recevant du public existants devront répondre à ces exigences dans un délai, fixé par décret en Conseil d'État, qui pourra varier par type et catégorie d'établissement, sans excéder dix ans à compter de la publication de la loi n° 2005-102 du 11 février 2005 pour l'égalité des droits et des chances, la participation et la citoyenneté des personnes handicapées.

« Ces décrets, pris après avis du Conseil national consultatif des personnes handicapées, précisent les dérogations exceptionnelles qui peuvent être accordées aux établissements recevant du public après démonstration de l'impossibilité technique de procéder à la mise en accessibilité ou en raison de contraintes liées à la conservation du patrimoine architectural ou lorsqu'il y a disproportion manifeste entre les améliorations apportées et leurs conséquences 29 septembre dernier. »

[...]

La présente loi sera exécutée comme loi de l'État.
Fait à Paris, le 11 février 2005.

Jacques Chirac
Par le Président de la République :

Le Premier ministre,
Jean-Pierre Raffarin

Le ministre de l'Éducation nationale,
de l'Enseignement supérieur et de la Recherche,
François Fillon

Document 2

BIBLIOTHÈQUE

Île-de-France. Une « Bibliothèque numérique pour le handicap » se met en place sous la houlette de la BM de Boulogne-Billancourt.

Lecture en ligne pour les handicapés

La bibliothèque municipale de Boulogne-Billancourt a été une des premières à prêter des e-books et à proposer, à partir de son site, un système de téléchargement sur place ou à distance de livres numériques chronodégradables (au bout de 15 jours de prêt, ils s'effacent automatiquement). Elle compte aujourd'hui plus de 200 lecteurs inscrits sur son site et prête environ 60 titres en ligne par mois. Et voilà qu'un autre projet se fait jour : la bibliothèque numérique à destination des handicapés moteurs et visuels. « L'expérience réussie que nous avons depuis janvier 2004 avec l'association Locked-in Syndrome (Alis), explique Alain Patez, responsable passionné du multimédia et de ce projet de BNH à Boulogne-Billancourt, a attiré d'autres associations nationales de personnes handicapées comme l'Association française contre les myopathies (AFM) et celle pour les paralysés de France (APF). De fil en aiguille, le projet a pris une ampleur nationale et a été approuvé par le conseil municipal de Boulogne-Billancourt le 29 septembre dernier. »

Partenaires privés. La BNH est donc un projet multipartenariat regroupant autour de la ville de Boulogne-Billancourt des associations nationales de personnes handicapées (une des plus engagées étant la Mission handicap de l'Assistance publique) et des entreprises publiques, principalement les deux partenaires fidèles de la bibliothèque : Mobipocket, fournisseur de logiciels de lecture et hébergeur du site de la bibliothèque numérique, et Numilog, libraire en ligne qui négocie les droits des livres avec les éditeurs. La ville a débloqué 25 000 euros. L'AFM a versé 20 000 euros. Mobipocket prête 1 000 logiciels de lecture… et ce n'est qu'un début.

« Nous sommes persuadés que le numérique constitue la meilleure façon d'accéder au livre pour les personnes handicapées qui disposent déjà de logiciels de lecture adaptés, remarque Alain Patez. Notre objectif est que toute personne souhaitant lire une œuvre le puisse où qu'elle soit sur le territoire français et quels que soient son handicap et son support de lecture. Tout cela sur le principe de la protection des œuvres par DRM (Digital Right Management) et le respect des auteurs. »

Phase expérimentale. Concrètement, la BNH sera opérationnelle à partir du 15 décembre et débute par une phase expérimentale d'un an dénommée Elupha (Étude de la lecture numérique pour les personnes handicapées) afin de mieux cerner les besoins et les usages des lecteurs. Sont aujourd'hui disponibles au prêt 1 100 titres d'une dizaine d'éditeurs français aux formats PDF d'Adobe et PRC de Mobipocket. « Pour le moment, ces formats conviennent aux handicapés moteurs et visuels, explique Alain Patez, mais nous cherchons à améliorer l'offre en proposant notamment des livres sonores au format WMA/Windows Media Audio, ainsi qu'un choix de périodiques de sciences humaines et sociales à partir du portail Cairn qui s'intéresse à cette initiative. » Alain Patez précise que la BNH est ouverte à tous les acteurs concernés par le handicap.

L.S.

Vendredi 2 décembre 2005, *Livres Hebdo* n° 624.

Document 3

Cellule d'accueil handicap

L'université a mis en place une cellule pour faciliter le droit à compensation et l'accès au savoir des personnes en situation de handicap. Si vous êtes concernés faites-vous connaître en remplissant le dépliant mis à votre disposition à l'accueil ou en prenant contact avec nous.

Cette cellule peut vous apporter un accompagnement individuel durant votre scolarité pour faciliter votre intégration pédagogique. Elle fonctionne en relation avec les différents services de l'Université et organismes extérieurs et peut vous aider dans les démarches administratives : tiers temps, cartes d'accès aux ascenseurs et parkings, dossiers d'aides personnalisées aux études (AGEFIPH, COTOREP, etc.).

Vous pourrez disposer :

– d'un lieu d'accueil et d'écoute convivial et de recherche de solutions à vos difficultés
– d'un photocopieur adapté et en libre service
– de matériel informatique spécialisé et d'aides techniques aux divers types de handicaps sensoriels
– d'une assistance pédagogique personnalisée
– d'un ensemble de documents et revues spécialisées

– d'un matériel adapté : 2 tables avec des positions plus ou moins surélevées pour les étudiants handicapés moteurs
– un poste informatique équipé d'un logiciel d'accès à Windows NT, version 5 avec SMA compatible Windows XP PRO ; d'un logiciel de synthèse vocale SAY IT PRO Claire ; d'un logiciel ZOOMTEXT 8, d'un bras articulé pour pouvoir lire de près l'écran 19', d'un scanner et d'un logiciel de reconnaissance de textes (Logiciel JAWS) pour les étudiants ayant un handicap visuel
– un four thermorelief PIAF pour les non-voyants
– des plans en relief de l'Université seront à la disposition des étudiants ayant des problèmes de vision

Les services ci-après sont aussi à votre disposition :
– Le point accueil information, hall entrée principale de l'Université.
– Le SUMPPS (service universitaire de médecine préventive et de promotion de la santé) – bât. G, salle 003.
– Le SCUIO (service commun universitaire d'accueil, d'orientation et d'insertion professionnelle des étudiants) – bât. A, salle 347.
– La bibliothèque universitaire.
Adresse électronique : XXX@bu.univ-XXX.fr
– L'Association Convergence-Handicap Étudiants – bât. A, salle 041.

<u>Document 4</u>

Ministère de la Culture et de la Communication
(avec l'appui de l'association Archiméd')

Équipements culturels
Charte d'accueil des personnes handicapées
Texte de recommandation

[...]
L'accessibilité est l'affaire de tous. Sa prise en compte s'inscrit dans une démarche globale de confort d'usage des publics au sein des institutions culturelles. Au travers d'une Charte d'accueil des personnes handicapées, le ministère de la Culture et de la Communication souhaite transmettre les bases minimales qui permettront de rendre **accessibles et accueillants pour tous** les lieux de culture et de pratiques artistiques.
[...]
La question de l'accessibilité est une composante essentielle du dynamisme de l'équipement culturel soucieux des publics. [...]
Au travers de l'accessibilité, l'équipement culturel répond aux attentes des personnes handicapées et offre un meilleur **confort d'usage à un public plus large non identifié comme handicapé, mais heureux de bénéficier des aménagements**.
Ainsi, sans nier les besoins spécifiques (ex. alarmes lumineuses, documents en braille), on remarque que de **nombreux aménagements sont transposables à d'autres publics** : la rampe d'accès, indispensable à la personne en fauteuil, apporte un confort plus qu'apprécié aux visiteurs âgés, et aux parents accompagnés d'enfants en poussette. Les spectateurs étrangers apprécient le surtitrage des spectacles ou l'utilisation de boîtiers électroniques. L'aménagement des conditions d'éclairage favorise le bien-être de l'ensemble des visiteurs et les personnes éprouvant des difficultés à la lecture ou les dyslexiques utilisent plus volontiers des documents en gros caractères. Les exemples sont nombreux.
• La prise en compte des personnes handicapées implique un travail de sollicitation vers de nouveaux publics. Bien souvent, elle permet de toucher une tranche de la population relativement néophyte en matière culturelle. Elle **élargit la fréquentation non seulement à la personne handicapée, mais aussi à ses proches (environnement familial, structurel et institutionnel)**.
• Sur le terrain de l'action culturelle, il y a une prise de conscience de la part des professionnels concernés : les efforts de médiation, d'aménagements sont transférables du public handicapé vers l'ensemble des visiteurs.
La rentabilisation est alors locale, mais aussi nationale voire internationale avec un engagement à la fois vers un public spécifique, mais aussi vers un

public « classique » satisfait de **bénéficier d'un plus dans l'offre d'accueil et de médiation**.
Ainsi, pour ne citer qu'un exemple, la prise en compte du handicap sensoriel incite à une réintroduction de l'expérience sensible dans la découverte de l'offre culturelle et du lieu. Les visiteurs s'enrichissent de cette nouvelle médiation.
• Pour les personnels d'accueil et de surveillance, après une sensibilisation au handicap et à l'accueil adapté, **la perception de leur mission est transformée**. Ce nouveau rôle « de relais », sorte d'accompagnement privilégié, donne un sens différent à une fonction (qui n'est plus uniquement répressive dans le cas des agents de surveillance). Elle est à la fois garante d'une autonomie et d'un bien-être des visiteurs.
Cette mission d'accueil est valorisante pour l'institution culturelle et son équipe.

Corrigé

1. Analyse du dossier technique

Thème central
L'accueil des handicapés sensoriels.

Administration
Non précisé. En considérant les éléments fournis dans l'énoncé du devoir, on peut aisément affirmer qu'il ne s'agit pas d'une bibliothèque de grande envergure comme par exemple la Bibliothèque nationale de France (BnF) ou la Bibliothèque publique d'information (BPI). Par défaut, on imagine que l'assistant des bibliothèques est mis en situation dans une bibliothèque de dimensions moyennes à savoir, une bibliothèque universitaire (BU).

Période à couvrir
Non précisé.

Commanditaire
Le directeur de la bibliothèque.

Questions posées

- Propositions d'aménagement des services en directions des handicapés sensoriels, notamment concernant les points suivants :
  – Accueil et information.
  – Services spécifiques à mettre en place.
  – Mesures de sécurité particulières.
  – Organisation du travail des personnels.
- Planning hebdomadaire des permanences.

Forme de la réponse
La rédaction d'une note (4 à 5 pages au maximum).

Analyse et apport de connaissances
Dans un premier temps, il convient de définir qui sont les « handicapés sensoriels ». Pour beaucoup, cette forme de handicap regroupe les déficiences de toutes natures, à commencer par celles qui touchent les personnes à mobilité réduite. Mais c'est un leurre ! La question telle qu'elle est posée souhaite marquer la distinction entre les « handicapés moteur » et les « handicapés sensoriels ». D'emblée, il faut bien comprendre que ces derniers désignent l'ensemble des personnes concernées principalement par des difficultés visuelles et auditives.
Dans l'environnement d'une bibliothèque universitaire, les services en direction des étudiants handicapés doivent être conçus de façon à compenser leur handicap ou plus modestement à réduire les inégalités. L'enjeu majeur consiste à proposer une offre et des moyens adaptés afin de prendre en compte la totalité des déficiences. Par conséquent, il faut réfléchir à la mise en place de mesures qui répondent au plus précis de leurs besoins – étant entendu qu'il y a autant de handicaps qu'il y a de personnes handicapées.
D'un point de vue général, voici quelques sommaires éléments de réflexion sur :
Les déficients visuels : si la difficulté première des malvoyants ou des non-voyants reste le manque de repères pour effectuer leurs déplacements, il en est une qui est particulièrement aggravante en bibliothèque, à savoir : l'accès à l'information écrite. C'est la raison pour laquelle il convient de trouver des procédés qui permettent de transposer cette information visuelle en une information de type tactile ou auditive.
Les déficients auditifs : les personnes atteintes de surdité n'entendent que ce qu'elles voient. De

fait, les non-entendants parviennent à développer naturellement, et comme pour pallier leur handicap, des capacités spécifiques pour appréhender l'information visuelle. La lecture n'étant pas – a priori – une barrière pour ces publics, l'obstacle à surmonter réside donc dans la manière d'échanger et de communiquer avec eux.

■ Le cadre de votre réflexion se situe dans une « salle » de la bibliothèque adaptée aux besoins des handicapés sensoriels et dont vous avez la charge. Dans cet espace, vous êtes investi de responsabilités liées à l'organisation du service public, à la gestion des matériels et à la planification des tâches.

■ Les dispositions qu'il sera utile de considérer sont déclinées en quatre points. Vous noterez – et cela peut paraître surprenant – que les axes du développement excluent le domaine de la documentation spécifique aux besoins des handicapés sensoriels. D'ailleurs, dans le deuxième paragraphe de l'énoncé, il est précisé que la bibliothèque en question possède déjà les « collections adéquates ». De même, il n'est pas prévu d'évoquer les outils techniques d'aide aux déficients visuels et auditifs puisqu'on part du postulat que la salle est déjà « équipée de matériels adaptés » (*cf.* troisième paragraphe de l'énoncé). Cela dit, si vous y faites allusion, le jury pourra apprécier vos connaissances en la matière et ne vous opposera pas de mention « hors sujet ». On considère donc que le problème ne se situe peut-être pas là mais plutôt dans le message que vous avez à faire passer.

Par ailleurs, vous ne devez pas perdre de vue que vous supervisez une salle accessible à tous les lecteurs parmi lesquels se trouvent quelques usagers rencontrant des déficiences visuelles ou auditives. Cette minorité ne doit pas vous faire croire qu'il est indispensable de bouleverser l'organisation des services de la salle ou d'installer un arsenal technologique démesuré. Pour autant, ces personnes, qui, croyez-le, préfèrent être considérées comme des lecteurs « lambda », méritent que l'on réfléchisse aux aménagements suivants :

L'accueil et l'information des handicapés sensoriels : Au préalable, il est impératif que les acteurs de la bibliothèque puissent connaître individuellement chaque handicapé.

– Cette démarche, qui consistera à organiser une rencontre en début d'année universitaire, permettra de mieux recenser leurs attentes spécifiques.

– Il sera également intéressant de proposer une visite ciblée de la bibliothèque pour permettre aux non-voyants d'accéder aux espaces qui leur sont dédiés. Le service d'accueil prévoira de montrer les adaptations prévues pour faciliter leur circulation (plan tactile en relief et en gros caractères, borne interactive ou balises sonores fournissant des indications sur la direction du déplacement, cheminements podotactiles de guidage, ascenseur avec commandes braille et informations vocales, etc.).

Quant aux personnes diminuées sur le plan de l'audition, il conviendra de les sensibiliser aux différentes informations écrites (panneau d'affichage, guide du lecteur, utilisation de la messagerie pour communiquer, etc.) et au système de sécurité des personnes (système d'alarme lumineuse, stroboscope à haute intensité). N'oubliez pas que ces lecteurs font appel à un sens aigu de l'observation et aiment donc à s'appuyer sur la signalétique des établissements. Cependant, la bibliothèque peut tenter de communiquer avec les malentendants appareillés grâce à une boucle magnétique d'interphonie disposée sur la banque d'accueil de la salle.

Les services à offrir aux handicapés sensoriels : Les services envisagés sont évidemment fonction de la nature du handicap et du taux d'incapacité.

– Pour les personnes présentant un handicap visuel : aujourd'hui, l'apparition et le développement des nouvelles technologies offrent des possibilités multiples de lecture et d'écriture (installation d'un micro-ordinateur équipé d'un grand écran associé à un logiciel d'agrandissement, d'un terminal braille, d'un logiciel de traitement de texte à synthèse vocale, d'un scanner couplé à un logiciel de reconnaissance optique des caractères, d'une imprimante permettant une copie braille des fichiers numérisés dite « embosseuse »). En complément de ces innovations, il est également important de mettre gratuitement un photocopieur à la disposition des déficients visuels.

Certaines bibliothèques développent leurs collections en fonction des publics atteints de cécité. En voici quelques exemples : œuvres publiées en gros caractères, en braille ou sur support sonore (enregistrées sur cassette audio ou sur cédérom), livres électroniques (e-books) en téléchargement éphémère ou « chronodégradables » à partir du site d'une bibliothèque (et interrogeable à distance), logiciels d'écoute des derniers numéros de la presse (Vocale presse), etc.

– Pour les personnes présentant un handicap auditif : une boucle magnétique peut être branchée sur des prothèses auditives afin d'améliorer l'amplification sonore. Ce système peu onéreux suppose que la personne soit appareillée de contours auditifs et qu'elle occupe une place bien déterminée dans la salle de lecture.

La constitution des collections de la bibliothèque doit également s'adapter aux besoins des malentendants. Les ouvrages sur l'apprentissage du langage et des langues étrangères doivent figurer dans le fonds documentaire. De plus, ils doivent être signalés à l'aide d'un repère spécifique (logo ou gommette apposé au dos des livres). Enfin, les supports audiovisuels (DVD) qui sont aujourd'hui systématiquement associés au sous-titrage sont de fait compatibles avec les déficiences auditives.

– Pour l'ensemble des personnes handicapées : face aux nouvelles possibilités qui leur sont offertes, il semble cohérent que le personnel en poste puisse dispenser des formations au maniement des matériels techniques et assurer l'assistance technique adéquate.

Les mesures de sécurité propres à la présence des handicapés sensoriels :

– Informations essentielles de sécurité transcrites en braille

– Signalisation sonore doublée d'une signalisation visuelle

– Prise en charge des personnes déficientes par le personnel

Les modifications d'organisation du travail des personnels : D'une part le personnel doit être sensibilisé à l'accueil des personnes handicapées et formé à l'utilisation des appareils. D'autre part, la nécessité de doubler les postes durant l'ouverture de la salle s'impose. En effet, l'accueil de ces publics ne doit pas se contenter d'une simple prise de contact empreinte de courtoisie ; tout en respectant leur nécessaire besoin d'autonomie, il est important de prévoir un dispositif de médiation, d'accompagnement et de suivi des personnes handicapées (personnel ou tuteur étudiant si le déficient ne bénéficie pas d'un auxiliaire individuel d'intégration universitaire).

■ Il reste à élaborer un « planning hebdomadaire » relatif aux « permanences dans la salle » de lecture. La stratégie à adopter dépend évidemment de l'argumentation présentée dans la question précédente. Cependant, la question ne comportant pas de précisions particulières, il vous revient de livrer un document libre dans sa conception mais tout de même relativement cohérent.

Le planning doit intégrer les jours de la semaine (du « lundi au vendredi »), les tranches horaires pour chaque journée (fixées « de 10 h à 17 h ») et l'intitulé des postes à occuper.

2. Proposition de plan

Introduction : définition de la problématique et des enjeux (accessibilité, intégration, autonomie des lecteurs)

① L'accueil et l'information des handicapés sensoriels

a) Apprendre à connaître les personnes déficientes

– Organiser une rencontre sur le site de la bibliothèque

– Présenter les personnels qu'ils auront l'occasion de côtoyer au cours de leurs passages

– Recenser leurs attentes et leurs besoins

b) Effectuer une visite ciblée des lieux qui leur sont dédiés
- Hall d'entrée
- Salle de lecture et places équipées des matériels spécifiques
- Accueil de la salle de lecture
- Accès aux ascenseurs
- Accès aux toilettes
- Implantation du photocopieur

c) Accueil et information des déficients visuels

■ Repérage des adaptations leur permettant de circuler
- Plan tactile en relief et en gros caractères
- Pilotage en braille d'une borne interactive
- Balises sonores implantées pour favoriser l'orientation
- Cheminements podotactiles de guidage
- Ascenseurs munis de touches braille et diffusant des informations vocales

■ Informations
- Guide du lecteur en braille et en gros caractères
- Guide d'utilisation des appareils spécifiques mis à leur disposition

d) Accueil et information des déficients auditifs

■ Moyen de communication existant
- Pour les malentendants appareillés : boucle à induction magnétique d'interphonie

■ Sensibilisation aux informations écrites
- Panneau d'affichage
- Guide du lecteur
- Signalétique
- Messagerie électronique pour communiquer

② Les autres services en direction des handicapés sensoriels

a) Pour les personnes non voyantes et malvoyantes

■ Aménagement du règlement intérieur
- Autorisation d'accès des chiens d'aveugles

■ Matériels techniques adaptés
- Micro-ordinateur
- Terminal braille
- Grand écran et logiciel d'agrandissement des caractères
- Logiciel de traitement de texte à synthèse vocale
- Scanner et logiciel de reconnaissance optique des caractères
- Imprimante braille dite « embosseuse »

■ Collections
- Œuvres publiées en gros caractères
- Œuvres éditées en braille
- Enregistrements d'œuvres sur support sonore (cassette audio ou cédérom)
- Livres électroniques (e-books) en téléchargement éphémère (ou chronodégradables) à partir du site d'une bibliothèque
- Logiciels d'écoute des derniers numéros de la presse (Vocale presse)

b) Pour les personnes non entendantes et malentendantes

■ Dispositifs adaptés
- Boucle magnétique compatible avec les prothèses auditives
- Présence d'un interprète en langue des signes lors des manifestations culturelles

■ Collections
- Ouvrages sur l'apprentissage du langage et des langues étrangères
- Supports audiovisuels (DVD) associés aux possibilités offertes par le sous-titrage

c) Pour l'ensemble de ces publics
- Prise de rendez-vous personnalisés
- Formation des usagers au maniement des matériels techniques
- Assistance technique adéquate
- Service gratuit de photocopies

③ Les mesures de sécurité propres à la présence des handicapés sensoriels

a) Pour les personnes aveugles et malvoyantes
- Informations essentielles de sécurité transcrites en braille

b) Pour les personnes sourdes et malentendantes
- Signalisation sonore doublée d'une signalisation visuelle (système d'alarme lumineuse, stroboscope à haute intensité)

c) Pour l'ensemble de ces publics
- Signalétique de sécurité compréhensible par tous les publics

– Prise en charge des personnes déficientes par le personnel en poste

④ L'organisation du travail des personnels

a) Le personnel en poste

- Motivé et donc recruté sur la base du volontariat
- Sensibilisé à l'accueil des personnes handicapées
- Formé

– À l'utilisation des matériels spécifiques
– À une correcte articulation pour faciliter la lecture labiale (lecture sur les lèvres pratiquée par les déficients auditifs)
– Éventuellement au langage des signes

- Disposé à jouer le rôle de médiateur et d'accompagnateur
- Équipe constituée de :

– Personnels titulaires
– D'étudiants tuteurs d'accompagnement

b) L'organisation des permanences

- Doubler les postes durant l'ouverture de la salle

– Accueil
– Accompagnement, assistance et formation

- Encadrement

– Élaboration des plannings
– Répartition du travail
– Évaluation des services rendus

Document de réponses

Bibliothèque universitaire

Note à l'attention de Monsieur le Directeur de la bibliothèque

Objet : Propositions d'aménagement des services en direction des handicapés sensoriels dans la salle prévue à cet effet.

Dans l'environnement d'une bibliothèque, les services en direction des lecteurs handicapés doivent être conçus de façon à compenser le handicap ou plus modestement à réduire les inégalités. Le défi majeur de notre établissement consiste à proposer une offre et des moyens adaptés pour répondre le plus précisément à leurs besoins.
Chargé de l'organisation et de la gestion de la salle qui accueillera les personnes atteintes d'un handicap sensoriel, vous m'avez sollicité pour réfléchir à des solutions concrètes, notamment dans les domaines qui concernent l'information, l'intégration de services spécifiques, la sécurité et la définition du rôle des personnels face à des lecteurs présentant une acuité visuelle ou auditive réduite voire inexistante.

L'accueil et l'information des handicapés sensoriels

Pour apprendre à mieux connaître les personnes atteintes de déficiences visuelles ou auditives, il serait au préalable pertinent de provoquer une rencontre sur le site même de la bibliothèque. Cette démarche permettrait ainsi d'établir un premier contact chaleureux, les handicapés sensoriels et les acteurs de l'établissement étant amenés à se côtoyer tout au long de l'année universitaire. À l'occasion de cet échange, un recensement des attentes spécifiques de chaque lecteur empêché pourrait être réalisé.
De plus, nous pourrions organiser une visite ciblée de la bibliothèque pour permettre aux non-voyants d'accéder aux espaces qui leur sont dédiés. Nous choisirions par exemple de présenter les principaux repères architecturaux du bâtiment comme le hall d'entrée, l'accès aux ascenseurs et aux toilettes, l'accueil de la salle de lecture et l'implantation des équipements matériels propres à rendre leur handicap moins contraignant. Une fois ces informations assimilées, il resterait à mettre en place une stratégie d'accueil différente selon qu'il s'agit d'un handicap lié à la vue ou à l'oreille.

Dans un premier temps, notre service d'accueil devrait être en mesure de montrer les différentes adaptations prévues pour faciliter la circulation des handicapés visuels (plan tactile en relief et en gros caractères, borne interactive ou balises sonores fournissant des indications sur la direction du déplacement, cheminements podotactiles de guidage, ascenseur avec commandes braille et informations vocales, etc.). Ensuite, nous pourrions envisager de leur distribuer les guides du lecteur ainsi que les procédures d'utilisation des appareils spécifiques imprimés en braille ou en gros caractères dans le but d'assurer leur information personnelle.

Dans un deuxième temps, nous engagerions les personnes affectées sur le plan auditif à être attentives aux informations écrites mises à leur disposition (panneau d'affichage, guide du lecteur, signalétique, utilisation de la messagerie pour communiquer, etc.). Par ailleurs, il nous faudrait apprendre à nous familiariser avec les différents degrés de surdité des lecteurs car, grâce à une boucle magnétique d'interphonie placée sur la banque d'accueil de la salle, il sera effectivement possible de communiquer normalement avec des malentendants appareillés.

Les autres services en direction des handicapés sensoriels

Comme nous l'avons donné à comprendre précédemment, les services à mettre en œuvre seront fonction de la nature du handicap et du taux d'incapacité.

Si la difficulté première des malvoyants ou des non-voyants reste le manque de repères pour effectuer leurs déplacements, il en est une autre qui est particulièrement aggravante en bibliothèque, c'est l'accès à l'information écrite. C'est la raison pour laquelle il conviendra d'utiliser les procédés qui permettent de transposer les données visuelles en instructions tactiles ou auditives.

Aujourd'hui, l'apparition des nouvelles technologies et leur développement offrent des possibilités multiples de lecture et d'écriture (installation d'un micro-ordinateur équipé d'un écran vidéo « grand format » et associé à un logiciel d'agrandissement, d'un terminal braille, d'un logiciel de traitement de texte à synthèse vocale, d'un scanner couplé à un logiciel de reconnaissance optique des caractères, d'une imprimante permettant une copie braille des fichiers numérisés dite « embosseuse »).

De même, d'un point de vue strictement documentaire, notre bibliothèque devrait pouvoir constituer ses collections en prenant en compte les besoins des publics atteints de cécité. Les œuvres publiées en gros caractères, en braille ou sur support sonore (enregistrement sur cassette audio ou sur cédérom), les livres électroniques (e-books) en téléchargement éphémère ou « chronodégradables » à partir du site de notre établissement, les logiciels d'écoute des derniers numéros de la presse (Vocale presse) sont quelques-uns des exemples connus.

De leur côté, les personnes atteintes de surdité n'entendent que ce qu'elles voient. De fait, les non-entendants parviennent à développer des capacités à se saisir de l'information de façon visuelle mieux que le commun. La lecture n'étant pas – a priori – une barrière pour ces publics, l'obstacle à surmonter réside donc dans la manière d'échanger et de communiquer avec eux.

Nous pourrions nous doter d'une boucle magnétique qui, une fois branchée sur des prothèses auditives, permettrait d'améliorer l'amplification sonore. Ce système peu onéreux suppose que la personne soit appareillée de contours auditifs et qu'elle occupe une place bien déterminée dans la salle de lecture.

Notre politique documentaire en direction des sourds ou des malentendants devrait également être orientée vers l'acquisition de collections en relation avec l'apprentissage du langage et des langues étrangères. De même, nous pourrions choisir d'acquérir des supports audiovisuels (tels les DVD) qui sont aujourd'hui systématiquement accompagnés de sous-titrage.

Enfin, nous ferions montre de pertinence à parfaire notre offre de services aux handicapés sensoriels en organisant et en programmant des rendez-vous personnalisés, des formations individualisées au maniement des matériels techniques et une assistance spécifiques au niveau d'un service gratuit de photocopies.

Les mesures de sécurité propres à la présence des handicapés sensoriels

L'autre domaine sur lequel il sera nécessaire de nous organiser avec le plus grand soin est la sécurité des lecteurs – et notamment ceux qui semblent les plus vulnérables. Ceci sera l'un des domaines prépondérants de notre réflexion.

C'est la raison pour laquelle il conviendrait, d'une part de fournir aux non-voyants un extrait des consignes de sécurité transcrit en braille, et d'autre part de coupler le signal sonore avec une signalisation visuelle (système d'alarme lumineuse ou stroboscope à haute intensité) pour avertir les malentendants d'un éventuel danger.

En dépit de ces mesures et pour prévenir une catastrophe, il semblerait primordial de mettre en place un véritable dispositif d'évacuation du public applicable à l'ensemble des locaux de la bibliothèque. Ainsi, nos collègues en poste dans la salle de lecture auraient pour mission de prendre directement en charge les personnes présentant un handicap visuel ou auditif.

L'organisation du travail des personnels

Cet ensemble de mesures ne saurait trouver une application efficace sans la motivation affichée du personnel de la salle de lecture. Par conséquent, nous devrons nous organiser autour d'une équipe volontariste et sensibilisée à l'accueil des handicapés sensoriels. Il faudra également prévoir de former les agents au maniement des matériels spécifiques afin qu'eux-mêmes puissent transmettre leurs compétences aux personnes déficientes et assurer ainsi l'assistance technique adéquate. Nous pourrions enfin envisager de programmer des séances d'initiation aux techniques de prononciation utiles à faciliter la lecture labiale des malentendants et aux fondamentaux du langage des signes pour communiquer avec les publics atteints de complète surdité.

En somme, l'accueil de ces publics ne doit pas se contenter d'une simple prise de contact empreinte de courtoisie ; tout en respectant leur nécessaire besoin d'autonomie, il est important de prévoir un dispositif de médiation, d'accompagnement et de suivi des personnes handicapées (personnel ou tuteur étudiant si le déficient ne bénéficie pas d'un auxiliaire individuel d'intégration universitaire).

À présent il est temps d'aborder les aspects relatifs à l'organisation et à la répartition du travail dans la salle de lecture. Nous pourrions en effet nous appuyer sur l'élaboration quotidienne d'un planning en choisissant l'option qui consisterait à doubler les postes de permanence pendant l'ouverture aux publics. Cette stratégie permettrait ainsi au personnel d'assurer conjointement l'accueil, la formation et l'accompagnement des lecteurs.

Pour terminer, je vous confirme mon engagement concernant les tâches d'encadrement des magasiniers et des tuteurs en poste dans la salle de lecture. Si vous l'acceptez, je mettrai également en place un dispositif d'évaluation des services rendus pour vous rendre compte de l'activité. Je soumets donc à votre lecture l'ensemble des suggestions émises.

Le bibliothécaire assistant spécialisé de classe normale

Pièce jointe : Planning hebdomadaire des permanences de la salle

PLANNING HEBDOMADAIRE DES PERMANENCES DE LA SALLE

		Accueil Informations	Accompagnement, assistance et formation
LUNDI	10 h 00 – 11 h 30		
	11 h 30 – 12 h 30		
	12 h 30 – 13 h 30		
	13 h 30 – 15 h 00		
	15 h 00 – 16 h 00		
	16 h 00 – 17 h 00		
MARDI	10 h 00 – 11 h 30		
	11 h 30 – 12 h 30		
	12 h 30 – 13 h 30		
	13 h 30 – 15 h 00		
	15 h 00 – 16 h 00		
	16 h 00 – 17 h 00		
MERCREDI	10 h 00 – 11 h 30		
	11 h 30 – 12 h 30		
	12 h 30 – 13 h 30		
	13 h 30 – 15 h 00		
	15 h 00 – 16 h 00		
	16 h 00 – 17 h 00		
JEUDI	10 h 00 – 11 h 30		
	11 h 30 – 12 h 30		
	12 h 30 – 13 h 30		
	13 h 30 – 15 h 00		
	15 h 00 – 16 h 00		
	16 h 00 – 17 h 00		
VENDREDI	10 h 00 – 11 h 30		
	11 h 30 – 12 h 30		
	12 h 30 – 13 h 30		
	13 h 30 – 15 h 00		
	15 h 00 – 16 h 00		
	16 h 00 – 17 h 00		

Sujet 2

Difficulté XXX | Durée 3 heures

Concours 2008 – Ministère de l'Enseignement supérieur et de la Recherche – Concours interne (coefficient 2) et externe (coefficient 3) de recrutement d'assistants des bibliothèques

Analyse d'un dossier technique

La direction de la bibliothèque universitaire dans laquelle vous travaillez envisage de revoir l'organisation et la mise en espace des collections de la bibliothèque.

L'organisation actuelle des collections et des espaces de la bibliothèque est sectorisée par :

– supports (salle des périodiques, salle multimédia) ;

– usages (salle des usuels offrant aux étudiants des places de travail et des ouvrages uniquement consultables sur place, salle des documents empruntables classés selon la Dewey).

La nouvelle organisation consisterait en une départementalisation thématique des collections, c'est-à-dire un regroupement des collections par grands pôles thématiques, tous supports et usages confondus.

Consignes

Vous êtes chargé(e) par votre supérieur hiérarchique de rédiger une note relative à la création, dans ce contexte, d'un pôle économie-gestion dans un espace jusque-là inoccupé. Dans cette note, vous définirez les étapes de cette départementalisation concernant :

– les collections ;

– les espaces ;

– la communication interne et externe.

Vous n'oublierez pas de proposer un calendrier prévisionnel de l'ensemble des opérations.

Votre note ne devra pas excéder 4 à 5 pages au maximum.

Liste des documents fournis

Document 1 : Ministère de l'Enseignement supérieur et de la Recherche, Direction générale de l'Enseignement supérieur, Politique contractuelle de l'Enseignement supérieur et de la Recherche, vague B 2008-2011, 3 – Politique documentaire. (1 page, extraits)

Document 2 : Esther Heranz, Mettre en scène les ressources d'une bibliothèque publique et universitaire, l'expérience de Valence, Bulletin des bibliothèques de France, 2001, t. 46, n° 1. (1 page, extraits)

Document 3 : Alain Duperrier, Les pôles thématiques à la bibliothèque de Limoges, Bulletin des bibliothèques de France, 2001, t. 46, n° 1. (1 page, extraits)

Document 1

3.2. Les orientations

La politique documentaire d'un établissement doit prendre directement appui sur sa politique de formation et de recherche et être fondée sur une analyse des besoins de l'ensemble des usagers à desservir, À ce titre, elle représente un enjeu scientifique et pédagogique majeur, constitue un élément essentiel de la stratégie de l'établissement et justifie la mobilisation de moyens importants en ressources humaines, en crédits et équipements.

[...]

1. Évaluer les besoins et leur degré de satisfaction

Si une politique de l'offre reste justifiée à la fois par le niveau encore insuffisant du développement de la fonction documentaire dans les établissements d'enseignement supérieur en regard de celui des pays comparables sur les plans éconornique et scientifique et par les potentialités ouvertes par les nouveaux produits et outils en matière d'information scientifique et technique, celle-ci doit désormais être complétée par une politique de la demande fondée sur une analyse des besoins et la mesure de leur satisfaction. À ce titre, les établissements sont invités à améliorer la connaissance des attentes de leurs usagers et à mieux évaluer les résultats de leur action en matière de documentation. La constitutlon de commissions scientifiques spécialisées permettant de faire émerger les besoins des utilisateurs, le lancement d'enquêtes de satisfaction ou la construction et le suivi d'indicateurs, etc., peuvent contribuer à la formalisation d'une telle politique pour la mise en œuvre de laquelle le contrat est susceptible d'apporter des moyens.

2. Améliorer les services aux usagers

Parmi l'ensemble des dispositifs propres à améliorer l'accueil des usagers et la qualité des services rendus, une attention particulière sera portée aux points suivants : [...]

– le développement de l'accès direct aux ressources

Celui-ci passe notamment par la généralisation du libre accès pour les documents sur supports traditionnels et par la mise en œuvre d'équipements et d'interfaces ergonomiques pour la consultation des ressources numériques.

– la formation des usagers à la maîtrise de l'information scientifique (méthodologie, contenus, outils)

La mise en œuvre d'une nouvelle offre dc formation dans le cadre du LMD peut en favoriser l'inscription dans les cursus.

3. Développer les ressources documentaires dans le cadre d'une organisation cohérente

Il s'agit d'un objectif majeur dans la définition d'une véritable politique documentaire d'établissement. Il peut s'exprimer au travers des opérations suivantes : [...]

– la formalisation de la politique de développement des ressources documentaires, tant sur papier que sur support électronique. Cette formalisation peut prendre plusieurs formes : charte documentaire, carte documentaire, plan de développement des collections, etc.

[...]

<u>Document 2</u>

METTRE EN SCÈNE LES RESSOURCES D'UNE BIBLIOTHÈQUE PUBLIQUE ET UNIVERSITAIRE, L'EXPÉRIENCE DE VALENCE

L'intégration, en 1992, de la bibliothèque universitaire à la médiathèque municipale a apporté de profondes modifications dans l'organisation de l'espace et de l'offre documentaire. Moins de quatre ans plus tard, l'observation des pratiques des usagers, ainsi que le constat d'un certain nombre de dysfonctionnements dans l'utilisation de la bibliothèque adultes, nous ont conduits, dès le début de 1996, à réfléchir à une nouvelle implantation des collections. Mise en œuvre rapidement, cette implantation thématique livre aujourd'hui ses premiers enseignements, à la lumière de ces trois années d'exercice.

[...]

Les limites constatées

Le succès de l'intégration de la bibliothèque universitaire à la médiathèque a rapidement mis en relief les limites de la structuration de l'offre documentaire. Les dysfonctionnements constatés se situent à trois niveaux.

Les usagers avaient une perception morcelée des ressources documentaires et, de ce fait, les sous-utilisaient, tenus par la nécessité d'aller d'un service à l'autre pour aboutir dans leur recherche. La logique d'usage par exclusion (prêt ou consultation) et la répartition par support semblaient par ailleurs obsolètes au regard de l'évolution des pratiques des usagers, de plus en plus diversifiées et plurielles quant au contenu, ainsi qu'au regard de l'évolution de la production documentaire qui utilisait déjà tous les supports des nouvelles technologies. Enfin, une concentration de séjourneurs dans les espaces de consultation saturés, accompagnée d'une circulation intense d'emprunteurs dans le secteur de prêt, empêchait la régulation des flux d'usagers. Les bibliothécaires avaient, quant à eux, le sentiment de travailler dans deux bibliothèques adultes distinctes, dans des équipes cloisonnées, sans vue d'ensemble, avec des dérives de redondances et de compétition liées aux inévitables connotations péjoratives attachées aux fonctions des deux secteurs, selon le point de vue adopté. Enfin, il était difficile de gérer de façon rationnelle les moyens financiers et humains, les espaces, et d'afficher une politique documentaire cohérente et lisible.

Du printemps à l'automne 1996, des réunions de travail avec les équipes, ont permis de préciser le projet de thématisation des collections, de définir des objectifs ainsi qu'un calendrier de mise en œuvre.

[...]

Esther Heranz
Médiathèque publique et universitaire, Valence
esther.heranz@wanadoo.fr

Document 3

LES PÔLES THÉMATIQUES À LA BIBLIOTHÈQUE DE LIMOGES

La bibliothèque francophone multimédia de Limoges (Bfm) est ouverte au public depuis le mois de septembre 1998. « Bibliothèque municipale à vocation régionale », pôle associé à la Bibliothèque nationale de France dans les domaines du théâtre et de la poésie francophones, associé également au titre du dépôt légal « imprimeur en région » , elle est organisée selon un principe de grands pôles thématiques. [...]

Quels sont les critères qui ont influencé la création de la Bfm ?

Avant toute chose et en priorité, la définition des services que la ville de Limoges souhaitait proposer à ses habitants : une grande liberté d'accès à l'information. C'est sur ce principe que s'est faite la structuration de pôles aux missions parfois très distinctes mais toujours cohérentes (un très grand volume documentaire pour le pôle Littérature, un nombre important de services différents pour le pôle Sciences). Il importait de constituer des équipes de taille équivalente, pour un volume de travail équivalent, permettant un réel enjeu de dialogue interne (une quinzaine d'agents en Littérature, Art, Sciences, Jeunesse). Des équipes aux identités bien affirmées du fait de leurs missions, toutes placées sous la responsabilité directe d'un bibliothécaire ou d'un conservateur. [...]

Des espaces ouverts à tous

Une attention toute particulière a été portée à la présentation des collections dans les espaces publics : faire en sorte que la « topographie des savoirs » soit immédiatement appréhendée par le plus grand nombre. Les choix opérés passent par une grande lisibilité des volumes architecturaux, une implantation de mobilier à la fois rigoureuse et logique, en cohérence avec le classement décimal, mais pas rigide : comme sur une portée musicale, les alignements sont rythmés par des respirations (élargissement des espaces entre les rayonnages de temps en temps, mobiliers de formes ou de hauteurs parfois différentes, etc.). Les aménagement doivent permettre de glisser sans rupture d'un champ documentaire à un autre, de faciliter la fluidité et la libre circulation du public dans l'ensemble de la bibliothèque, tout en lui signifiant symboliquement les zones nécessitant une plus grande protection (espace de travail par exemple).

Travail sur la signalétique

Autre aspect ayant influencé les choix de la Bfm quant aux liens unissant les collections à leurs services gestionnaires : le travail sur la signalétique. Il a été opéré une déclinaison simple et continue (à partir de repères colorés) du plan général simplifié de la Bfm au panneau de détail (un champ documentaire), puis au pignon de rayonnage et aux réglettes sur tablettes. Certains du ces éléments graphiques seront probablement repris dans le module d'orientation multimédia qui sera installé sur chaque poste informatique. Encore une fois, la signalétique est structurée autour des collections et services proposés aux lecteurs et ne reflète que très peu l'organigramme de la Bfm.

[...]

Alain Duperrier
Bibliothèque francophone multimédia. Limoges

Corrigé

1. Analyse du dossier technique

Thème central

La départementalisation des collections ou, autrement dit...

... Le regroupement thématique des collections.

Administration

Il s'agit d'une Bibliothèque universitaire (BU) qui dessert plusieurs disciplines parmi lesquelles figurent les sciences économiques et la gestion.

Période à couvrir

Non précisé. Mais, par expérience, la réorganisation spatiale d'un fonds et son transfert vers un nouvel espace impliquent de mener de front de nombreuses autres activités à caractère bibliothéconomique. Il semble donc opportun d'affirmer que ces travaux couvriront une grande partie de la période estivale.

Les épreuves écrites du concours s'étant déroulées le 22 janvier 2008, le candidat pouvait programmer la tenue de ces travaux en juillet de cette même année[1].

Commanditaire

Le supérieur hiérarchique.

Questions posées

■ Mener une étude sur la conception et l'organisation d'un pôle documentaire, en observant trois sujets particuliers :

– Les collections.

– Les espaces.

– La communication interne et externe.

■ Calendrier (planning ?) des actions à mener.

Forme de la reponse

La rédaction d'une note (4 à 5 pages au maximum) dont le destinataire n'est pas directement précisé. Par déduction, le document s'adresse automatiquement au commanditaire, à savoir le supérieur hiérarchique. Cette note a pour but d'aider votre autorité à prendre les meilleures décisions pour atteindre l'objectif fixé.

1. Voir les explications apportées à la partie « Calendrier » en page 155.

Analyse et apport de connaissances

■ Réflexions préalables

Le travail confié au bibliothécaire assistant spécialisé représente une opération complexe du fait notamment de son envergure. Il lui faut à la fois imaginer la conception d'une entité documentaire et organiser sa réalisation. En d'autres termes, il doit exposer « ce qu'il faut faire » et « comment il faut le faire ». La responsabilité qui pèse sur ses épaules peut paraître, par conséquent, démesurée. Mais nous ne devons pas perdre de vue que sa mission consiste uniquement à formuler des propositions que son autorité hiérarchique aura à valider, à amender ou à rejeter !

Partant d'une décision selon laquelle les collections de la bibliothèque vont être regroupées par discipline, le bibliothécaire assistant spécialisé va conduire une expertise – le terme n'est pas faible ! – qui met en lumière trois notions fondamentales en lien avec le projet : les collections, les espaces et la communication.

Le plan de rédaction proposé par les membres du jury est donc très précis... Il reste cependant au candidat à en dessiner les contours et à trouver les arguments pertinents.

Pour finir, vous constatez que le bibliothécaire assistant spécialisé n'est pas mis en position d'encadrer une quelconque équipe de magasiniers. Son rôle se cantonne à une réflexion globale qui mène à la rédaction d'un véritable rapport administratif.

■ Les collections

Cette partie de la correction nécessite que l'on s'attarde un instant sur le contexte du devoir et sur le déroulement des tâches à réaliser.

Vous travaillez dans une bibliothèque universitaire qui compte au moins quatre espaces documentaires de libre accès :

– 1 salle d'usuels ;

– 1 salle de monographies proposées en prêt à domicile ;

– 1 salle des périodiques ;

– 1 salle multimédia (Cédéroms, DVD, ressources électroniques, etc.).

Ces différents locaux sont tous susceptibles de contenir une partie des collections qui, à terme, se retrouveront dans l'enceinte spécifiquement dédiée au département de l'économie-gestion. De fait, la première étape consistera à identifier les documents concernés par le transfert.

Ensuite, deux chantiers bibliothéconomiques pourront être collectivement engagés pour affiner ces choix : le récolement et le désherbage.

À l'issue de ces travaux, les membres de l'équipe se répartiront les tâches de traitement documentaire en fonction de leurs domaines de compétence :

– Traitement matériel : les magasiniers participeront aux travaux de reliure et de réparation des documents collectés lors du récolement. Ils seront également chargés de l'équipement des dernières acquisitions en sciences économiques et gestion.

– Traitement technique : les bibliothécaires assistants spécialisés pourront effectuer les opérations nécessaires à la mise à jour du catalogue (modifications des localisations sur les notices d'exemplaires, retrait des notices bibliographiques dont les ouvrages auront été pilonnés…).

– Traitement intellectuel : les conservateurs et les bibliothécaires se consacreront au plan de développement des collections de la discipline (acquisitions).

Enfin, le chantier sur les collections se terminera par l'opération de déménagement à laquelle chacun pourra apporter sa contribution[1].

■ Les espaces

La question sur les espaces apparaît plus compliquée encore que la précédente. Sa difficulté majeure réside dans l'articulation des idées que l'on souhaite avancer. Il ne s'agit pas de débattre sur des séquences chronologiques de travail, mais bien sur l'organisation spatiale d'un pôle documentaire. Le mot « espaces » (au pluriel) ne désigne d'ailleurs pas la salle au sein de laquelle sera créé le département économie-gestion (également appelé dans l'intitulé du devoir « espace » – au singulier). Il introduit plutôt la notion de division d'une superficie en services, en tables de travail, en mobiliers, en circulations, etc.

Il conviendra par exemple de mettre en perspective l'agencement des différentes installations avec la place qu'occuperont les collections de libre accès. L'estimation du nombre de mètres linéaires de documents et leurs prévisions d'accroissement constitueront en effet des données indispensables pour établir le besoin en rayonnages et autres présentoirs à périodiques. De même, la réflexion concomitante sur les circulations, la gestion des flux et la sécurité conditionnera inévitablement les choix d'agencement des locaux.

Au fond, cette projection conduira le candidat à fixer les procédures d'aménagement des espaces et de leurs équipements.

■ La communication interne et externe

En bibliothèque, le terme « communication » couvre plusieurs interprétations. Nous ne développerons pas à cet endroit la communication des documents en accès indirect (magasin) puisqu'elle fera l'objet d'une mention – en lien avec les services – dans la partie précédente. Nous limiterons plutôt notre démonstration au sens que prend la communication lorsqu'on souhaite informer quelqu'un.

À ce titre, il est nécessaire de distinguer deux types d'information comme le suggère la question :

– L'information des publics (« externe ») : signalétique, plan du local, guide du lecteur, site Web actualisé, formation des lecteurs (étudiants et enseignants-chercheurs) à la méthodologie de recherche documentaire et d'accès à l'information scientifique et technique, compte rendu d'enquêtes d'opinion organisées dans le but de mesurer le niveau de satisfaction.

– L'information des personnels (interne) : présentation des objectifs du projet et formation du personnel aux nouveaux espaces documentaires.

1. Remarque : certains parmi vous auront peut-être été tentés de proposer un travail sur l'harmonisation de la classification des documents à transférer. Le correcteur pour sa part exclut une telle entreprise qui nécessiterait au fond des délais de réalisation peu raisonnables. Nous partirons donc du postulat que les collections conserveront leur cote d'origine et que les volumes d'économie-gestion situés dans un éventuel magasin y resteront.

■ Le calendrier

Dans un cadre professionnel, un calendrier est défini comme une « suite chronologique d'actions qu'un groupe ou un individu inscrit à son programme pour une période donnée ». Cette acceptation est très proche de celle du planning qui correspond à un « plan de travail détaillé, en vue d'opérations à réaliser dans un temps donné »[1].

Par conséquent, un calendrier s'apparente à un planning (tableau comportant un découpage du temps et des tâches à effectuer) mais n'a pas pour ambition d'atteindre le niveau de précision de ce dernier. Il a en effet vocation à exposer le scénario du travail à exécuter, scénario que les plannings viendront ensuite compléter et actualiser pour tenir compte des événements et autres situations non prévus à l'avance.

En outre, un planning prévoit systématiquement de répartir les opérations auprès des agents mobilisés pour les accomplir. Il n'est pas certain qu'un calendrier intègre cette dernière dimension. Autrement dit, si trois variables composent les éléments fondamentaux d'un planning (divisions de temps/tâches/personnels), seules deux données (divisions de temps/tâches) seront retenues pour l'élaboration d'un calendrier. Ces quelques explications soulignent aussi les différences qui apparaissent dans la conception même du document de réponse. Pour vérifier ces dires, observons les deux illustrations présentées ci-dessous[2] :

– **Le calendrier** (tableau à simple entrée qui présente une suite d'actions chronologiques)

LUNDI	MARDI	MERCREDI	JEUDI	VENDREDI
– Récolement	– Reliure – Petites réparations – Équipement	– Mise en cartons – Déménagement des collections	– Montage des rayonnages	– Mise en place des collections – Mise en place de la signalétique

– **Le planning** (tableau à double entrée qui précise « qui fait quoi, où et quand ? »)

		Récolement	Reliure – Répartition	Équipement	Mise en carton – Déménagement	Montage des rayonnages	Aménagement
LUNDI	Matin	Équipe complète					
	Après-midi	de la bibliothèque					
MARDI	Matin		Magasinier 1 Magasinier 2 Magasinier 3	Magasinier 1 Magasinier 2 Magasinier 3			
	Après-midi		Magasinier 4 Magasinier 5 Magasinier 6	Magasinier 4 Magasinier 5 Magasinier 6			
MERCREDI	Matin				Équipe complète		
	Après-midi				de la bibliothèque		
JEUDI	Matin					Équipe complète	
	Après-midi					de la bibliothèque	
VENDREDI	Matin						Équipe complète
	Après-midi						de la bibliothèque

1. Définitions proposées par le Centre national de ressources textuelles et lexicales (CNRTL) du CNRS (http://www.cnrtl.fr).

2. Ces exemples n'ont pas valeur de correction du concours 2008, même si, pour des besoins pédagogiques, ils paraissent très proches de l'esprit du devoir.

À présent, reprenons l'exercice sur lequel porte cette correction. Vous devez programmer les principales étapes de la départementalisation du fonds économie-gestion sur une période qu'il reste à définir. Comme vous pouvez le constater, nous ne disposons d'aucune information susceptible de nous renseigner sur le volume que représente l'opération. Pourtant, des données chiffrées relatives à la quantité de documents à déplacer et aux effectifs mobilisés auraient été de nature à nous éclairer sur les délais de réalisation. Ne nous fiant qu'à notre instinct, nous partirons du principe que le chantier sera conduit durant la saison estivale, et plus particulièrement au mois de juillet 2008. Cette période de 4 à 5 semaines – postérieure au départ en vacances des étudiants et antérieure au départ en congés des personnels – est souvent choisie par les bibliothèques pour mener des travaux d'envergure.

Par contre, une constante prédomine pour ce type d'exercice : le candidat doit absolument s'assurer que les éléments du calendrier sont en totale adéquation avec les arguments présentés dans la partie rédigée du devoir ! A contrario, tout ce qui est écrit dans le devoir ne doit pas nécessairement figurer dans le tableau. À cet endroit, nous vous devons quelques explications de texte car ces dernières lignes pourraient porter à confusion. D'après vous, quel enseignement doit-on tirer de la question libellée en ces termes : « Vous n'oublierez pas de proposer un calendrier prévisionnel de l'ensemble des opérations » ? On peut partir du principe que le projet de départementalisation des collections repose sur une succession de tâches qui permettront d'aboutir à sa réalisation. Prenons-en acte. C'est d'ailleurs ni plus ni moins que le prolongement de la question précédente, à savoir : « Vous définirez les étapes de cette départementalisation concernant... ». Mais au fond, pensez-vous que la partie rédigée du devoir doive se cantonner à une simple énumération d'étapes ou de séquences de travail ? L'auteur considère pour sa part que ces seules démonstrations ne suffiraient pas à instruire le dossier. Car s'il en était ainsi, de quoi serait, par exemple, constitué le chapitre relatif aux « espaces » ? En effet, à la lumière de cette ultime considération, nous serions obligés de conclure que le paragraphe concernant l'aménagement du nouveau local d'économie-gestion devrait se limiter à : « Je démonte des équipements mobiliers, je les transfère vers un autre site et je les remonte selon une implantation définie à l'avance. » Maigre constat, n'est-ce pas ? En somme, les membres du jury attendaient certainement des candidats qu'ils présentent un argumentaire fondé sur un raisonnement logique (et pédagogique !) et matérialisé, in fine, par une série d'actions concrètes. Sur la base de ces quelques justifications, nous pouvons par conséquent affirmer que le tableau ou calendrier pouvait contenir, sinon l'ensemble des informations livrées au cours de la rédaction, du moins celles qui se rapportent à des manifestations tangibles et matérielles.

2. Proposition de plan

Introduction

① Les séquences de travail sur les collections

a) Sélection des documents à transférer

- Choix des usuels, monographies, périodiques, documents multimédia
- Élaboration de listings
- Identification et repérage des documents

b) Travaux collectifs

- Récolement : inventaire effectué sur la base des listings
- Désherbage : pilon, relégation en magasin, restauration

c) Travaux spécifiques

- Traitement matériel des collections

– Reliure et petite réparation des documents prélevés lors du récolement

– Équipement des dernières acquisitions

- Traitement technique des collections

– Mise à jour du catalogue (notices bibliographiques)

– Changement de localisation des documents (modification des notices d'exemplaires)

■ Traitement intellectuel des collections
– Plan de développement des collections de la discipline (acquisitions)

d) Déménagement des collections

■ Transfert

■ Mise en rayon

■ Rangement systématique

② L'organisation spatiale du pôle économie-gestion

a) Préambule

■ Les contenants et leurs contenus

b) Les installations

■ Les mobiliers pour documents
– Rayonnages à monographies (estimation du nombre de mètres linéaires)
– Rayonnages et présentoirs à périodiques (année en cours et antériorité)
– Accroissement des collections

■ Les services
– Banque d'accueil, de prêt et de communication des documents en magasin
– Tables et chaises de consultation des documents
– Espace informatique (catalogues, ressources électroniques spécialisées, Internet)
– Salle de travail en groupe
– Espace insonorisé et réservé à l'utilisation de photocopieurs

c) L'implantation géographique

■ Les circulations
– Gestion des flux
– Déplacement des personnes à mobilité réduite

■ Les contraintes de sécurité
– Capacité d'accueil de la salle
– Matériels d'intervention
– Issues de secours

d) La réalisation

■ L'aménagement des espaces
– Déménagement des installations
– Montage des mobiliers

③ Les dispositifs d'information des publics et des personnels

a) Les publics

■ La signalétique
– Au plus près des collections d'économie-gestion
– Dans les autres espaces de la bibliothèque

■ Le rôle des personnels

■ Les supports d'information actualisés
– Plan
– Guide du lecteur
– Site Web

■ Les dispositifs spécifiques
– Visite guidée
– Formation des lecteurs à la méthodologie de recherche documentaire et d'accès à l'information scientifique et technique
– Enquêtes d'opinion organisées dans le but de mesurer le niveau de satisfaction
– Comptes rendus d'enquêtes

b) Les personnels

■ La présentation du projet
– Groupe de travail (objectifs du projet)
– Réunion du personnel (présentation du projet)

■ La formation des personnels

Document de réponses

Bibliothèque universitaire

Note à l'attention de Monsieur le Supérieur hiérarchique

Objet : Départementalisation des collections

Compte tenu du projet de départementalisation des collections de notre bibliothèque, vous m'avez demandé de réfléchir à l'organisation d'un pôle économie-gestion dans la perspective de sa création. Selon votre commande, l'étude que je vous présente porte plus précisément sur le travail en direction des collections, sur l'agencement de la salle susceptible de les accueillir et sur l'information des publics et des personnels.

Les séquences de travail sur les collections

Le programme relatif à la conception du pôle économie-gestion devra débuter par la nécessaire sélection des documents à transférer dans le nouvel espace. Les choix seront effectués en direction de l'ensemble des supports documentaires de la bibliothèque, usuels, monographies, périodiques et documents multimédia compris. À cet effet, il serait sans nul doute opportun d'établir des listings pour faciliter le repérage des collections de la discipline.

À partir de ces mêmes listes, nous pourrions envisager de conduire deux opérations bibliothéconomiques concomitantes : le récolement et le désherbage. L'inventaire nous permettra de collecter de précieuses indications quant à l'état du fonds et au nombre de volumes absents des rayons. Forts de ces informations, il nous sera ensuite plus facile de mener une politique documentaire cohérente, politique qui commencera notamment avec le désherbage des collections d'économie-gestion. À cette occasion, nous pourrons déterminer les documents candidats au pilon, à la relégation en magasin ou à la restauration.

À l'issue de ces actions menées collectivement, les personnels auront à intervenir sur une succession de tâches bibliothéconomiques, chacun en fonction de ses domaines de compétence.

Ainsi, l'équipe des magasiniers pourra assurer les travaux de reliure et de réparation des documents collectés lors du récolement. Elle sera en outre chargée d'effectuer l'équipement matériel des dernières acquisitions en sciences économiques et en gestion.

De leur côté, les bibliothécaires assistants spécialisés pourront accomplir les opérations liées au traitement technique des documents, à savoir la mise à jour du catalogue (modification des localisations sur les notices d'exemplaires, retrait des notices bibliographiques dont les ouvrages auront été pilonnés et changement des états de collection pour les périodiques), le catalogage des nouvelles monographies et le bulletinage des derniers numéros de périodiques.

Les conservateurs et les bibliothécaires se consacreront plus particulièrement au plan de développement des collections de la discipline, définissant ainsi une véritable politique d'acquisition.

Enfin, et au terme de ces différentes séquences de travail, l'ensemble des personnels pourra procéder au transfert des collections vers le nouvel espace dédié aux sciences économiques et à la gestion. Il s'ensuivra pour finir la mise en rayon des documents et leur classement.

L'organisation spatiale du pôle économie-gestion

Avant d'entreprendre l'aménagement du local, il est important que nous déterminions la nature des équipements à installer et leurs implantations. Au fond, les étapes qui déboucheront sur l'organisation

spatiale de la salle d'économie-gestion seront largement conditionnées par la préalable réflexion sur les contenus et les contenants.
Pour agencer cette salle, nous prendrons principalement en considération deux types de mobilier : ceux à destination des collections et ceux en lien avec les services.
Les monographies de la bibliothèque pourront être accueillies dans des rayonnages traditionnels pour y être classées selon une progression propre à la classification Dewey. Dès lors, il nous faudra d'abord calculer le nombre de mètres linéaires de volumes à déménager et ensuite évaluer l'accroissement pour les années futures. Ces données indispensables nous serviront ainsi à estimer la quantité de travées nécessaires au rangement des monographies. En revanche, pour les publications en série d'économie-gestion, le mode de stockage différera quelque peu du précédent. Si l'année en cours de chaque revue pourrait à cet égard trouver sa place dans des présentoirs, le reste de la collection sera conditionné sur des étagères à livres. C'est la raison pour laquelle nous devrons en premier lieu fixer l'antériorité des périodiques à mettre en libre accès.
Comme nous l'avons donné à comprendre plus haut, les choix d'organisation des espaces seront également suspendus aux services que nous souhaitons offrir à nos lecteurs. Il semblerait par exemple utile de disposer d'une banque qui ait vocation à l'accueil des personnes, au prêt et à la communication des documents en magasin. De plus, nous pourrions proposer l'installation d'une salle de travail en groupe, d'une zone dédiée aux ressources électroniques (catalogues, bases de données, accès Internet) et d'un espace cloisonné pour loger un photocopieur. Enfin, les superficies restantes seront utilisées pour insérer des tables et des chaises de consultation de documents.
Mais notre réflexion serait incomplète si nous n'abordions pas rapidement le volet relatif à l'implantation de ces infrastructures. En cela, nous souhaitons attirer votre attention sur les contraintes liées à la circulation et au confort des lecteurs, à la gestion des flux et des déplacements ainsi qu'à la sécurité des personnes.
Au fond, il nous apparaissait indispensable d'observer à la loupe les quelques éléments présentés dans cette partie avant de procéder au montage des mobiliers et au déménagement des installations.

Les dispositifs d'information des publics et des personnels

Le regroupement thématique des collections de notre établissement conduira les étudiants, les enseignants-chercheurs et les personnels à s'adapter à un nouvel outil de travail. Face aux changements qui s'annoncent, vous m'avez sollicité pour formuler des propositions sur la manière dont nous pourrions organiser la communication à destination de tous les acteurs de la bibliothèque.
Le premier niveau d'information des publics pourrait être assuré dans une large mesure par l'effectif de la bibliothèque. Mais il serait également pertinent de coupler ces actions avec la production actualisée de supports de communication (guide du lecteur, plans et pages Web de notre site).
Par ailleurs, nous vous proposons de mettre sur pied un second niveau d'information par le biais du dispositif de formation des lecteurs, offrant ainsi aux étudiants et aux enseignants l'opportunité de suivre la visite guidée des lieux.
S'agissant d'information des publics, le rôle de la signalétique reste tout aussi prépondérant. Il résulte de cette remarque la nécessité d'engager sa réalisation, en particulier à hauteur des espaces documentaires de la salle d'économie-gestion.
Et puis je terminerai ce chapitre en vous suggérant de programmer une enquête d'opinion assortie d'un compte rendu afin de mesurer le niveau de satisfaction de la nouvelle organisation. Ces indicateurs nous

aideront notamment à ajuster la politique de départementalisation des collections étendue à l'ensemble des disciplines.
Pour finir, et en guise de conclusion, il me semble important que le projet puisse emporter l'adhésion de nos collaborateurs les plus proches. C'est pourquoi les objectifs relatifs au regroupement thématique des collections devraient être présentés aux personnels de la bibliothèque à l'occasion d'une réunion générale. L'information et la formation des collègues pourraient en outre être dispensées au fur et à mesure de l'avancée des chantiers.

Le bibliothécaire assistant spécialisé de classe normale

Pièce jointe :
– Départementalisation du fonds d'économie-gestion : calendrier des opérations (juillet 2008)

Départementalisation du fonds d'économie-gestion : calendrier des opérations (juillet 2008)

Dispositions antérieures à juillet 2008	Juillet 2008 Semaine 1	Juillet 2008 Semaine 2	Juillet 2008 Semaine 3	Juillet 2008 Semaine 4	Dispositions postérieures à juillet 2008
– Information du personnel – Sélection des documents – Élaboration des listings – Étude sur l'implantation des mobiliers dans la nouvelle salle	– Récolement des collections – Désherbage des collections – Métrage linéaire des monographies à transférer – Estimation de l'accroissement prévisionnel des monographies – Définition de l'antériorité des périodiques à mettre en libre accès	– Reliure et/ou réparation des documents – Équipement des nouvelles acquisitions – Mise à jour du catalogue – Catalogage des nouvelles acquisitions – Bulletinage des derniers numéros de périodiques – Acquisition de documents	– Démontage des installations (rayonnages, bureau…) – Transfert des installations – Montage des installations	– Déménagement des collections – Mise en rayon des documents – Classement (ou rangement systématique) des documents – Mise en place de la signalétique	– Formation des personnels – Information et formation des lecteurs

Sujet 3

Difficulté XXX | Durée 3 heures

Concours 2010 – Ministère de l'Enseignement supérieur et de la Recherche
Concours externe (coeff. 3) et interne (coeff. 2)

1. Analyse d'un dossier technique

Assistant(e) des bibliothèques, vous exercez vos fonctions dans une bibliothèque universitaire de médecine et pharmacie.

Avant la mise en œuvre de la campagne de numérisation du fonds de médecine et de pharmacie, constitué durant le XIXe siècle, le responsable de votre bibliothèque souhaite avoir une vision précise et détaillée des diférentes étapes et phases nécessaires au bon déroulement de ce projet.

L'opération de numérisation sera effectuée sur place par un prestataire extérieur, dans des locaux mis à sa disposition par la bibliothèque. Elle sera financée par un budget spécifique déjà engagé.

Ce fonds est constitué de près de trois cent cinquante monographies, de divers fascicules de périodiques, rangés dans une soixantaine de boîtes d'archives, ainsi qu'une trentaine de planches de format in-folio. Tous ces documents sont conservés en magasin. Ils présentent un bon état physique et sanitaire, en conséquence, ils ne nécessitent aucune réparation ou décontamination.

Sachant que les documents sont référencés dans le système intégré de gestion de bibliothèques, ils sont régulièrement communiqués aux usagers, principalement des chercheurs engagés dans un programme de recherche spécifique.

Le responsable de la bibliothèque vous charge de récapituler les objectifs de cette campagne de numérisation, en abordant notamment la diffusion, et d'analyser les étapes et phases successives de l'opération.

Consignes

À l'aide des documents fournis, vous rédigerez une note présentant vos propositions concernant :
– les objectifs de cette campagne de numérisation ;
– les étapes successives liées à la mise en œuvre de la numérisation des documents ;
– les possibilités d'information interne et externe relative à cette opération.

Vous fournirez également un planning de travail prévisionnel pour cette campagne de numérisation.

Liste des documents fournis

Document 1 : extrait du décret n° 85-694 du 4 juillet 1985 sur les services de la documentation des établissements d'enseignement supérieur relevant du ministre de l'Éducation nationale (*JORF* du 11 juillet 1985).

Document 2 : extraits de l'article de Westeel, Isabelle, « Le patrimoine passe au numérique », *Bulletin des bibliothèques de France*, 2009, t 54, n° 1, p. 28-35.

Document 3 : extraits de l'article de Wikipédia. L'encyclopédie libre, Article « Numérisation ». [Version en ligne au 20 septembre 2009], http://fr.wikipedia.org/wiki/Numerisation.

Document n°1

TITRE I : Services communs de la documentation des universités.

Article I

Le service commun de la documentation, créé par délibération statutaire du conseil d'administration de l'université, a notamment pour fonctions :
– de mettre en œuvre la politique documentaire de l'établissement, de coordonner les moyens correspondants et d'évaluer les services offerts aux usagers ;
– d'acquérir, de gérer et de communiquer les documents de toute sorte qui appartiennent, à l'établissement ou qui sont à sa disposition ;
– de participer, à l'intention des utilisateurs, à la recherche sur ces documents, à la production de

l'information scientifique technique, à sa diffusion ainsi qu'aux activités d'animation scientifique et technique de l'établissement ;
– de favoriser par l'action documentaire et l'adaptation des services toute initiative dans le domaine de la formation initiale et continue et de la recherche ;
– de coopérer avec les bibliothèques qui concourent aux mêmes objectifs, quels que soient leurs statuts, notamment par la participation à des catalogues collectifs ;
– de former les utilisateurs à un emploi aussi large que possible des techniques nouvelles d'accès à l'information scientifique et technique.
Les services chargés de la documentation sont ouverts aux usagers et aux personnels des établissements. Ils sont également ouverts à d'autres utilisateurs dans des conditions précisées par les autorités responsables.

Document n° 2

Le patrimoine passe au numérique

L'apport des nouvelles technologies et en particulier du numérique aux besoins des bibliothèques patrimoniales se mesure essentiellement en termes d'accessibilité et de diffusion des contenus. L'utilisation massive du web et la prise en compte des besoins de nouveaux publics nécessitent de modifier la gestion des collections patrimoniales et de s'occuper sérieusement du numérique.
[...]

Place au numérique

La réussite des projets numériques dépend de compétences variées que seules quelques années d'expérience pennettent de maîtriser : questions techniques, juridiques, scientifiques, administratives (cahiers des charges)... Leur fragilité tient souvent, dans l'ordre, au manque de moyens humains, techniques et financiers. La gestion de l'information numérique reste souvent le parent pauvre des services d'un établissement et la rigueur imposée par l'informatique peut être considérée comme un obstacle au développement des services. On ne mesure pas suffisamment son impact sur les fonctions bibliothéconomiques traditionnelles dont elle relève également (acquisition, catalogage/métadonnées, médiation/interface, conservation). Les bibliothèques ont absolument besoin de développeurs informatiques.
Ces sujets, qui s'improvisent difficilement au cœur d'un projet, sont très rarement enseignés dans les formations initiales. Leur maîtrise s'acquiert sur le terrain par le goût du web et l'observation précise et attentive de ce médium en perpétuel mouvement. Une culture commune se met progressivement en place par le biais des stages proposés dans le cadre de la formation continue, à l'Enssib (École nationale supérieure des sciences de l'information et des bibliothèques) ou dans les centres de formation régionaux.
Le problème essentiel en France est bien, actuellement, l'acquisition d'un savoir avancé et complexe nécessaire pour mettre en œuvre de manière correcte et complète ces nouvelles technologies dans l'objectif du signalement, de la communication et de la valorisation du patrimoine, pourtant missions de base des bibliothèques. Cette difficulté, trop souvent méconnue ou mal évaluée par les responsables, bloque les projets, ou empêche leur développement complet Les projets numériques mis en œuvre restent souvent très loin des possibilités réelles de services offertes par l'informatique.
Ces problématiques doivent être portées par un discours stratégique et politique. Il est souhaitable que les établissements mettent en place une véritable « politique de valorisation et de diffusion » basée sur un service stratégique et substantiel composé de bibliothécaires et d'informaticiens aptes à mettre à profit les technologies du numérique, soucieux de respecter les aspects normatifs et convaincus de l'importance de la diffusion des contenus vers les publics. Le numérique est un outil qui permet de nouvelles formes de valorisation, de diffusion, d'accès et d'étude du patrimoine : un outil au service d'un patrimoine vivant.

Document n° 3

Numérisation

La numérisation est le procédé permettant la construction d'une représentation discrète d'un objet du monde réel.

Dans son sens le plus répandu, la numérisation est la conversion d'un signal (vidéo, image, audio, caractère d'imprimerie, impulsion, etc.) en une suite de nombres permettant de représenter cet objet en informatique ou en électronique numérique. On utilise parfois le terme franglais digitalisation (*digit* signifiant chiffre en anglais).

[...]

Procédés de numérisation

La numérisation est une des manières de créer des données à traiter. Les procédés sont différents selon l'origine du signal à numériser.

La numérisation directe de textes et d'images s'effectue à l'aide d'un scanneur, qui convertit les niveaux de lumière et les couleurs en données binaires. Le résultat peut alors être stocké dans un fichier informatique et édité dans un logiciel spécialisé : logiciel de traitement de texte pour les fichiers textes qui ont été convertis par reconnaissance optique de caractères, programme de retouche d'image pour les images numériques, etc. L'appareil photo numérique, dont le capteur convertit l'image photographiée sous forme numérique, peut aussi servir à numériser des documents imprimés.

Numérisation et archivage

Les objectifs de la numérisation sont nombreux. Dans les domaines de la Gestion Électronique des Documents et des sciences de l'information et des bibliothèques, elle remplit plusieurs fonctions :

– préserver et protéger des documents contre les risques d'altération (l'acidité par exemple) ;

– archiver des documents originaux en vue d'un gain de place, et les dupliquer sans risque de dégradation pour les mettre à disposition du public ;

– permettre au public de consulter et d'accéder à des documents anciens et/ou rares ;

– aider et susciter la recherche, faciliter l'indexation de textes et de documents multimédias, valoriser un fonds documentaire ;

– donner accès à la connaissance à distance dans une perspective de communication (bibliothèques électroniques en ligne, projet « Bibusages » sur Internet, etc.).

La numérisation est l'un des aspects de ce que l'on appelle quelquefois de façon impropre la dématérialisation.

Plusieurs grands chantiers de numérisation du patrimoine culturel ont été lancés dans le monde. [...]

Corrigé

1. Analyse du dossier technique

Thème central

La numérisation de livres anciens.

Administration

Il s'agit d'une **Bibliothèque universitaire de Médecine et Pharmacie**.

Commanditaire

Le **Responsable de la bibliothèque**.

Période à couvrir

Indéterminé.

Questions posées

- Les enjeux de la numérisation des livres anciens.
- Organisation du travail de numérisation.
- Dispositif d'information interne et externe.
- Planification des opérations.

Forme de la réponse

La **rédaction d'une note** (4 à 5 pages).

Analyse et apport de connaissances

Pour le profane, la numérisation des documents est un procédé qui permet de convertir un support de forme analogique (texte imprimé ou manuscrit, son, image, etc.) en un support de forme numérique (c'est-à-dire lisible par ordinateur et pouvant être transmis par des réseaux de communication comme Internet). En revanche, pour les bibliothécaires, cette activité représente bien plus qu'une mutation de support ! Les objectifs à définir, les procédures à engager, les séquences à réaliser et

les effectifs à mobiliser sont autant de domaines sur lesquels ils auront à opérer des choix.
Dans le contexte du devoir, les premières étapes semblent avoir été menées puisque le choix d'un corpus a été fixé : **les documents anciens du XIXe siècle**. Cette situation permet également d'évacuer toutes les problématiques liées à la propriété intellectuelle des documents (par nature, les ouvrages anciens appartiennent au domaine public et sont donc libres de droit).
En revanche, le candidat doit conduire une triple réflexion sur l'intérêt pour une bibliothèque de numériser ses fonds anciens, sur ce que cela induit en termes d'organisation, de répartition du travail et sur les niveaux d'information à mettre en œuvre.

Enjeux de la numérisation des livres anciens

Voici quelques éléments de réponse qu'il conviendra de développer dans le corps de la note :
– Préservation et conservation des documents originaux
– Valorisation des fonds par une diffusion optimisée de l'information
– Accès plus large et plus aisé aux sources (consultation à distance et/ou simultanée)
– Rapidité de récupération des informations
– Facilité d'impression des données

Organisation du travail de numérisation

Cette partie consiste à énumérer l'ensemble des opérations qu'il conviendra de mettre en œuvre pour conduire à bien le projet de numérisation. Votre propos ne doit en aucun cas se concentrer sur les activités effectuées aux abords du banc de numérisation puisque cette mission est dévolue à un prestataire extérieur. Il est donc primordial de limiter votre réflexion à toutes les tâches périphériques indispensables à la réalisation de l'objectif.

Dispositif d'information interne et externe

Au-delà d'une simple communication générale auprès des publics et des personnels, il convient d'engager une réflexion sur le caractère technique et documentaire de l'information à produire (indisponibilité temporaire des documents en cours de numérisation, signalement des ressources électroniques, production de contenus, etc.).
Par ailleurs, cette partie de l'exposé se prête volontiers à l'étude de la formation des personnels et à l'identification de l'effectif à mobiliser.

Élaboration d'un planning

La résolution de la question subsidiaire est laissée à la libre appréciation du candidat. Aucune information concernant l'amplitude journalière du travail, le nombre de personnes affectées au dispositif de numérisation, le statut des personnels concernés par le projet, etc. n'est fournie.
Voici en revanche quelques déductions utiles :
– Il s'agit d'un planning de numérisation qui doit préciser les différentes séquences de travail.
– Ici, la notion de « planning » ne signifie pas que les personnels s'appliqueront tous les jours à cette tâche. Ils interviendront sur l'activité de numérisation lorsque cette dernière aura été programmée… ou lorsque les effectifs présents le permettront.
– Plusieurs agents pourront être sollicités pour accomplir cette mission. Mais il est important – et l'expérience de terrain en témoigne – de ne pas fractionner à outrance le travail des personnels. Faire intervenir chaque personne sur une durée relativement longue (deux professionnels de documentation qui se succèdent sur deux demi-journées par exemple), c'est garantir un meilleur suivi de l'activité… C'est aussi se prémunir d'éventuelles erreurs de procédure !
– Les quotités de travail des personnels sont calibrées sur la base de 35 h par semaine (pour un agent employé à temps plein), soit 7 h par jour en moyenne. On peut donc imaginer que l'activité de numérisation débutera à 9 h pour finir à 16 h.

2. Proposition de plan

① Numérisation des documents anciens

a) Préservation
- Mesure conservatoire des documents originaux
- Document de substitution

b) Valorisation
- Promotion de la richesse du fonds
- Diffusion optimisée de l'information

c) Accessibilité

- Consultation simultanée
- Consultation à distance

d) Efficacité

- Rapidité de récupération des informations
- Possibilité de recherche textuelle

e) Autre facilité

- Impression numérique

② Organisation du travail de numérisation

a) Organisation logistique pour la numérisation

- Équipement matériel

– Banc de numérisation (système de caméra numérique reliée à un poste informatique de pilotage des opérations)
– Plan de travail
– Chevalet ou repose-livre pour ne pas endommager les reliures des livres anciens
– CD ou DVD pour l'archivage des données numériques

- Logiciels

– Logiciel de capture des fichiers
– Logiciel de sauvegarde
– Logiciel de traitement ou de retouche d'images
– Logiciel de reconnaissance optique des caractères

- Environnement

– Salle de travail exclusivement dédiée à la numérisation
– Régulation de la température
– Taux d'humidité
– Degré de luminosité

b) Répartition des tâches relatives à la numérisation

- Manipulation et nettoyage des livres

– Personnels sensibilisés à la fragilité des documents anciens
– Circulation des documents de la réserve vers la salle de numérisation (et sa réciproque !)
– Dépoussiérage des documents

- Archivage

– Choix d'une convention de numérotation des clichés numérisés
– Sauvegarde régulière des données enregistrées
– Archivage sur CD ou DVD en double exemplaire

- Signalement des contenus

③ Dispositif d'information interne et externe

a) Information générale

- Présentation du projet en réunion du personnel
- Communication auprès des publics (affichage, site web, formation des lecteurs, etc.)

b) Information documentaire

- Accessibilité et publication

– Modification de la notice d'exemplaire (indisponibilité temporaire des documents)
– Catalogage des ouvrages numérisés
– Création de fichiers compatibles avec les formats de consultation en ligne
– Agencement du site internet qui hébergera les livres numériques

c) Formation du personnel

- Choix d'une équipe et formation

– Effectif restreint… mais qualifié (une personne dotée des compétences nécessaires en matière de technologie de l'information, un coordinateur des travaux de numérisation, une personne chargée de signaler les ouvrages numérisés dans le catalogue et deux ou trois magasiniers pour effectuer les opérations matérielles)
– Formation au niveau de la technologie utilisée et éventuellement au maniement des sources
– Planification des tâches

Document de réponses

Bibliothèque universitaire de Médecine et Pharmacie

Note à l'attention de Monsieur le Responsable

Objet : Numérisation d'un fonds constitué de documents du XIXe siècle.

Alors que le monde des bibliothèques se passionne pour le « tout numérique », vous m'avez confié le soin de mener une réflexion autour de la numérisation des documents. Les propos présentés ci-dessous ont été développés en considérant les trois axes de votre commande, à savoir : quels sont les enjeux de recourir à la numérisation d'un fonds ancien, quelle organisation de travail est-il nécessaire de mettre en place et quel niveau d'information cela suppose-t-il ?

Numérisation des documents anciens

Le projet de numérisation des documents du XIXe siècle revêt bien des avantages. Cette technique largement répandue aujourd'hui permet de convertir un support de forme analogique (texte imprimé ou manuscrit, son, image, etc.) en une ressource électronique exploitable à l'aide d'un ordinateur.

Le principal motif qui peut conduire une bibliothèque à numériser certains documents reste le souci permanent de préserver la version originale des ouvrages. En effet, la consultation de ces sources dont l'état matériel se dégrade au fil du temps peut à terme devenir limitée, voire interdite. Pour restreindre leur circulation tout en proposant aux lecteurs un accès non contraint, il convient de trouver des mesures conservatoires adaptées aux documents anciens. En cela, la numérisation est certainement le procédé le plus efficace, supplantant au passage les documents de substitution que sont notamment les microformes.

Mais un autre objectif justifie de recourir à ce procédé : la valorisation optimisée des collections. Confinés dans un magasin, les documents anciens sont souvent mal (ou peu) mis en valeur. Il est par conséquent important pour un établissement d'afficher dans son catalogue la richesse des fonds « invisibles ». Ainsi, les projets de numérisation participent immanquablement à la promotion des ouvrages auprès d'un plus large public.

Par ailleurs, la difficulté à accéder aux documents d'une réserve vient du fait que le métier de bibliothécaire s'appuie sur deux missions antagonistes : conserver et diffuser les œuvres. Face à cette situation très paradoxale, le lecteur doit parfois suivre un véritable parcours du combattant pour parvenir à l'information souhaitée. En revanche, avec la mise en place des dispositifs de numérisation, le public peut à tout moment et sans délai accéder aux documents de son choix, qu'ils soient anciens, rares ou précieux. À l'intérieur de l'établissement, plusieurs utilisateurs peuvent même se connecter simultanément aux documents numérisés. Ils ont également la possibilité de les consulter à distance *via* le réseau Internet.

Enfin, les supports électroniques offrent parfois d'autres potentialités comme l'opportunité d'effectuer une recherche textuelle (sélection d'une partie d'un texte) et la facilité à récupérer l'information (l'impression numérique qui remplace toute interdiction de photocopier les originaux). Ces applications constituent des avantages non négligeables qui peuvent inciter les bibliothèques à organiser des opérations de numérisation.

Organisation du travail de numérisation

Les arguments présentés ci-dessus confirment tout le bénéfice que pourrait tirer notre bibliothèque si vous décidiez de recourir à des actions de numérisation. Toutefois, il est important de mesurer les conséquences d'un tel projet sur l'organisation logistique et sur la charge de travail des personnels.

L'équipement matériel sur lequel s'est porté votre choix semble correspondre parfaitement à nos besoins. En effet, l'utilisation d'un banc de numérisation spécifique reste la meilleure option en matière de traitement des documents anciens. Équipés d'un système de caméra mobile, d'un support fixe et d'un poste informatique de pilotage, ces bancs permettent de réaliser l'ensemble des opérations tout en limitant la manipulation des ouvrages fragiles. Cependant, j'attire votre attention sur le fait que le bâti de ce dispositif doit être équipé d'un repose-livre (ou chevalet) afin de ne pas endommager les reliures. Par ailleurs, la table sur laquelle sera placé le système doit être suffisamment large ; elle servira ainsi de plan de travail utile à toutes manutentions. Enfin, un jeu de DVD (dont la capacité de stockage reste supérieure à celle d'un CD) est nécessaire pour assurer l'archivage des données numériques.

L'offre logicielle proposée avec l'infrastructure informatique reste tout aussi pointue. Des programmes de capture, de sauvegarde et de retouche d'images doivent être fournis en complément. De plus, si à terme vous envisagez de mettre en place un système de recherche textuelle, il conviendra d'installer un logiciel de reconnaissance optique des caractères.

Pour finir, il nous faut considérer un facteur essentiel à la réussite du projet : l'environnement de travail. L'aménagement de l'atelier requiert en effet quelques minutieuses précautions puisque la nature même des sources à numériser impose un agencement particulier. Un flux incessant de personnes ou une réorganisation récurrente de l'espace pourrait par exemple conduire à de possibles dégradations, des applications erronées, sans compter la perte de temps pour l'exécution du projet. Par conséquent, il serait souhaitable de dédier une salle à cette seule destination. Et puis on veillera tout particulièrement à la régulation de la température, au taux d'humidité ambiant et au degré d'exposition des œuvres à la lumière. En somme, les documents du XIXe siècle méritent d'être traités dans des conditions analogues à celles de notre magasin.

Les travaux de numérisation pourront être répartis entre des magasiniers et un ou deux coordinateurs. Les premiers se chargeront d'une part de la vacuité des livres anciens vers le local de numérisation. Les personnels qui manipuleront et opéreront le transfert des documents devront être sensibilisés à leur fragilité et aux soins à leur apporter. C'est d'ailleurs dans cette perspective que nous pourrions demander aux magasiniers mobilisés sur le projet de dépoussiérer délicatement les livres à numériser. Ensuite, il conviendra de contrôler la qualité des résultats de la numérisation, de sauvegarder régulièrement les images numériques et d'archiver sur DVD l'ensemble des informations. Si les magasiniers sont sollicités pour cette tâche cruciale, il est indispensable qu'un responsable de la bibliothèque ait défini au préalable une convention de « nommage » ou de numérotation des fichiers. Enfin, nous assurerons parallèlement le signalement bibliographique des documents numérisés.

Information interne et externe

Pour commencer, il conviendra de mettre sur pied un dispositif efficace de communication. À cet égard, l'organisation d'une réunion générale des personnels pourrait faire l'objet d'une présentation du projet, des différents prestataires et des personnes ressources mobilisées. De même, l'ensemble de la communauté universitaire et scientifique devrait être avisé par voie d'affichage et de messagerie électronique des nouveaux enjeux qui se dessinent.

Puis, au fur et à mesure de l'avancée des travaux, il nous faudra maintenir un niveau d'information d'ordre technique et documentaire. Dès lors, tout document déplacé en vue de sa numérisation devra être signalé comme étant temporairement indisponible à la consultation. Pareillement, un personnel qualifié (de catégorie A ou B) devra prendre en charge la publication des contenus numériques. Sa mission consistera notamment à renseigner le catalogue, à créer des fichiers compatibles avec les formats de consultation en ligne (JPEG ou GIF) et à alimenter un site internet susceptible d'héberger ces documents.

Pour résumer, l'effectif inscrit sur le projet de numérisation devrait être relativement restreint mais somme toute qualifié. Il est en effet préférable de solliciter autour d'une mission un petit noyau de personnels compétents plutôt qu'un groupe important de personnels « occasionnels ». Cet effectif pourrait donc être constitué d'une personne dotée des compétences nécessaires en matière de technologie de l'information, d'un coordinateur des travaux et de trois magasiniers pour assurer la préparation et les transferts de documents. De plus, il serait pertinent d'évaluer le degré de connaissances de chaque acteur afin de dispenser une formation adaptée au maniement du matériel technique.

En ma qualité de bibliothécaire assistant spécialisé, je tenais à vous proposer ma contribution au projet de numérisation, notamment dans le domaine de la coordination des travaux. Si vous en êtes d'accord, je pourrais m'occuper du suivi et de la planification des différentes tâches – lorsque celles-ci seront programmées – en étant attentif aux besoins et à la nature du travail à effectuer.

Le bibliothécaire assistant spécialisé de classe normale

Pièce jointe : Planning quotidien de la numérisation

Planning quotidien de la numérisation

	Préparation des documents	Transfert des documents	Numérisation	Traitement des images	Sauvegarde des fichiers numériques	Signalement des contenus
9 h – 9 h 30			Prestataire extérieur			
9 h 30 – 10 h						
10 h – 12 h 30						
12 h 30 – 14 h						
14 h – 15 h 30						
15 h 30 – 16 h						

PARTIE 2
Épreuve orale d'admission

1. L'entretien avec le jury

Coefficients

3*

Durée

25 minutes**

* Pour le concours externe.
2 pour l'interne
** Durée maximale

Phase préalable

Appelée « entretien », « conversation » ou « oral », l'épreuve d'admission est censée donner des indications au jury sur les connaissances et les aptitudes des candidats à exercer les fonctions de bibliothécaire assistant spécialisé de classe normale.

Pour faciliter la sélection des lauréats, il est désormais demandé aux aspirants ayant franchi le seuil de l'admissibilité de faire impérativement parvenir au service gestionnaire du concours un certain nombre de documents officiels. Autrement dit, l'envoi des pièces administratives en question (fiche de renseignement en externe et dossier de reconnaissance des acquis de l'expérience professionnelle en interne) constitue la condition sine qua non pour prétendre recevoir une convocation à l'épreuve orale. En leur absence, les résultats fructueux de l'écrit seront déclarés caducs.

1. Phase préalable à l'épreuve d'admission

Concours externe : la fiche de renseignement[1]

En vue de l'épreuve d'entretien, les candidats admissibles transmettront une fiche de renseignement dument complétée au ministère de l'Enseignement supérieur à une date fixée dans l'arrêté d'ouverture du concours. La fiche – dupliquée en quatre exemplaires – devra être retournée par voie postale en recommandé simple à l'adresse suivante :

Direction générale des ressources humaines
Bureau des concours DGRH D5
72, rue Regnault
75243 Paris CEDEX 13

1. Voir Annexes : Fiche individuelle de renseignement (Épreuve d'admission du concours externe)

Le modèle de fiche est disponible en téléchargement sur le site du ministère de l'Enseignement supérieur. Les candidats sont invités à remplir le formulaire sans chercher à transformer ni sa forme ni son contenu. Certes, l'exercice n'est pas noté, mais les examinateurs disposeront de cette fiche pour la conduite de l'entretien. Dès lors, il est illusoire de croire que le travail réalisé n'aura aucun impact sur l'évaluation et sur la décision finale. Il est donc vivement conseillé de renseigner les champs proposés avec soin, rigueur et précision.

Enfin, comme dit plus haut, l'absence de fiche ou sa transmission après la date limite de dépôt (le cachet de la poste faisant foi) entraînera l'élimination du candidat, qui ne sera pas convoqué à l'épreuve d'admission.

Concours interne : le dossier RAEP[2]

a. Définition

Le dossier de reconnaissance des acquis de l'expérience professionnelle (RAEP) est un mécanisme d'évaluation des savoirs, des compétences et aptitudes, fondé sur des critères professionnels. Ce support permet à un jury d'apprécier la capacité des candidats à analyser leur environnement professionnel et à exercer de nouvelles fonctions et/ou responsabilités.

b. Contexte

La réforme du mode de recrutement dans la fonction publique (*Loi du 2 février 2007 relative à la modernisation de la fonction publique*) se traduit par une professionnalisation des épreuves. À l'instar des exercices d'étude de cas, la RAEP tend à se substituer aux épreuves académiques, laissant ainsi aux candi-

2. Voir Annexes : Dossier RAEP (Épreuve d'admission du concours interne)

Concours internes				Examens professionnels	
Conservateur	Bibliothécaire	Bibliothécaire assistant spécialisé de classe supérieure	Bibliothécaire assistant spécialisé de classe normale	Bibliothécaire assistant spécialisé de classe supérieure	Bibliothécaire assistant spécialisé de classe normale
Épreuves d'admissibilité Composition de culture générale – Note de synthèse	**Épreuve d'admissibilité** Étude de cas	**Épreuve d'admissibilité** Questions et cas pratiques portant sur l'information bibliographique	**Épreuves d'admissibilité** Étude de cas – Série de questions	**Épreuve d'admissibilité** Série de questions	**Épreuve d'admissibilité** Étude de cas
Épreuves d'admission Épreuve orale de langue vivante – Conversation sur une question de culture générale – Entretien de motivation professionnelle (Dossier RAEP)	**Épreuves d'admission** Entretien de motivation professionnelle (Dossier RAEP) – Entretien de culture générale avec le jury (Commentaire d'un texte)	**Épreuve d'admission** Entretien avec le jury sur la base du Dossier RAEP et débutant par un exposé du candidat	**Épreuve d'admission** Entretien avec le jury sur la base du Dossier RAEP et débutant par un exposé du candidat	**Épreuve d'admission** Entretien avec le jury sur la base du Dossier RAEP et débutant par un exposé du candidat	**Épreuve d'admission** Entretien avec le jury sur la base du Dossier RAEP et débutant par un exposé du candidat

dats la possibilité de valoriser les expériences et les compétences professionnelles acquises au cours de leur carrière. Désormais, le dispositif s'impose dans l'organisation des concours internes et des examens professionnels, et est parfois utilisé à l'occasion des campagnes de promotion pour l'élaboration des listes d'aptitude ou des tableaux d'avancement. Le format retenu pour le recrutement en bibliothèque procède d'ailleurs de cette logique.

c. Philosophie de l'exercice

Rattaché à l'épreuve d'admission, le dossier RAEP du concours de bibliothécaire assistant spécialisé de classe normale est un exercice obligatoire, commun à tous les candidats internes. La règle en la matière reste très claire : « Dès lors qu'il est rempli en vue d'une épreuve d'entretien, le dossier RAEP n'est pas noté mais sert de support au jury pour conduire l'entretien1[1] ».

On pourrait s'en tenir au fait que l'exercice n'est ni sanctionné d'une note, ni affecté d'un coefficient. Cependant, nous affirmons que le soin apporté à son instruction influencera d'une façon ou d'une autre les examinateurs lorsqu'ils seront amenés à évaluer le candidat. Il ne s'agit donc pas d'une épreuve à proprement parler mais bien d'un outil sur lequel le jury s'appuiera pour orienter la conversation. Ce dossier doit ainsi comporter des informations suffisamment précises sur la nature de l'activité professionnelle passée et les compétences développées à ce titre.

1. Reconnaissance de l'acquis de l'expérience professionnelle (Fiche pratique) – Direction générale de l'administration et de la fonction publique (DGAFP).

Enfin, pour renseigner le dossier RAEP, il est impératif de se référer au Guide d'aide au remplissage[1] mis à disposition des candidats sur le site du Ministère de l'enseignement supérieur.

d. Eléments constitutifs du dossier

Le dossier RAEP du recrutement interne de bibliothécaire assistant spécialisé de classe normale est composé de quatre parties :

Identité

Outre son état civil et ses coordonnées, le candidat indiquera sa situation professionnelle actuelle (statut, service ou établissement d'affectation, etc.).

Parcours de formation

Le postulant doit consigner dans un tableau les principales formations professionnelles suivies au cours de sa carrière. À cet endroit, nous constatons que le *Guide d'aide au remplissage* ne fait aucune allusion à la formation initiale. Cependant, il semble pertinent de préciser la nature des diplômes obtenus dès lors qu'il s'agit d'un cursus professionnel en lien avec le métier visé (DUT métiers du livre, licence professionnelle option métiers du livre, etc.). Pour finir, il conviendra d'annexer au dossier un exemplaire photocopié des attestations de formation.

Expérience professionnelle

Le document s'apparente en quelque sorte à un curriculum vitae présenté sous la forme d'un tableau. Le candidat décrira ses services ou activités antérieures dans le secteur public ou privé en commençant par l'expérience la plus récente (ordre chronologique inversé). Il précisera enfin pour chaque activité la période d'exercice, sa durée, son niveau, l'organisme employeur et les compétences acquises.

Rapport d'activités

Ce travail requiert une attention toute particulière car il constitue le document pivot du dossier RAEP. Le rapport d'activités est un témoignage tangible de l'expérience du candidat, de sa capacité d'adaptation à un nouvel environnement de travail et de son aptitude à exercer de nouvelles responsabilités. Par-delà, la possibilité lui est offerte d'illustrer son propos en joignant deux documents ou travaux qu'il a réalisés au cours de sa carrière (*Voir point n° 6 : « Annexes au rapport d'activité »*). Eu égard à l'importance de cette quatrième partie du dossier, nous aborderons ci-après les questions méthodologiques de manière plus approfondie.

1. Voir Annexes : Guide d'aide au remplissage du dossier RAEP (Concours interne).

e. Méthodologie de rédaction du rapport d'activités

Le support de rédaction à télécharger sur le site du ministère précise l'enjeu et la portée du rapport d'activités en ces termes : « Présentez les éléments qui constituent, selon vous, les acquis de votre expérience professionnelle et vos atouts au regard des connaissances, compétences et aptitudes recherchées (1 à 2 pages dactylographiées maximum) ».

Recommandations sur la forme

Vous garderez présent à l'esprit qu'il s'agit d'un véritable exercice de communication écrite dont l'étendue peut atteindre jusqu'à deux pages d'écriture. Par conséquent, l'exposé devra nécessairement être structuré (introduction, développement, conclusion) et établi sur la base d'un plan stratégique. Sa présentation sera soignée, les principales parties marquées par des sauts de ligne et matérialisées éventuellement par des titres génériques. Il conviendra également de composer selon un style conventionnel en limitant les effets de type télégraphique et en veillant à l'exactitude du vocabulaire, de la syntaxe et de l'orthographe. Enfin, l'emploi de la première personne du singulier – « je » – reste incontournable dès lors que vous devez parler de vous ; toutefois, il est possible d'en modérer l'usage en alternant les phrases de forme active et les phrases de forme passive[2].

2. Exemple :

Forme active de la phrase → *J'encadre une équipe de dix magasiniers au sein de mon établissement...*

Forme passive de la phrase → *Les responsables de l'établissement m'ont confié l'encadrement d'une équipe de dix magasiniers...*

Recommandations sur le fond

Le rapport d'activités doit vous permettre de valoriser tout à la fois votre **expérience professionnelle**, vos **compétences** et votre **motivation**. Par ailleurs, vous devez à cette occasion faire régulièrement ressortir l'adéquation entre votre profil et l'emploi type sur lequel vous postulez par la voie du concours. Vous disposez alors de trois espaces d'expression pour atteindre cet objectif à « géométrie variable » :

– L'**introduction** a pour but d'attirer l'attention des membres du jury. Vous vous attacherez donc à brosser succinctement les éléments de contexte en décrivant notamment la situation présente (corps et grade d'appartenance, intitulé du poste occupé, environnement de travail, données chiffrées sur l'activité du service, etc.). Ensuite, vous annoncerez le plan de rédaction de manière littéraire.

– Le **développement** doit scrupuleusement suivre le contenu et l'ordre du plan annoncé en introduction. Il s'articulera autour de deux, voire trois, idées forces au maximum. C'est bien entendu votre parcours personnel qui conditionnera le découpage de l'exposé ! Néanmoins, nous vous déconseillons d'opter pour une structuration chronologique dans la mesure où cette dernière risque d'être redondante avec la troisième partie du dossier RAEP (Expériences professionnelles). Dès lors, une architecture thématique – certes plus complexe à mettre en œuvre – organisée par domaines d'activité ou par domaines de compétence emporte largement notre préférence.

– La **conclusion** est une synthèse des idées développées dans le corps de l'exposé. Vous rappellerez donc les principales compétences acquises au cours de votre carrière. En outre, vous établirez un lien de cause à effet entre votre parcours, la nature des fonctions postulées et le degré de responsabilité exigé pour les assurer. Autrement dit, vous devrez prouver aux membres du jury votre motivation et votre dynamisme.

Techniques de réalisation[1]

La rédaction du rapport d'activités est une opération longue et fastidieuse qui suppose une analyse précise de votre parcours professionnel. L'exercice consiste en effet à collecter, compiler, agréger, croiser et synthétiser des informations sur vos missions passées et actuelles ainsi que sur celles qui correspondent au poste convoité. Cette sélection minutieuse de données doit ensuite déboucher sur une série de compétences qui se décline en savoirs (connaissances), savoir-faire (compétences opérationnelles) et savoir-être (compétences comportementales).

Partant, nous vous suggérons de remplir deux tableaux respectivement intitulés « Postes occupés » et « Poste visé ».

Postes occupés			
Missions	Compétences acquises		
	Savoirs	Savoir-faire	Savoir-être

Poste visé			
Missions	Compétences attendues		
	Savoirs	Savoir-faire	Savoir-être

1. Afin de mener à bien ce travail, voici la liste des outils qu'il conviendra de réunir :
votre curriculum vitæ ;
les deux ou trois derniers procès-verbaux issus de l'entretien annuel d'évaluation ;
la fiche de poste de l'emploi occupé ou, à défaut, le statut particulier de votre grade actuel ;
le statut particulier du grade à pourvoir (Bibliothécaire assistant spécialisé de classe normale) ;
le *Répertoire interministériel des métiers de l'État* (*RIME*) ;
le *Répertoire des métiers de l'enseignement supérieur* (*REME*) ;
le *Bibliofil'* (référentiel de la filière bibliothèque) ;
le *Référentiel des emplois et des compétences* (BnF) ;
le *Referens* (référentiel de la filière ITRF – BAP F).

Ce procédé vous aidera alors à tirer les enseignements utiles pour organiser la stratégie de votre rapport. Les dénominateurs communs aux deux tableaux pourront servir notamment à légitimer votre candidature. En les mettant en avant au fil de votre exposé, vous attesterez que vous possédez sinon la plupart, du moins l'essentiel des qualités que requiert le grade à pourvoir. À l'inverse, vous prendrez appui sur les dissemblances pour expliquer en conclusion que votre capacité d'adaptation vous permettra d'acquérir les compétences manquantes. En quelque sorte, vous devrez confirmer aux examinateurs votre détermination à assumer les futures fonctions.

f. Annexes au rapport d'activités

Comme indiqué dans le dossier RAEP ainsi que dans son guide de remplissage, vous pourrez présenter deux **actions** ou deux **documents/travaux** au maximum réalisés au cours de vos activités qu'il vous paraîtrait pertinent de porter à la connaissance du jury. Au fond, les annexes permettront d'illustrer et de faire clairement ressortir vos qualités professionnelles. Si facultatif soit-il, nous vous conseillons de vous atteler à cet exercice pour accréditer la compatibilité entre votre profil et les compétences recherchées[1].

Les actions

La notion d' « action » s'entend ici comme le récit d'une expérience professionnelle. Si vous choisissez de relater une ou deux actions, il vous est suggéré de suivre la chronologie suivante :

– la situation à traiter ;

– le processus d'élaboration de la réponse à la situation ;

– les objectifs à court, moyen et long termes ;

– l'action menée ou proposée ;

– les résultats obtenus.

Les documents/travaux

S'agissant des documents/travaux susceptibles d'être présentés, ils peuvent être de nature très variée : note, fiche, lettre, rapport, dossier préparatoire d'une réunion, compte rendu, circulaire, relevé de conclusion, mémoire en défense, guide méthodologique, supports de communication (affiche, plaquette, ordre du jour d'une réunion, etc.), organisation de réunions, négociation auprès de prestataires privés, bons de commande, etc.

Il conviendra de les choisir non pas en fonction de leur épaisseur ou de leur format, mais pour leur pertinence et leur caractère récent. Par ailleurs, vous veillerez à ne pas alourdir le dossier inutilement en y joignant des documents trop volumineux (5 pages au maximum par document), et à supprimer toute référence nominative à une personne autre que vous-même.

Chaque document pourra, en outre, être accompagné d'un descriptif de deux pages maximum, obligatoirement dactylographié, afin d'aider le jury à analyser et contextualiser au mieux les fonctions que vous avez exercées et les compétences que vous maîtrisez. Vous devrez lui apporter des informations qui expliqueront le type de travail choisi, le nombre de pages du document et la nature des missions et des qualités que vous estimez attester à l'aide du document.

---

1. Exemples de compétences recherchées :

– Qualités rédactionnelles

Support : lettre, note, publication professionnelle, etc.

Compétences : communication administrative, maîtrise de l'écrit, etc.

– Maniement de l'outil informatique

Support : document Word, présentation Powerpoint, tableau Excel, etc.

Compétences : maîtrise bureautique, logicielle, etc.

– Sens de l'organisation

Support : procédures, plannings, calendriers, organigrammes, etc.

Compétences : gestion du temps, force de proposition, conduite de projets, etc.

– Capacités à encadrer une équipe

Support : emploi du temps, plannings, logiciel de congés, procédures, etc.

Compétences : sens relationnel, organisation du travail, gestion de conflits, etc.

– Qualités pédagogiques

Support : procédures, fiches, didacticiel, etc.

Compétences : capacité relationnelle, à transmettre, à former, à synthétiser, etc.

Avant de commencer la rédaction de chaque descriptif, il vous est enfin suggéré de vous poser plusieurs questions :

– La finalité du document choisi → *Réfléchissez à son objet, son but ou son objectif. Est-ce un document préparatoire, un document d'information, de consultation, d'explication ?*

– La procédure dans laquelle le document s'inscrit → Ce document a-t-il un fondement législatif, réglementaire ?

– Le fait générateur du document → Quel a été le commanditaire de votre production ? Ce document répond-il à une demande écrite/orale d'un usager ou d'un chef de service ? A-t-il été produit à votre initiative ?

– Les procédures et démarches préalables à la production de votre document → Avez-vous été amené à consulter des services ? Sous quelles formes ? Avez-vous dû effectuer des recherches documentaires, juridiques ? Sous quelles formes ? Avez-vous dû expertiser des textes de droit, organiser des réunions ? Selon quelles modalités ? Avez-vous été amené à vérifier des pièces de dossier ?

– Les contraintes éventuelles liées à la production de votre document → *Aviez-vous eu des délais à observer, des consultations préalables obligatoires (organismes, administrations), à tenir des commissions ?*

– Les modalités d'élaboration du document → *Quel travail de réflexion et de rédaction son élaboration a-t-il représenté ? Avez-vous dû prendre en compte un texte réglementaire plus ancien, un rapport, un bilan, etc. ? Est-il le résultat d'un travail personnel ou d'équipe ? Dans ce cas, vous préciserez la part personnelle que vous aurez prise à l'élaboration du document. A-t-il été précédé d'une saisie informatique nécessaire, par exemple pour l'établissement d'un bilan d'évaluation, etc. ?*

– La ou les suites données à votre document → À l'issue de sa production, votre document a-t-il été validé ? Mis à la signature d'une autorité hiérarchique ? (Précisez laquelle). Publié ? Diffusé ? Sur quel périmètre ? Peut-être a-t-il donné lieu à un enregistrement, un classement, une mise en paiement, une inscription à l'ordre du jour d'une commission.

g. Modalités pratiques

En vue de l'épreuve orale, les candidats admissibles transmettront leur dossier de reconnaissance des acquis de l'expérience professionnelle au ministère de l'Enseignement supérieur à une date fixée dans l'arrêté d'ouverture du concours. Ce dossier – dupliqué en quatre exemplaires – devra être retourné par voie postale en recommandé simple à l'adresse suivante :

Direction générale des ressources humaines
Bureau des concours DGRH D5
72, rue Regnault
75243 Paris CEDEX 13

Le modèle de dossier est disponible en téléchargement sur le site du ministère de l'Enseignement supérieur. Les candidats sont invités à remplir les documents sans chercher à transformer ni leur forme, ni leur contenu. Certes, l'exercice n'est pas noté, mais les examinateurs disposeront de ce dossier pour la conduite de l'entretien. Dès lors, il est illusoire de croire que le travail réalisé n'aura aucun impact sur l'évaluation et sur la décision finale. Il est donc vivement conseillé de renseigner les champs proposés avec soin, rigueur et précision.

L'épreuve

1. Principes généraux de l'épreuve

Les candidats sélectionnés en raison de leurs résultats aux épreuves écrites sont invités à se présenter à l'épreuve orale du concours. Mais à partir de maintenant, les membres du jury souhaitent recueillir des informations indécelables sur le papier : la faculté à dialoguer, l'aptitude à écouter, les qualités humaines et l'ouverture d'esprit. C'est donc sur la base d'un exposé – relatif au parcours vous ayant conduit à concourir – que le jury orientera la conversation. Il notera votre capacité à analyser et à intégrer votre environnement professionnel. Vous devez par conséquent prouver à vos interlocuteurs que vous possédez déjà le potentiel requis pour devenir bibliothécaire assistant spécialisé de classe normale et qu'au final il ne vous manque plus que le « titre ». En un mot, vous devez susciter chez vos auditeurs l'envie de travailler en votre compagnie.

Les membres du jury retiendront principalement quatre critères d'évaluation : l'expression et le comportement ; la compréhension et l'argumentation ; les connaissances et la culture ; la motivation et la personnalité.

Dans son manuel *L'Essentiel de l'épreuve orale : conversation ou entretien avec un jury sur la carrière professionnelle aux concours de la fonction publique*, éditions Gualino, 2003 (collection Les carrés, 2e édition), Aline Nishimata pointe de façon très exacte les enjeux de l'épreuve :

Exercice de communication qui permet :	– d'apprécier	– les qualités et les défauts du candidat – ses ressources humaines – sa valeur professionnelle et intellectuelle – ses potentialités – les traits essentiels de sa personnalité – son adéquation à la fonction publique – son aptitude à analyser et gérer les situations, à prendre des initiatives et à mesurer les risques dans les prises de décision délicates
	– d'évaluer	– les connaissances administratives et la culture du candidat
	– de connaître	– sa capacité d'adaptation
	– de juger de	– l'intérêt qu'il porte au service public – ses motivations
	– de découvrir	– certains aspects comportementaux (présentation attitude, élocution…)

Vous noterez par ailleurs qu'avec un coefficient de « 4 » en externe et de « 2 » en interne, l'oral reste une étape cruciale du concours. Mais, comme pour la plupart des systèmes de sélection opérés dans la fonction publique, les points attribués lors de l'admissibilité viennent s'ajouter aux résultats obtenus au cours des épreuves écrites. De fait, il est parfois très difficile aux candidats sélectionnés de rattraper leur retard alors même qu'ils se sont livrés à une prestation orale des plus remarquables. Au final, cette réflexion confirme l'idée selon laquelle les épreuves sont toutes indissociables !

Le jury quant à lui se compose principalement – voire exclusivement – de professionnels de bibliothèques[1(1)]. Vous allez donc être confronté(e) à trois personnes bien renseignées sur les spécificités et l'actualité du métier. Par conséquent, l'épreuve orale nécessite – comme l'ensemble des épreuves décrites auparavant – une sérieuse préparation pour parvenir à convaincre son auditoire. S'entraîner consciencieusement à l'entretien comporte bien des avantages et notamment celui qui consiste à canaliser un stress bien compréhensible. En effet, bien que la préparation n'annihile pas complètement la tension, elle a le mérite de ne pas en ajouter, pour le moins.

Enfin, les tests d'admissibilité se déroulent souvent en trois phases distinctes : la présentation du candidat (concours interne) ou le commentaire d'un texte tiré au sort (concours externe), les réponses aux questions posées et l'étude de cas. Nous avons donc souhaité aborder chacune de ces étapes avec les éléments de connaissance glanés ici et là.

2. Concours interne

Selon les textes officiels, l'épreuve orale se décline comme suit : « Entretien avec le jury visant à apprécier les aptitudes et la motivation du candidat à exercer les fonctions d'un bibliothécaire assistant spécialisé de classe normale ainsi qu'à reconnaître les acquis de son expérience professionnelle ».

L'épreuve d'entretien est organisée sur une durée moyenne de 25 minutes. Les cinq premières sont consacrées à la **présentation du candidat** tandis que le reste du temps imparti est consacré à formuler des **réponses aux questions posées par les jurés** qui auditionnent. Point d'orgue de la conversation, les membres du jury s'attachent désormais à simuler une situation professionnelle – appelée **étude de cas** – dans laquelle le candidat occupe une des fonctions dévolues à l'assistant des bibliothèques. Sans être dans la confidence des examinateurs, nous pouvons imaginer que le programme est aménagé selon les fourchettes suivantes :

Présentation du candidat	Questions / Réponses	Étude de cas
5 minutes	15 minutes	5 minutes

1. La présentation du candidat

En entrant dans la salle d'entretien, vous saluerez les membres du jury qui ne manqueront pas de vous inviter à vous asseoir. Ensuite, ils vous demanderont certainement de vous présenter. Dès lors, vous bénéficierez environ de dix minutes de quasi-monologue. L'occasion est donnée de démontrer combien vous possédez l'ensemble des compétences requises pour prétendre à occuper le précieux poste.

Même s'agissant d'une présentation qui vous est très personnelle, vous avez grand intérêt à structurer votre exposé[2]. A l'instar d'une épreuve d'expression écrite, l'oral doit être organisé selon un plan stratégique. Ainsi, au lieu d'être perdu dans un fatras d'informations sibyllines, le jury n'aura aucune difficulté à suivre l'évolution de votre présentation.

Pour commencer et en guise d'introduction, vous devez vous faire connaître. Déclinez vos nom, prénom, âge et situation actuelle. Ensuite, vous pouvez fixer quelques points de repères utiles au jury en annonçant les différentes parties de votre argumentation (« Mon exposé va s'articuler autour de trois axes : … »).

Le développement dépend directement de votre parcours. Vous devez mettre l'accent sur les grandes lignes qui ont trait à vos activités professionnelles. Mais vous devez surtout veiller à confronter vos expériences personnelles aux particularités du titre auquel vous vous destinez. En fait, vous dégagerez

1. Important : le principe de neutralité et d'égalité des chances doit être absolument respecté. Si un examinateur connaît d'une manière ou d'une autre un candidat, et donc possède déjà un jugement sur sa valeur et sa personnalité, il doit le signaler et diriger le candidat vers un autre jury.

2 L'idée consiste aussi à ne pas reproduire le même schéma que ce qui a été exposé dans le dossier RAEP. Au fond, le contenu sera semblable mais l'agencement des idées et les illustrations devront être différents.

PRÉSENTATION PERSONNELLE

Prénom, nom : ....

Âge : ....

Situation actuelle :

– nombre d'années passées à travailler en bibliothèque

– parcours professionnel (« magasinier spécialisé puis magasinier principal » ou « contractuel puis magasinier en chef » ou…)

– situation statutaire du candidat (« magasinier spécialisé », « magasinier principal », « contractuel », « bénévole »)

Annonce du plan de l'exposé :

« J'ai choisi de développer dans un premier temps… et j'aborderai ensuite… »

PRÉSENTATION DE LA BIBLIOTHÈQUE

Intitulé (BnF, BU, SCD, SICD,…)

Organisation fonctionnelle :

– dénomination des directions, des départements et/ou des sections (notions relatives à l'organigramme de la bibliothèque) ;

– préciser votre rattachement à une de ces dénominations.

La bibliothèque en chiffres :

– nombre de personnels ;

– nombre de lecteurs inscrits ;

– nombre d'entrées annuelles ;

– nombre de documents et leur nature (monographies, périodiques, ressources électroniques…) ;

– nombre de prêts à domicile ;

– activité du service de PEB.

Spécificités de la bibliothèque (CADIST, important fonds ancien, restructuration architecturale, site pilote sur un projet bibliothéconomique…)

ACTIVITÉS PROFESSIONNELLES

« À présent, je vais vous présenter mes activités professionnelles qui s'articulent autour de « x » missions principales (pas plus de trois !) : … »

Voici quelques exemples qu'il conviendra d'étayer à l'aide d'arguments bibliothéconomiques et en fonction des particularités de vos missions :

– encadrement des personnels de magasinage (élaboration des plannings, répartition du travail, gestion de conflits…) ;

– accueil des publics (prêt, bureau d'accueil, service de PEB…) ;

– traitement matériel des collections (équipement, restauration des livres…) ;

– activités périphériques (train de reliure, groupe de réflexion sur un chantier, responsable logistique pour la récupération des dons d'ouvrages…).

CONCLUSION ET MOTIVATIONS

Regard objectif sur vos activités (définition de votre rôle, intérêt pour la profession…)

Motivations

Perspectives de carrière

un ensemble de notions liées au rôle et aux thèmes du travail d'un bibliothécaire assistant spécialisé (encadrement de personnes, connaissances de l'univers des bibliothèques, etc.).

Voici à présent les deux cas de figures qui correspondent finalement à deux grandes catégories de candidats internes :

– Vous travaillez ou avez travaillé en bibliothèque

Pour un candidat exerçant déjà des fonctions en bibliothèque, il sera aisé de s'appuyer sur la description de l'établissement dans lequel il travaille. Ce dernier prendra soin de réunir les éléments instructifs utiles à dépeindre l'activité des services (données chiffrées, organisation fonctionnelle, particularités, etc.). Tout aussi important, il insistera sur la place qu'il occupe au sein de cet « échiquier ». L'aspirant devra mettre en valeur son poste de travail et ce quelle que soit la nature des missions effectuées. Le contenu du discours sera ainsi plus positif et plus constructif. Enfin, avec la modestie qui s'impose, le candidat abordera les aspects qui l'ont conduit à exercer d'éventuelles responsabilités ou toute autre proposition qu'il a été amené à formuler pour améliorer le fonctionnement de son service.

– Vous n'avez jamais travaillé en bibliothèque

Les candidats internes issus de secteurs publics différents devront montrer que leurs expériences professionnelles et/ou individuelles ont favorisé le développement de compétences utiles à assumer pleinement leurs futures missions. Leur manque d'expérience en bibliothèque pourrait dans l'absolu les desservir. Il est donc vivement conseillé de faire preuve de curiosité et de prendre contact avec une des bibliothèques dépendant de la fonction publique d'État. Cette démarche, abordée en introduction de cet ouvrage, semble incontournable. Ils pourront ainsi se faire une opinion « de terrain » et discourir concrètement sur les facettes du métier qui correspondent à des points de connaissance bien maîtrisés.

Évidemment, chaque candidat possède une trajectoire bien singulière dont la personnalité, l'éducation et le parcours sont les éléments fondateurs. À ce titre, il est inimaginable de proposer un modèle académique de plan qui soit taillé à la mesure de tous les candidats. D'ailleurs, lors de l'épreuve orale du concours, il est essentiel de faire valoir sa différence, celle qui permettra de l'emporter en cas d'égalité.

La dernière partie de l'oral est une conclusion consistant en un bref exposé des motivations. À l'issue du développement, les membres du jury auront peut-être décelé en vous la vocation à exercer le métier d'assistant des bibliothèques. Ne les décevez donc pas par une « sortie » trop conventionnelle (« j'aime les livres » ou « je suis attiré(e) par le monde des bibliothèques ») ! Il est préférable d'insister sur l'intérêt à servir toujours mieux les publics des bibliothèques, en précisant, au passage, que vous êtes pleinement conscient(e) des difficultés du travail. Et puis, le jury n'étant pas dupe, la sécurité de l'emploi ou l'augmentation de salaire peut être avancée en toute honnêteté. Enfin, n'hésitez pas à donner une ouverture à votre carrière (« la réussite au concours de bibliothécaire assistant spécialisé est un tremplin pour accéder au corps des bibliothécaires »). Vous prouverez ainsi à vos interlocuteurs combien vous souhaitez mener votre avenir professionnel avec dynamisme.

La conception intellectuelle de votre exposé achevée, vous devez à présent vous entraîner. Dans un premier temps, il convient de mémoriser le contenu de votre propos sans nécessairement l'apprendre par cœur. Il faut en effet faire montre d'un minimum de spontanéité pour que le jury n'ait pas l'impression que vous récitez un texte. Dans un deuxième temps, nous vous conseillons d'ajuster la durée de votre intervention en vous chronométrant. Mais n'oubliez pas un paramètre important : le lieu commun du stress engendre souvent une modification de notre débit de parole. Pour finir, demandez à un proche peu renseigné sur vos activités professionnelles de vous auditionner. Si ce dernier n'est pas parvenu à saisir les « subtilités » de votre discours, alors, il est probable que vos arguments manquent de clarté ou de précision. Dans tous les cas, n'hésitez pas à confronter votre discours à la critique d'un tiers et à la moduler en fonction de celle-ci !

2. Les réponses aux questions des jurés

Les ultimes questions qui vous seront posées en marge ou en deçà de votre exposé ont pour but de confirmer vos connaissances bibliothéconomiques. Il arrive souvent – et c'est plutôt une aubaine ! – que les membres du jury, nourris par le contenu de votre présentation, vous interrogent sur ce que vous êtes censé(e) maîtriser. Peut-être avez-vous suscité l'intérêt ou la curiosité de vos interlocuteurs ? Peut-être n'ont-ils pas cerné toutes les facettes de vos activités ? Peut-être aussi veulent-ils avoir des compléments d'information ? Peut-être encore souhaitent-ils s'assurer que votre discours est honnête et qu'il correspond à une réalité de terrain ? Peut-être enfin avez-vous délibérément ouvert une porte aux jurés (sigles non développés, concept professionnel peu argumenté…) ? Quelles que soient les raisons pour lesquelles ils s'appuient sur votre monologue, vous devez savoir répondre, sans exclusive, aux questions ou aux demandes de précision dont vous faites l'objet.

S'agissant des connaissances plus générales, l'étendue et la diversité de l'interrogatoire, l'obligation de répondre rapidement et avec pertinence et la nécessité de faire face à l'imprévu confèrent à l'exercice de nouvelles difficultés. Le but de notre démonstration n'a pas pour ambition d'aborder les différentes lignes du programme. Nous « abandonnons » donc les candidats à leurs révisions assidues en leur proposant un dictionnaire bibliothéconomique et un répertoire des sigles en fin d'ouvrage. Par contre, nous souhaitons vous apporter quelques conseils méthodologiques sur des situations psychologiquement délicates. En butte à une question posée, plusieurs cas de figures se présentent à vous :

a. Vous savez répondre à la question

Ne vous lancez pas à corps perdu dans la réponse. Accordez-vous un instant de concentration pour bien formuler votre propos sans rechercher pour autant la perfection.

b. Vous manquez de certitudes sur la réponse à apporter

Tentez votre chance en notifiant les réserves d'usage (« Cela mériterait confirmation, mais il me semble… »). Mais soyez modéré sur le contenu de la réponse qui, au passage, ne doit pas revêtir un caractère fantasque.

c. Vous avez un trou de mémoire

Vous pouvez demander un délai de réflexion. Ce sursis écoulé, il faudra tout de même « rendre les armes ». Mais si, au fil de l'entretien, la solution revenait à votre bon souvenir, vous pouvez interpeller les jurés pour demander l'autorisation de formuler votre réponse.

d. Vous n'avez pas compris la question

N'hésitez pas à demander poliment à votre interlocuteur de répéter la question.

e. Vous ne connaissez pas la réponse à la question

Vous pouvez avouer franchement à l'auditoire votre méconnaissance du sujet. Il est rare qu'un candidat bien préparé se fasse « épingler » sur plusieurs domaines des connaissances. Reprenez donc vos esprits et concentrez-vous sur les questions à venir.

En tout état de cause, le candidat ne doit pas montrer trop d'émotivité aux membres du jury. Il ne donnera pas le sentiment d'être déstabilisé ou trop impressionné face à la difficulté de l'épreuve. Il doit toujours garder en mémoire qu'un bibliothécaire assistant spécialisé de classe normale aura peut-être à encadrer une dizaine de magasiniers spécialisés. De fait, on attend de lui qu'il ne panique pas, mais qu'au contraire il garde son sang-froid en toutes circonstances.

Enfin, si l'on s'en tient aux constats des rapports de jury du concours, force est de constater que les diplômes ne sont pas un gage de réussite. En effet, chez les externes, les candidats surdiplômés sont souvent embarrassés par des questions portant sur la pratique professionnelle. Ces candidats, n'ayant pas pris soin de rencontrer des professionnels de bibliothèques ou de visiter des établissements, ont du mal à convaincre les jurys du concours.

3. Les mises en situation professionnelle

Ces exercices reviennent à simuler des situations professionnelles plus ou moins complexes afin de placer le candidat devant le fait accompli. L'objectif recherché consiste principalement à évaluer son aptitude à exercer le métier de bibliothécaire assistant spécialisé.

Le candidat va une nouvelle fois faire preuve d'esprit d'analyse et de synthèse pour formuler des solutions réalistes. Face aux contraintes présentées par les membres du jury, il doit évaluer la situation et examiner les différents scénarios possibles. Ensuite, il aura à construire son argumentation en s'impliquant personnellement dans la résolution du cas pratique. Ce genre de question – vous l'avez compris – nécessite un temps de réflexion. Il est donc urgent de ne pas précipiter sa réponse !

La forme des études de cas pourrait s'apparenter à ces quelques exemples :

– Vous êtes affecté(e) dans une bibliothèque et chargé(e) de l'encadrement de vingt magasiniers, tous plus âgés que vous. Comment comptez-vous vous imposer à eux ?

– Quelle attitude adopteriez-vous face à un conflit d'intérêt entre deux magasiniers que vous êtes chargé(e) d'encadrer ?

– Vous devez élaborer le planning hebdomadaire des magasiniers. Comment allez-vous procéder pour réaliser cet objectif ?

– Votre supérieur hiérarchique vous propose de réorganiser le travail d'équipement des collections, travail dévolu aux magasiniers. Quelles mesures souhaiteriez-vous prendre ?

– La bibliothèque où vous êtes affecté(e) envisage de réaliser un désherbage des collections. Quelles missions pensez-vous pouvoir confier aux magasiniers que vous encadrez ?

– Quelles contributions pourriez-vous apporter au sein de l'équipe chargée de mener la réflexion relative à la réorganisation du magasin de votre bibliothèque ?

– Comment concevriez-vous votre participation dans un dispositif de formation des utilisateurs à la méthodologie de recherche documentaire ?

– Quel pourrait être votre rôle en matière de sécurité incendie et d'assistance aux personnes ?

– Quelles seraient selon vous les mesures à prendre en cas d'inondation d'une partie de votre bibliothèque ?

3. Concours externe

L'épreuve orale se décline comme suit : « Entretien avec le jury, à partir d'un texte ne pouvant excéder deux pages, portant sur les bibliothèques, leur organisation, leur fonctionnement, les services offerts aux publics ».

L'épreuve est organisée sur une durée de 50 minutes dévolues pour moitié à la préparation d'un commentaire de texte et pour autre moitié à l'entretien devant le jury. Les 10 premières minutes de l'entretien sont réservées au **commentaire d'un texte tiré au sort** tandis que le reste du temps imparti est consacré à formuler des **réponses aux questions posées par les jurés.** À l'instar du concours interne, il ne fait pas de doute que les membres du jury s'attacheront à simuler une situation professionnelle ou **étude de cas**.

Préparation	Commentaire de texte	Questions / Réponses	Étude de cas
25 minutes	10 minutes	10 minutes	5 minutes

1. Le commentaire d'un texte tiré au sort

L'entretien avec le jury, à partir d'un texte de portée bibliothéconomique ne pouvant excéder deux pages consiste à dégager les points qui ont présidé à sa rédaction. En aucun cas, le candidat ne devra reprendre mot à mot les termes du texte ; il lui faudra à l'inverse reformuler les grandes idées défendues par son auteur. Les examinateurs apprécieront la pertinence de l'analyse, l'esprit de synthèse, les connaissances sur le sujet, les exemples concrets et, bien entendu, la qualité linguistique de l'exposé. En outre, ils attendront un commentaire de texte structuré, assorti du regard personnel et critique du candidat. Ce dernier ne devra donc pas craindre d'exprimer ses opinions avec sincérité.

Avant d'aborder les éléments de méthode, il est important d'appréhender le déroulement de l'épreuve. Après que vous aurez émargé une feuille de présence, un huissier vous priera de tirer au sort un document qui constituera désormais le sujet de votre réflexion. Ensuite, cette même personne vous amènera jusqu'à la salle où vous plancherez durant 25 minutes. Vous ne serez pas autorisé(e) à annoter le texte[1] mais disposerez de feuilles de brouillon pour inscrire vos idées. Ce délai écoulé, l'huissier vous conduira devant les examinateurs pour une soutenance orale. Au cours de votre prestation, le jury se réserve enfin la possibilité de poser quelques questions afin de clarifier certains arguments.

Le commentaire de texte obéit à une méthode qui lui est propre. Pour construire votre exposé, il vous faudra dans un premier temps questionner le document pour en dégager la problématique. Autrement dit, il conviendra d'extraire les principales thèses, de les hiérarchiser et d'en comprendre les enjeux. Dans un second temps, vous concevrez un plan qui sera le support à votre intervention. Celui-ci est impératif car il vous permettra de regrouper vos idées et d'ordonner les informations que vous souhaitez faire partager. Le commentaire de texte comportera une introduction, deux parties de développement tout au plus et une conclusion.

– L'**introduction** servira à présenter la nature du document (article de presse, extrait d'une étude, etc.), le sujet abordé, les quelques éléments de contexte connus (auteur, date de publication, etc.) et le plan de l'allocution.

– Les **parties du développement** consisteront à présenter avec objectivité les thèses soutenues par l'auteur. Il est vivement recommandé d'enrichir le commentaire par des apports plus personnels. Vous pouvez notamment illustrer votre propos par des exemples concrets qui témoignent combien vous maîtrisez le sujet. De même, vous pouvez établir des

1 Afin de servir par la suite à d'autres postulants, le support d'étude est en règle générale plastifié.

Ultimes recommandations

- S'agissant d'un exercice de culture professionnelle, il convient d'insister sur l'absolue nécessité pour le candidat de connaître l'actualité des bibliothèques et de leur environnement. Afin de compléter ses connaissances, nous l'encourageons à lire régulièrement les articles de presse professionnelle, à visiter les principaux sites institutionnels sur Internet et à se rendre dans des établissements documentaires qu'il n'a pas l'habitude de fréquenter.
- Pour mener avec brio cette entreprise, le postulant doit également s'entraîner à commenter un texte dans un délai imparti.
- Il n'est pas obligatoire de suivre *stricto sensu* la structuration intellectuelle du texte. Il est au contraire préférable de personnaliser l'agencement des idées.
- Le candidat ne saurait se limiter à une lecture de ses notes. Il devra impérativement rentrer en communication avec les membres du jury pour mieux capter leur attention.
- Le propos doit être mesuré et respectueux afin de ne pas heurter la sensibilité des examinateurs.

parallèles ou des comparaisons avec ce qui se passait avant ou ce qui se fait ailleurs. Enfin, vous êtes invité(e) à livrer votre opinion, toujours de manière modérée et nuancée.

– La **conclusion** sera une synthèse les idées développées plus haut. N'oubliez cependant pas d'élargir le débat, d'émettre des réserves si elles vous semblent utiles et/ou de relier le texte à votre expérience.

2. Les réponses aux questions des jurés

Se référer aux informations contenues dans la partie « Concours interne ».

3. Les mises en situation professionnelle

Se référer aux informations contenues dans la partie « Concours interne ».

Techniques et conseils pratiques pour l'oral

L'entretien avec des jurés est organisé dans le but d'évaluer votre potentiel à exercer le métier de bibliothécaire assistant spécialisé pour les trente à quarante années à venir. C'est dire qu'ils n'espèrent pas se tromper dans leurs choix ! Partant du principe que « tout ce que vous direz ou ferez sera retenu pour ou contre vous », nous vous engageons à réfléchir à ces derniers conseils.

Pour commencer, il faut se rendre à l'évidence : « l'image précède toujours le discours ». En effet, votre démarche et votre tenue vestimentaire sont les toutes premières impressions que vous laissez aux membres du jury. Si évident que cela puisse paraître, une tenue digne et soignée démontre le respect accordé aux personnes que vous vous apprêtez à rencontrer. La norme en la matière est simplement affaire de bon sens. En somme, le jury ne doit en aucun cas se sentir provoqué par votre suffisance ou votre arrogance.

Il est d'usage de penser que la communication passe uniquement par la parole. Mais en réalité, il existe un mode de communication inconscient et non moins insoupçonné : le langage non verbal. Principalement caractérisé par la posture, la gestuelle et les expressions du visage, le langage « silencieux » témoigne de votre personnalité cachée. En voici quelques facettes :

– **La posture** doit être le prolongement de ce que vous dites. À votre avis, quel crédit pourrait-on accorder à un candidat qui s'avachirait sur sa chaise ou affronterait le jury les bras croisés ? L'entretien n'en serait qu'improductif. Vous êtes de fait invité(e) à adopter une attitude verticale, détendue, mais stable… en un mot, une stature empreinte de dignité. L'idéal en la matière reste d'ouvrir la posture en disposant vos mains sur la table, prêtes ainsi à soutenir par le geste votre discours.

– **Les gestes** qui accompagnent la parole ont souvent pour effet d'accentuer le contenu d'un message. Ils traduisent tout à la fois votre désir de communiquer, votre assurance, vos convictions et renforcent le côté émotionnel de vos propos. Ces signes ne doivent pas être retenus ; chaque geste doit être assumé. Pour autant, il serait inopportun de parasiter le message par une gestuelle caricaturale. Tout est donc affaire de dosage !

– **Les expressions du visage** passent en premier chef par le regard. D'emblée, nous sommes animés par une certitude : il est primordial que vous vous efforciez de regarder à tour de rôle chacun des membres du jury. C'est en effet une marque de respect que de s'adresser à toutes les personnes qui se trouvent en face de vous. Lorsqu'un juré vous pose une question, vous devez évidemment figer votre regard sur ce dernier pour montrer que vous êtes attentif à son intervention. Par contre, votre réponse est susceptible d'intéresser l'ensemble de l'assistance. Nous vous conseillons donc vivement de croiser le regard de tous vos examinateurs. Ce réflexe comporte par ailleurs un double avantage : il vous permettra d'une part de maintenir l'attention de l'auditoire et d'autre part de percevoir les réactions de ceux qui vous écoutent.

Le sourire, signe d'ouverture, de convivialité et de disponibilité, reste également un bon moyen de gagner la bienveillance des jurés. À l'occasion de votre entrée dans la salle d'examen et alors que vous saluez ses occupants, il est bienvenu de sourire ; vous manifestez ainsi que vous êtes heureux de rencontrer vos auditeurs et que vous attendez beaucoup de l'entretien. Face à la gravité du moment, nous convenons qu'il est difficile d'improviser un état d'esprit joyeux. Mais un sourire permettra d'insuffler une humeur positive à ces instants solennels.

Lors d'un exercice d'expression écrite, le candidat, pour matérialiser l'organisation de son développement, s'efforce d'aérer sa copie par des espaces et des sauts de ligne. À l'oral, la pause de respiration est une tactique analogue. Nombreux sont les candidats qui, sous le coup de l'émotion, « débitent » à un rythme effréné leur exposé. Ces situations inconfortables souffrent d'un double inconvénient : le locuteur risque d'en perdre son souffle et les auditeurs de ne pas comprendre la teneur du discours. Le candidat doit par conséquent afficher un « semblant » de sérénité en contrôlant ses nerfs, son argumentation, sa voix et sa respiration.

Enfin, quelques mois peuvent s'écouler entre les épreuves écrites d'admissibilité et l'éventuelle convocation à l'épreuve d'admission. Il serait présomptueux de croire que les connaissances assimilées au cours de la première échéance constituent des acquis suffisants pour l'emporter à l'occasion de la seconde. Ne relâchez donc pas vos efforts de révision... Long est le chemin qui mène à votre réussite !

2. Extraits des rapports de jurys de concours

Concours 2001 à 2006

Les commentaires portant sur l'épreuve d'admission sont issus des rapports du jury du concours d'assistant des bibliothèques des sessions 2001-2006. Les extraits présentés restent très instructifs et viennent confirmer les points essentiels d'organisation de l'entretien (présentation personnelle, réponses aux questions d'ordre bibliothéconomique et mise en situation professionnelle).

> Chacun des entretiens est conduit avec l'aide d'une grille... comportant des indicateurs d'évaluation.
>
> Il commence par une courte présentation du candidat expliquant son parcours professionnel et/ou personnel (notamment pour les externes), ainsi que ses motivations à exercer ce métier.
>
> Le jury évalue ensuite les connaissances professionnelles en variant les questions, dans les limites du programme du concours (administration, bibliothéconomie, informatique).
>
> La résolution de cas pratiques est systématiquement proposée, afin de tester l'aptitude des candidats à réagir avec bon sens aux divers problèmes quotidiens qui peuvent survenir dans la vie d'une bibliothèque ou dans la gestion d'une équipe. Le jury est également sensible à l'ouverture d'esprit des candidats et s'efforce d'estimer leur capacité à évoluer au cours de leur future carrière.

1. Concours 2001

Concours interne

Le niveau des candidats a été jugé dans l'ensemble tout à fait satisfaisant par le jury. On note cependant une tendance à ne pas être suffisamment synthétique dans l'exposé de départ. Le jury a parfois aussi éprouvé des difficultés à faire sortir le candidat d'un discours convenu. Deux écueils sont à éviter, dont le premier est une connaissance insuffisante de l'environnement professionnel et de l'établissement où l'on travaille - certains candidats paraissent ne jamais sortir de leur service. À l'inverse, les brassées de chiffres parfois mal maîtrisés concernant l'établissement de fonction ne constituent pas forcément une preuve de savoir bibliothéconomique. Le jury a apprécié davantage les capacités d'adaptation du candidat au cours de sa carrière, et ses aptitudes à évoluer. Les réponses des candidats aux interrogations techniques sont correctes et n'appellent pas de commentaire particulier.

Concours externe

Les candidats savent en général se présenter, et maîtrisent l'expression orale ... Pour ce qui est de l'exposé proprement dit, comme pour les candidats internes, il faut rappeler que la présentation doit être synthétique, et que seuls les éléments strictement professionnels concernent le jury. La catégorie de ce qu'il est convenu d'appeler les «faux externes», souvent des contractuels qui exercent déjà des fonctions en bibliothèque, est notable. Conjuguant une bonne habitude du milieu professionnel et les connaissances adéquates, ces candidats sont évidemment les plus favorisés. Parmi les «vrais» externes, beaucoup possèdent des expériences professionnelles variées susceptibles d'enrichir le métier d'assistant auquel ils prétendent.

Concours de recrutement d'assistants des bibliothèques : session 2001, Claudine LIEBER, Paris, Inspection générale des bibliothèques, 2001.

2. Concours 2002[1]

Concours interne

Le jury a noté une amélioration du contenu des présentations orales, généralement mieux maîtrisées que lors du concours précédent. Les candidats ont moins tendance à dériver sur le fonctionnement détaillé de l'établissement où ils travaillent. Mais l'exercice (dont on rappelle qu'il se déroule sans le secours d'un texte de référence écrit) est encore parfois trop stéréotypé. Le candidat doit chercher à montrer qu'il possède des capacités qui lui sont propres, et à se différencier de ses collègues.

Pour la suite de l'entretien, une bonne connaissance de l'environnement professionnel est nécessaire : il convient d'avoir une vision globale de la bibliothèque où l'on exerce, mais de faire preuve aussi de curiosité envers les autres établissements, même de type et de statut différents. Lors de la préparation au concours, les visites d'autres bibliothèques sont d'ailleurs à conseiller. Les réponses des candidats aux interrogations techniques dénotent parfois de faibles notions dans les matières administratives (statuts, tutelles, institutions...). De manière générale, il a fallu contrarier leur tendance à revenir, pour toute question posée, au fonctionnement de leur établissement, matière dans laquelle ils se sentent plus à l'aise, mais qu'ils doivent pouvoir dépasser. Le jury, conscient que les fonctions d'assistant comportent presque obligatoirement une part d'encadrement de personnel, a plus particulièrement apprécié les qualités de dynamisme et les capacités d'adaptation du candidat à des activités différentes de celles exercées au moment de l'entretien.

Concours externe

Les candidats savent en général se présenter, et maîtrisent l'expression orale... Ils font souvent preuve de beaucoup de motivation et de vivacité. Curieusement, leur connaissance du métier et des bibliothèques a presque paru parfois plus précise que chez les candidats internes...

1. *Concours de recrutement d'assistants des bibliothèques* : session 2002, Claudine Lieber, Paris, Inspection générale des bibliothèques, 2002.

3. Concours 2004[2]

Concours interne

Les présentations orales, généralement bien maîtrisées, ont donné le sentiment d'avoir été dans l'ensemble l'objet d'une préparation sérieuse (on rappellera au passage que l'épreuve se déroule sans le secours d'un texte de référence écrit). Les candidats savent maintenant être concis, sans se livrer à une description trop analytique de leurs fonctions passées ou présentes, et de l'établissement où ils travaillent. Il leur faut simplement veiller à ne pas tomber dans l'excès inverse, celui d'un exposé fait au moule...

Dans la suite de l'entretien, le jury a posé systématiquement des questions sur les différents domaines du programme, de manière à apprécier la solidité des connaissances professionnelles des candidats, mais aussi leur curiosité d'esprit sur tout ce qui touche au métier, aux bibliothèques, à leur public et leur environnement... Tout ce qui a trait aux bibliothèques territoriales, ou aux questions d'actualité touchant le fonctionnement des bibliothèques en général ne paraît pas très familier, au point même de produire des réponses surprenantes.

Par contre, les candidats sont souvent plus à l'aise lorsque le jury leur demande de se confronter à des situations usuelles dans l'exercice de leur futur métier.

Concours externe

Les différences avec les candidats internes tendent à s'estomper, dans la mesure où une bonne partie des

2. *Concours de recrutement d'assistants des bibliothèques* : session 2004, Claudine Lieber, Paris, Inspection générale des bibliothèques, 2004.

admissibles est constituée de ce qu'il est convenu d'appeler les « faux externes », souvent des contractuels déjà en fonction dans les bibliothèques ou des personnels de catégorie C qui ne réunissent pas encore les conditions nécessaires pour se présenter au concours interne. Les candidats provenant vraiment de l'extérieur ont la plupart du temps fait l'effort d'effectuer un stage, même court, en bibliothèque. Le jury dans ce cas, a davantage orienté ses questions sur l'expérience préalable du candidat et ses motivations, tout en sondant les connaissances bibliothéconomiques, parfois assez faibles.

Les mises en situation, qui relèvent dans bien des cas de l'encadrement d'une équipe, font souvent appel à des notions de gestion des ressources humaines, et ne devraient pas poser trop de difficultés aux « vrais » externes...

4. Concours 2006[1]

Concours interne

Les candidats connaissent maintenant les règles de l'exercice.

Les présentations orales, généralement bien maîtrisées, sont sérieusement préparées, mais on n'oubliera pas qu'elles doivent respecter le temps imparti. Indiquer le plan de l'exposé permet de le rendre plus clair. Cette partie de l'entretien oral devrait être considérée comme un moment où le candidat a la possibilité d'accrocher l'attention du jury, de se différencier... L'exposé doit donc être autant que possible vivant, le candidat essaiera d'éviter la récitation monocorde, et de préserver une part de spontanéité et d'enthousiasme. L'intérêt de ce début d'entretien est aussi de fournir des pistes au jury pour formuler ensuite des questions.

Dans la suite de l'entretien, le jury a tenté d'estimer la solidité des connaissances professionnelles des candidats en variant les questions posées... Le but est aussi, au-delà de la « bonne réponse » attendue, de voir si la personne interrogée est capable d'une réflexion personnelle sur le sujet, peut en développer les tenants et aboutissants, éventuellement sous forme de problèmes posés et de solutions à adopter. L'ouverture et la curiosité d'esprit sur tout ce qui touche au métier, aux bibliothèques, à leur public et leur environnement sont également des qualités appréciées par le jury.

Quant aux réactions des candidats sur les mises en situation, au cours desquelles on leur demande de résoudre un problème concret, elles sont en général révélatrices du sens pratique et de l'esprit logique du candidat.

Concours externe

Les mêmes remarques s'appliquent au concours externe. Les différences entre candidats internes et externes tendent en effet à s'estomper, dans la mesure où une bonne partie des admissibles est constituée de ce qu'il est convenu d'appeler les « faux externes », souvent des contractuels déjà en fonction dans les bibliothèques, surtout universitaires, ou des personnels de catégorie C qui ne réunissent pas encore les conditions nécessaires pour se présenter au concours interne. Les candidats provenant vraiment de l'extérieur sont donc devenus rares. Le jury, dans ce cas, a davantage orienté ses questions sur l'expérience préalable du candidat et ses motivations, tout en sondant les connaissances bibliothéconomiques, parfois un peu plus faibles.

Les mises en situation, qui ne relèvent pas forcément de connaissances professionnelles approfondies, mais demandent plutôt de faire preuve de réflexion et d'un bon jugement, permettent souvent aux candidats externes de montrer leurs qualités personnelles, et leur aptitude à encadrer une équipe.

Dans le cadre d'un oral de concours, les différents rapports de jury concluent de la sorte :
« De façon générale le jury souhaite rappeler à tous les candidats qu'ils doivent éviter d'employer un langage trop familier... »

1. Concours de recrutement d'assistants des bibliothèques : session 2006, Claudine Lieber, Paris, Inspection générale des bibliothèques, 2006.

« … ils doivent soigner leur manière de se présenter… »
« … et respecter les règles courantes de la politesse. »

Pour compléter l'ensemble de ces informations, nous vous conseillons de consulter par ailleurs les rapports de jury de « Examen professionnel pour l'accès au grade de bibliothécaire assistant spécialisé de classe exceptionnelle » publiés par l'Inspection générale des bibliothèques[1]. L'examen professionnel – permettant aux assistants des bibliothèques d'accéder à un grade supérieur – est constitué d'une épreuve unique : un entretien dont les caractéristiques sont semblables à celle de l'épreuve d'admissibilité du concours qui nous intéresse aujourd'hui. Édités de 2001 à 2012, ces rapports constituent une source d'enseignement complémentaire utile pour recenser mieux encore les aspirations des membres du jury.

1. Ces rapports figurent sur le site de l'IGB à l'adresse suivante : http://www.education.gouv.fr/pid79/i.g.b.-inspection-generale-des-bibliotheques.html

Conclusion générale

Seulement trois épreuves séparent les candidats de la réussite au concours d'assistant des bibliothèques. Mais ce sont finalement de nombreuses heures d'investissement personnel qui conduisent les lauréats à embrasser le métier.

Les exercices proposés restent effectivement très fastidieux et forcément très sélectifs.

Le **cas pratique** permet de tester la capacité du candidat à s'adapter à des évènements particuliers. Cette épreuve révèle par ailleurs son aptitude au raisonnement logique.

Le **questionnaire** favorise le contrôle des connaissances relatives à l'environnement professionnel.

Enfin, l'**entretien avec un jury**[1] est une sorte de synthèse et de confirmation des deux épreuves précédentes.

Derrière les trois exercices identifiés du concours apparaissent évidemment, en filigrane, les capacités du candidat dans le maniement tant du langage écrit que de l'oral. Et puis, à charge de celui-ci de s'approprier des innombrables ramifications qui conduisent à maîtriser le vocabulaire bibliothéconomique.

Nous vous laissons à votre studieuse préparation et vous souhaitons bonne chance !

1. Pour rappel, l'épreuve orale d'admission du concours interne de bibliothécaire assistant spécialisé de classe normale est assortie de l'obligation pour le candidat de constituer un dossier de reconnaissance des acquis de l'expérience professionnelle (RAEP).

Annexes

Annexe 1 Textes fondamentaux

1. Statut particulier des bibliothécaires assistants spécialisés

Décret n° 2011-1140 du 21 septembre 2011 portant statut particulier du corps des bibliothécaires assistants spécialisés

Publics concernés : fonctionnaires appartenant au corps des assistants de bibliothèque et au corps des bibliothécaires adjoints spécialisés.

Objet : fusion du corps des assistants de bibliothèque et du corps des bibliothécaires adjoints spécialisés au sein d'un nouveau corps de bibliothécaires assistants spécialisés.

Entrée en vigueur : le 1er octobre 2011.

Notice : le décret a pour objet de mettre en œuvre la fusion du corps des assistants de bibliothèque et du corps des bibliothécaires adjoints spécialisés au sein d'un nouveau corps de bibliothécaires assistants spécialisés. Il définit les missions qui seront dévolues aux bibliothécaires assistants spécialisés en distinguant la classe supérieure et la classe exceptionnelle, qui exigent un niveau d'expertise supérieur en cohérence avec les diplômes ou l'expérience professionnelle exigés pour l'accès à ces deux grades. Il apporte également certains compléments quant aux modalités de recrutement et de reclassement du corps des bibliothécaires assistants spécialisés. Enfin, le nouveau corps de bibliothécaires assistants spécialisés, corps de catégorie B, est intégré au nouvel espace statutaire régi par le décret n° 2009-1388 du 11 novembre 2009 portant dispositions statutaires communes à divers corps de fonctionnaires de la catégorie B de la fonction publique de l'État.

Références : le présent décret peut être consulté sur le site Legifrance (http://www.legifrance.gouv.fr).

Le Premier ministre,

Sur le rapport du ministre de l'Éducation nationale, de l'Enseignement supérieur et de la Recherche et du ministre de la Fonction publique,
vu la loi n° 83-634 du 13 juillet 1983 modifiée portant droits et obligations des fonctionnaires la loi n° 84-16 du 11 janvier 1984 modifiée portant dispositions statutaires relatives à la fonction publique de l'État ;
vu le décret n° 82-451 du 28 mai 1982 modifié relatif aux commissions administratives paritaires ;
vu le décret n° 88-646 du 6 mai 1988 modifié relatif aux dispositions statutaires applicables au corps des magasiniers des bibliothèques ;
vu le décret n° 92-29 du 9 janvier 1992 modifié portant statut particulier du corps des bibliothécaires ;
vu le décret n° 94-1016 du 18 novembre 1994 modifié fixant les dispositions statutaires communes applicables à divers corps de fonctionnaires de la catégorie B ;
vu le décret n° 2005-1191 du 21 septembre 2005 modifié relatif à l'évaluation et à la notation de certains fonctionnaires du ministère de l'Éducation nationale, de l'Enseignement supérieur et de la Recherche ;
vu le décret n° 2007-196 du 13 février 2007 modifié relatif aux équivalences de diplômes requises pour se présenter aux concours d'accès aux corps et cadres d'emplois de la fonction publique ;
vu le décret n° 2007-1780 du 17 décembre 2007 relatif à la gestion des personnels des bibliothèques relevant du ministre chargé de l'Enseignement supérieur ;
vu le décret n° 2009-1388 du 11 novembre 2009 modifié portant dispositions statutaires communes applicables à divers corps de fonctionnaires de la catégorie B de la fonction publique de l'État ;
vu le décret n° 2010-1743 du 30 décembre 2010 relatif à la prorogation et à la réduction de la durée des mandats des membres de certaines instances représentatives du personnel de la fonction publique de l'État ;
vu l'avis du comité technique paritaire ministériel du ministère de l'Enseignement supérieur et de la Recherche en date du 11 février 2011 ;

Le Conseil d'État (section de l'administration) entendu,

décrète :

CHAPITRE I
Dispositions générales

Article 1

Le corps des bibliothécaires assistants spécialisés, classé dans la catégorie B prévue à l'article 29 de la loi du 11 janvier 1984 susvisée, est régi par les dispositions du décret du 11 novembre 2009 susvisé et par celles du présent décret.
Il constitue un corps à vocation interministérielle relevant du ministre chargé de l'Enseignement supérieur.

Article 2

Le corps des bibliothécaires assistants spécialisés comprend trois grades ainsi dénommés :
1. bibliothécaires assistants spécialisés de classe normale ;
2. bibliothécaires assistants spécialisés de classe supérieure ;
3. bibliothécaires assistants spécialisés de classe exceptionnelle.
Ces grades sont respectivement assimilés aux premier, deuxième et troisième grades mentionnés par le décret du 11 novembre 2009 susvisé.

Article 3

I. Les bibliothécaires assistants spécialisés effectuent des tâches spécialisées dans le domaine du traitement et de la conservation des collections de toute nature ainsi que dans celui de leur gestion documentaire. Ils mettent les ressources documentaires à la disposition du public. Ils accueillent, renseignent et informent les usagers.
Ils peuvent en outre être chargés de la gestion des magasins, des lieux accessibles au public et des matériels, notamment des matériels d'accès à l'information. Ils ont vocation à encadrer les personnels chargés du magasinage. Ils peuvent se voir confier des fonctions touchant à la sécurité des personnes, des locaux et des collections.
II. Les bibliothécaires assistants spécialisés de classe supérieure et les bibliothécaires assistants spécialisés de classe exceptionnelle ont vocation à effectuer des tâches spécialisées exigeant une qualification professionnelle particulière.
Ils peuvent notamment assurer le signalement et l'indexation des documents, effectuer des recherches bibliographiques et documentaires, coordonner les travaux techniques courants. Ils participent à l'accueil des utilisateurs, à leur formation et à la formation professionnelle dans leur domaine de compétence, ainsi qu'à des tâches liées à l'action culturelle et à la valorisation des fonds. Ils participent à l'accueil du public.

Article 4

Les bibliothécaires assistants spécialisés sont recrutés, nommés et gérés par le ministre chargé de l'Enseignement supérieur.
Ils exercent principalement leurs missions dans les bibliothèques, services ou établissements publics relevant du ministère chargé de l'Enseignement supérieur et, le cas échéant, dans d'autres départements ministériels ou leurs établissements publics.

CHAPITRE II
Recrutement

Section 1 : Dispositions relatives au recrutement dans le grade de bibliothécaire assistant spécialisé de classe normale

Article 5

I. Les bibliothécaires assistants spécialisés de classe normale sont recrutés :
1. par voie de concours externe sur épreuves :
ce concours est ouvert aux candidats titulaires d'un baccalauréat ou d'un titre ou d'un diplôme classé au moins au niveau IV, ou d'une qualification reconnue comme équivalente à l'un de ces titres ou diplômes dans les conditions fixées par le décret du 13 février 2007 susvisé ;
2. par voie de concours interne sur épreuves :
ce concours est ouvert aux fonctionnaires et agents de l'État, des collectivités territoriales et des établissements publics qui en dépendent, y compris ceux mentionnés à l'article 2 de la loi n° 86-33 du 9 janvier 1986 portant dispositions statutaires relatives à la fonction publique hospitalière, aux militaires ainsi qu'aux agents en fonctions dans une organisation internationale intergouvernementale à la date de clôture des inscriptions comptant au moins quatre ans de services publics au 1er janvier de l'année au titre de laquelle le concours est organisé.
Ce concours est également ouvert aux candidats justifiant de quatre ans de services auprès d'une administration, un organisme ou un établissement mentionnés au troisième alinéa du 2 de l'article 19 de la loi du 11 janvier 1984 susvisée, dans les conditions fixées par cet alinéa ;
3. au choix après inscription sur une liste d'aptitude établie après avis de la commission administrative paritaire : peuvent être inscrits sur cette liste d'aptitude les magasiniers des bibliothèques régis par le décret du 6 mai 1988 susvisé et justifiant d'au moins neuf années de services publics.

II. Les dispositions des articles 5 et 8 du décret du 11 novembre 2009 susvisé sont applicables aux concours mentionnés aux 1 et 2 du I.

Article 6

Le nombre de places offertes à l'un des concours ne peut être inférieur à 40 % du nombre total de places offertes aux deux concours.

Article 7

Les places offertes aux concours qui n'auraient pas été pourvues par la nomination des candidats à l'un de ces concours peuvent être attribuées à l'autre concours. Ce report ne peut avoir pour conséquence que le nombre des places offertes à l'un des concours soit supérieur aux deux tiers du nombre de places offertes aux deux concours.

Article 8

Les candidats reçus aux concours mentionnés aux 1 et 2 du I de l'article 5 sont nommés et titularisés selon les modalités prévues aux I, III, IV et V de l'article 11 du décret du 11 novembre 2009 susvisé.

Section 2 : Dispositions relatives au recrutement dans le grade de bibliothécaire assistant spécialisé de classe supérieure

Article 9

I. Les bibliothécaires assistants spécialisés de classe supérieure sont recrutés :
1. par voie de concours externe sur épreuves :
ce concours est ouvert aux candidats titulaires d'un titre ou d'un diplôme classé au moins au niveau III, dans le domaine du livre, des bibliothèques, de la documentation, de l'information scientifique et technique, ou aux candidats titulaires d'une qualification reconnue équivalente à l'un de ces titres ou diplômes, dans les conditions fixées par le décret du 13 février 2007 susvisé ;
2. par voie de concours interne sur épreuves :
ce concours est ouvert aux fonctionnaires et agents de l'État, des collecti-

vités territoriales et des établissements publics qui en dépendent, y compris ceux mentionnés à l'article 2 de la loi n° 86-33 du 9 janvier 1986 portant dispositions statutaires relatives à la fonction publique hospitalière, aux militaires ainsi qu'aux agents en fonctions dans une organisation internationale intergouvernementale à la date de clôture des inscriptions comptant au moins quatre ans de services publics au 1er janvier de l'année au titre de laquelle le concours est organisé.
Ce concours est également ouvert aux candidats justifiant de quatre ans de services auprès d'une administration, un organisme ou un établissement mentionnés au troisième alinéa du 2 de la loi du 11 janvier 1984 susvisée, dans les conditions fixées par cet alinéa ;
3. par voie d'un examen professionnel accessible aux magasiniers des bibliothèques régis par le décret du 6 mai 1988 susvisé et justifiant, au 1er janvier de l'année au titre de laquelle les nominations interviennent, de onze années de services publics.
II. Les dispositions des articles 7 et 8 du décret du 11 novembre 2009 susvisé sont applicables aux concours mentionnés aux 1 et 2 du I.

Article 10

Le nombre de places offertes au concours interne ne peut être supérieur à 50 % du nombre total de places offertes aux deux concours.

Article 11

Les places offertes aux concours qui n'auraient pas été pourvues par la nomination des candidats à l'un de ces concours peuvent être attribuées à l'autre concours, dans la limite de 20 % de l'ensemble des places offertes aux deux concours.

Article 12

Les candidats reçus aux concours mentionnés aux 1 et 2 du I de l'article 9 sont nommés et titularisés selon les modalités prévues aux III, IV et V de l'article 11 du décret du 11 novembre 2009 susvisé.

Section 3 : Dispositions communes

Article 13

Les agents recrutés en application des 1 et 2 du I de l'article 5 et des 1 et 2 du I de l'article 9 du présent décret sont nommés par arrêté du ministre chargé de l'Enseignement supérieur en qualité de stagiaire.
Ils accomplissent un stage d'une durée de un an, au cours duquel ils reçoivent une formation.
L'organisation de la période de stage est fixée par arrêté du ministre chargé de l'Enseignement supérieur et du ministre chargé de la Fonction publique.

Article 14

Les personnels recrutés en application du 3 du I de l'article 5 et du 3 du I de l'article 9 sont titularisés conformément aux dispositions de l'article 12 du décret du 11 novembre 2009 susvisé.

Article 15

Le nombre total de nominations susceptibles d'être prononcées au titre du 3 du I de l'article 5 et du 3 du I de l'article 9 du présent décret ne peut excéder les deux cinquièmes du nombre total des nominations prononcées en application des 1 et 2 de l'article 5 et des 1 et 2 de l'article 9 du présent décret, des détachements de longue durée et des intégrations directes.

CHAPITRE III
Classement

Article 16

I. Les bibliothécaires assistants spécialisés recrutés en application de l'article 5 du présent décret sont classés conformément aux dispositions des articles 13 à 20 et 23 du décret du 11 novembre 2009 susvisé.
II. Les bibliothécaires assistants spécialisés recrutés en application de l'article 9 du présent décret sont classés conformément aux dispositions des articles 21 à 23 du décret du 11 novembre 2009 susmentionné.

CHAPITRE IV
Avancement

Article 17

La durée moyenne du temps passé dans chacun des échelons des grades du corps des bibliothécaires assistants spécialisés est fixée conformément aux dispositions de l'article 24 du décret du 11 novembre 2009 susvisé.

Article 18

Les conditions d'accès aux grades de bibliothécaire assistant spécialisé de classe supérieure et de classe exceptionnelle sont fixées conformément aux dispositions de l'article 25 du décret du 11 novembre 2009 susvisé.

Article 19

Le nombre maximal de fonctionnaires appartenant au corps des bibliothécaires assistants spécialisés pouvant être promus chaque année à l'un des grades d'avancement de ce corps est déterminé conformément aux dispositions du I de l'article 27 du décret du 11 novembre 2009 susvisé.

CHAPITRE V
Dispositions diverses

Article 20

I. Les fonctionnaires civils appartenant à un corps ou cadre d'emplois classé dans la catégorie B ou de niveau équivalent peuvent être détachés, puis, le cas échéant, intégrés, ou directement intégrés dans le corps des bibliothécaires assistants spécialisés, conformément aux dispositions des articles 28 à 30 du décret du 11 novembre 2009 susvisé.
Les fonctionnaires intégrés directement ou détachés peuvent bénéficier d'un cycle de formation d'adaptation à leurs nouvelles fonctions.
L'intégration directe ou l'intégration à l'issue d'un détachement est prononcée par arrêté du ministre chargé de l'Enseignement supérieur.
II. Pendant leur détachement, les fonctionnaires détachés concourent, pour

l'avancement de grade et d'échelon, avec les fonctionnaires du corps des bibliothécaires assistants spécialisés.
III. Les services accomplis dans le corps, cadre d'emplois ou emploi d'origine sont assimilés à des services accomplis dans le corps des bibliothécaires assistants spécialisés.

CHAPITRE VI

Dispositions transitoires et finales

Article 21

I. À la date d'entrée en vigueur du présent décret, les bibliothécaires adjoints spécialisés régis par le décret n° 92-30 du 9 janvier 1992 modifié portant statut particulier du corps des bibliothécaires adjoints spécialisés sont intégrés et reclassés dans le corps des bibliothécaires assistants spécialisés, conformément au tableau de correspondance suivant :

Grade d'origine	Grade d'intégration	Ancienneté d'échelon conservée dans la limite de la durée d'échelon d'accueil
Bibliothécaire adjoint spécialisé hors classe	**Bibliothécaire assistant spécialisé de classe exceptionnelle**	
7e échelon	10e échelon	Ancienneté acquise
6e échelon	9e échelon	6/5 de l'ancienneté acquise
5e échelon	8e échelon	6/5 de l'ancienneté acquise
4e échelon	7e échelon	3/2 de l'ancienneté acquise
3e échelon à partir de 1 an	6e échelon	2 x l'ancienneté acquise au-delà de 1 an
3e échelon avant 1 an	5e échelon	Ancienneté acquise majorée de 1 an
2e échelon à partir de 1 an 6 mois	5e échelon	2 x l'ancienneté acquise au-delà de 1 an 6 mois
2e échelon avant 1 an 6 mois	4e échelon	4/3 de l'ancienneté acquise
1er échelon	3e échelon	Ancienneté acquise
Bibliothécaire adjoint spécialisé de 1re classe	**Bibliothécaire assistant spécialisé de classe exceptionnelle**	
6e échelon	9e échelon	Ancienneté acquise
5e échelon	8e échelon	3/4 de l'ancienneté acquise
4e échelon	7e échelon	Ancienneté acquise
3e échelon à partir de 1 an 6 mois	6e échelon	4/3 de l'ancienneté acquise au-delà de 1 an 6 mois
3e échelon avant 1 an 6 mois	5e échelon	2/3 de l'ancienneté acquise majorés de 1 an
2e échelon à partir de 1 an	5e échelon	Ancienneté acquise au-delà de 1 an
2e échelon avant 1 an	4e échelon	2 x l'ancienneté acquise
1er échelon	3e échelon	Ancienneté acquise

Bibliothécaire adjoint spécialisé de 2e classe	Bibliothécaire assistant spécialisé de classe supérieure	
12e échelon	12e échelon	Ancienneté acquise
11e échelon	11e échelon	Ancienneté acquise
10e échelon	10e échelon	Ancienneté acquise
9e échelon	9e échelon	Ancienneté acquise
8e échelon	8e échelon	Ancienneté acquise
7e échelon à partir de 1 an	7e échelon	3/2 de l'ancienneté acquise au-delà de 1 an
7e échelon avant 1 an	6e échelon	Ancienneté acquise majorée de 2 ans
6e échelon à partir de 1 an	6e échelon	2 x l'ancienneté acquise au-delà de 1 an
6e échelon avant 1 an	5e échelon	Ancienneté acquise majorée de 2 ans
5e échelon	5e échelon	4/3 de l'ancienneté acquise
4e échelon à partir de 6 mois	4e échelon	2 x l'ancienneté acquise au-delà de 6 mois
4e échelon avant 6 mois	3e échelon	Ancienneté acquise majorée de 1 an
3e échelon à partir de 6 mois	3e échelon	Ancienneté acquise au-delà de 6 mois
3e échelon avant 6 mois	2e échelon	Ancienneté acquise majorée de 1 an 6 mois
2e échelon	2e échelon	Ancienneté acquise
1er échelon	1er échelon	Ancienneté acquise

II. Les intéressés conservent les réductions et majorations d'ancienneté accordées et non utilisées pour un avancement d'échelon dans leur ancien corps.

III. Les services accomplis dans le corps des bibliothécaires adjoints spécialisés ainsi que dans les grades de ce corps sont assimilés à des services accomplis dans le corps des bibliothécaires assistants spécialisés ainsi que dans les grades de ce corps.

Article 22

I. À la date d'entrée en vigueur du présent décret, les assistants des bibliothèques régis par le décret n° 2001-326 du 13 avril 2001 portant dispositions statutaires applicables au corps des assistants des bibliothèques sont intégrés et reclassés dans le corps des bibliothécaires assistants spécialisés, conformément au tableau de correspondance suivant :

Grade d'origine	Grade d'intégration	Ancienneté d'échelon conservée dans la limite de la durée d'échelon d'accueil
Assistant des bibliothèques de classe exceptionnelle	**Bibliothécaire assistant spécialisé de classe exceptionnelle**	
7e échelon	9e échelon	Ancienneté acquise
6e échelon	8e échelon	1/4 de l'ancienneté acquise majoré de 2 ans
5e échelon à partir de 1 an	8e échelon	Ancienneté acquise au-delà de 1 an
5e échelon avant 1 an	7e échelon	Ancienneté acquise majorée de 2 ans
4e échelon à partir de 1 an	7e échelon	Ancienneté acquise au-delà de 1 an
4e échelon avant 1 an	6e échelon	Ancienneté acquise majorée de 1 an
3e échelon	6e échelon	2/5 de l'ancienneté acquise
2e échelon à partir de 1 an	5e échelon	4/3 de l'ancienneté acquise au-delà de 1 an
2e échelon avant 1 an	4e échelon	2 x l'ancienneté acquise
1er échelon	3e échelon	Ancienneté acquise
Assistant des bibliothèques de classe supérieure	**Bibliothécaire assistant spécialisé de classe supérieure**	
8e échelon	12e échelon	Ancienneté acquise majorée de 2 ans
7e échelon à partir de 2 ans	12e échelon	Ancienneté acquise au-delà de 2 ans
7e échelon avant 2 ans	11e échelon	Ancienneté acquise majorée de 2 ans
6e échelon à partir de 1 an 6 mois	11e échelon	4/3 de l'ancienneté acquise au-delà de 1 an 6 mois
6e échelon avant 1 an 6 mois	10e échelon	4/3 de l'ancienneté acquise majorés de 1 an
5e échelon à partir de 2 ans	10e échelon	Ancienneté acquise au-delà de 2 ans
5e échelon avant 2 ans	9e échelon	Ancienneté acquise majorée de 1 an
4e échelon à partir de 1 an 6 mois	9e échelon	Ancienneté acquise au-delà de 1 an 6 mois
4e échelon avant 1 an 6 mois	8e échelon	4/3 de l'ancienneté acquise majorés de 1 an
3e échelon à partir de 1 an	8e échelon	Ancienneté acquise au-delà de 1 an
3e échelon avant 1 an	7e échelon	2 x l'ancienneté acquise majorées de 1 an
2e échelon à partir de 1 an	7e échelon	Ancienneté acquise au-delà de 1 an
2e échelon avant 1 an	6e échelon	3/2 de l'ancienneté acquise majorés de 1 an 6 mois
1er échelon	6e échelon	Ancienneté acquise

Assistant des bibliothèques de classe normale	Bibliothécaire assistant spécialisé de classe normale	
13e échelon	12e échelon	Ancienneté acquise
12e échelon	11e échelon	Ancienneté acquise
11e échelon	10e échelon	Ancienneté acquise
10e échelon	9e échelon	Ancienneté acquise
9e échelon	8e échelon	Ancienneté acquise
8e échelon	7e échelon	Ancienneté acquise
7e échelon	7e échelon	Sans ancienneté
6e échelon à partir de 6 mois	6e échelon	4/3 de l'ancienneté acquise au-delà de 6 mois majorés de 1 an
6e échelon avant 6 mois	6e échelon	2 x l'ancienneté acquise
5e échelon	5e échelon	4/3 de l'ancienneté acquise majorés de 1 an
4e échelon à partir de 1 an	5e échelon	2 x l'ancienneté acquise au-delà de 1 an
4e échelon avant 1 an	4e échelon	3/2 de l'ancienneté acquise majorés de 6 mois
3e échelon à partir de 1 an	4e échelon	Ancienneté acquise au-delà de 1 an
3e échelon avant 1 an	3e échelon	2 x l'ancienneté acquise
2e échelon	2e échelon	4/3 de l'ancienneté acquise
1er échelon	1er échelon	Ancienneté acquise

II. Les intéressés conservent les réductions et majorations d'ancienneté accordées et non utilisées pour un avancement d'échelon dans leur ancien corps.
III. Les services accomplis dans le corps des assistants des bibliothèques ainsi que dans les grades de ce corps sont assimilés à des services accomplis dans le corps des bibliothécaires assistants spécialisés ainsi que dans les grades de ce corps.

Article 23

I. Les fonctionnaires détachés dans le corps des assistants des bibliothèques ou dans le corps des bibliothécaires adjoints spécialisés sont placés, à la date d'entrée en vigueur du présent décret, en position de détachement dans le corps des bibliothécaires assistants spécialisés, pour la durée de leur détachement restant à courir. Ils sont classés dans ce corps conformément aux dispositions des articles 21 et 22 du présent décret.
II. Les intéressés conservent les réductions et majorations d'ancienneté accordées et non utilisées pour un avancement d'échelon dans leur ancien corps.
III. Les services accomplis par les intéressés en position de détachement dans le corps des assistants des bibliothèques ou dans le corps des bibliothécaires adjoints spécialisés ainsi que dans les grades de ces corps sont assimilés à des services accomplis en position de détachement dans le corps des bibliothécaires assistants spécialisés ainsi que dans les grades de ce corps.

Article 24

Les bibliothécaires adjoints spécialisés et les assistants des bibliothèques stagiaires poursuivent leur stage dans le corps des bibliothécaires assistants spécialisés, en qualité de bibliothécaires assistants spécialisés stagiaires.

Article 25

I. Les concours d'accès au corps des assistants des bibliothèques dont l'arrêté d'ouverture a été publié avant la date d'entrée en vigueur du présent décret se poursuivent jusqu'à leur terme.
Les lauréats de ces concours, dont la nomination n'a pas été prononcée dans le corps auquel le concours donne accès avant la date d'entrée en vigueur du présent décret, sont nommés en qualité de stagiaire dans le grade de bibliothécaire assistant spécialisé de classe normale.
Les listes complémentaires établies par les jurys des concours susmentionnés peuvent être utilisées afin de pourvoir

des emplois vacants dans le grade de bibliothécaire assistant spécialisé de classe normale.
II. Les concours d'accès au corps des bibliothécaires adjoints spécialisés dont l'arrêté d'ouverture a été publié avant la date d'entrée en vigueur du présent décret se poursuivent jusqu'à leur terme.
Les lauréats de ces concours, dont la nomination n'a pas été prononcée dans le corps auquel le concours donne accès avant la date d'entrée en vigueur du présent décret, sont nommés en qualité de stagiaire dans le corps des bibliothécaires assistants spécialisés en tenant compte de la situation qui aurait été la leur s'ils avaient été préalablement nommés dans le corps des bibliothécaires adjoints spécialisés en application des dispositions du décret n° 92-30 du 9 janvier 1992 portant statut particulier du corps des bibliothécaires adjoints spécialisés en vigueur à la date de publication du présent décret, puis classés à la date de leur nomination en application des dispositions de l'article 21 du présent décret.
Les listes complémentaires établies par les jurys des concours susmentionnés peuvent être utilisées afin de pourvoir des emplois vacants dans le corps des bibliothécaires assistants spécialisés.

Article 26

I. Les magasiniers des bibliothèques régis par les dispositions du décret du 6 mai 1988 susvisé inscrits sur une liste d'aptitude établie au titre de 2011 pour l'accès au corps des assistants des bibliothèques, en application de l'article 26 de la loi du 11 janvier 1984 susvisée, peuvent être nommés dans le grade de bibliothécaire assistant spécialisé de classe normale.
II. Les assistants des bibliothèques de classe normale inscrits, avant la date d'entrée en vigueur du présent décret, sur une liste d'aptitude établie au titre de 2011 pour l'accès au corps des bibliothécaires adjoints spécialisés, en application de l'article 26 de la loi du 11 janvier 1984 susvisée, peuvent être nommés dans le grade de bibliothécaire assistant spécialisé de classe supérieure.
Les assistants des bibliothèques de classe supérieure et les assistants des bibliothèques de classe exceptionnelle inscrits, avant la date d'entrée en vigueur du présent décret, sur une liste d'aptitude pour l'accès au corps des bibliothécaires adjoints spécialisés, en application de l'article 26 de la loi du 11 janvier 1984 susvisée, peuvent être nommés dans le grade de bibliothécaire assistant spécialisé de classe exceptionnelle.
III. Les agents mentionnés au II sont nommés dans le corps des bibliothécaires assistants spécialisés en tenant compte de la situation qui aurait été la leur s'ils avaient été préalablement nommés dans le corps des bibliothécaires adjoints spécialisés en application des dispositions du décret n° 92-30 du 9 janvier 1992 portant statut particulier du corps des bibliothécaires adjoints spécialisés en vigueur à la date de publication du présent décret, puis classés à la date de leur nomination en application des dispositions de l'article 21 du présent décret.

Article 27

Les agents contractuels recrutés en application de l'article 27 de la loi du 11 janvier 1984 susvisée et qui ont vocation à être titularisés soit dans le corps des bibliothécaires adjoints spécialisés, soit dans le corps des assistants des bibliothèques sont maintenus en fonctions et ont vocation à être titularisés dans le corps des bibliothécaires assistants spécialisés.

Article 28

I. Les tableaux d'avancement établis au titre de l'année 2011 pour l'accès aux grades de bibliothécaire adjoint spécialisé de 1re classe et de bibliothécaire adjoint spécialisé hors classe demeurent valables au titre du corps des bibliothécaires assistants spécialisés jusqu'au 31 décembre 2011.
Les agents promus en application du premier alinéa postérieurement à la date d'entrée en vigueur du présent décret sont classés dans le grade de bibliothécaire assistant spécialisé de classe exceptionnelle en tenant compte de la situation qui aurait été la leur s'ils n'avaient cessé d'appartenir à leur ancien corps jusqu'à la date de leur promotion, puis promus dans les grades d'avancement de ce corps en application des dispositions des articles 14 et 15 du décret du 9 janvier 1992 susmentionné, et enfin reclassés à la date de leur promotion, conformément au tableau de correspondance figurant à l'article 21 du présent décret.
II. Les tableaux d'avancement établis au titre de l'année 2011 pour l'accès aux grades d'assistant des bibliothèques de classe supérieure et d'assistant des bibliothèques de classe exceptionnelle demeurent valables au titre du corps des bibliothécaires assistants spécialisés jusqu'au 31 décembre 2011.
Les agents promus en application du troisième alinéa postérieurement à la date d'entrée en vigueur du présent décret sont classés dans les grades d'avancement du corps des bibliothécaires assistants spécialisés en tenant compte de la situation qui aurait été la leur s'ils n'avaient cessé d'appartenir à leur ancien corps jusqu'à la date de leur promotion, puis promus dans les grades d'avancement de ce corps en application des dispositions de l'article 11 du décret du 18 novembre 1994 susvisé, et, enfin, reclassés à la date de leur promotion, conformément au tableau de correspondance figurant à l'article 22 ci-dessus.

Article 29

Jusqu'à l'installation de la commission administrative paritaire nationale du corps des bibliothécaires assistants spécialisés qui interviendra par dérogation aux dispositions des premier et deuxième alinéas de l'article 1er du décret du 30 décembre 2010 susvisé au plus tard dans le délai de dix-huit mois à compter de la date d'entrée en vigueur du présent décret, les représentants des commissions administratives paritaires du corps des bibliothécaires adjoints spécialisés et du corps des assistants des bibliothèques sont maintenus en fonctions et siègent en formation commune.

Article 30

L'annexe du décret du 21 septembre 2005 susvisé est modifiée ainsi qu'il suit :
1. au 26, les mots : « Bibliothécaires adjoints spécialisés, régis par le décret n° 92-30 du 9 janvier 1992 modifié portant statut particulier des bibliothécaires adjoints spécialisés » sont remplacés par les mots : « Bibliothécaires assistants spécialisés » ;
2. le 27 est abrogé.

Article 31

L'article 1er du décret du 17 décembre 2007 susvisé est modifié ainsi qu'il suit :
1. au 4, les mots : « Des bibliothécaires adjoints spécialisés » sont remplacés par les mots : « Des bibliothécaires assistants spécialisés » ;
2. le 5 est abrogé.

Article 32

Au premier alinéa de l'article 6 du décret du 9 janvier 1992 susvisé, les mots : « et après avis de la commission administrative paritaire du corps des bibliothécaires, parmi les bibliothécaires adjoints spécialisés régis par le décret n° 92-30 du 9 janvier 1992 portant statut particulier du corps des bibliothécaires adjoints spécialisés » sont remplacés par les mots : « et après avis de la commission administrative paritaire du corps des bibliothécaires, parmi les bibliothécaires assistants spécialisés régis par les dispositions du décret n° 2011-1140 du 21 septembre 2011 ».

Article 33

I. La mention : « Assistants des bibliothèques » figurant à l'annexe I du décret du 18 novembre 1994 susvisé est supprimée.
II. La mention : « Bibliothécaires assistants spécialisés » est inscrite en annexe du décret du 11 novembre 2009 susvisé.

Article 34

Le décret n° 92-30 du 9 janvier 1992 portant statut particulier du corps des bibliothécaires adjoints spécialisés et le décret n° 2001-326 du 13 avril 2001 portant dispositions statutaires applicables au corps des assistants des bibliothèques sont abrogés.

Article 35

Le présent décret prend effet à compter du 1er jour du mois qui suit sa publication.

Article 36

La ministre du Budget, des Comptes publics et de la Réforme de l'État, porte-parole du gouvernement, le ministre de la Fonction publique et le ministre de l'Enseignement supérieur et de la Recherche sont chargés, chacun en ce qui le concerne, de l'exécution du présent décret, qui sera publié au Journal officiel de la République française.

2. Contenu et modalités d'organisation de la formation des assistants des bibliothèques stagiaires fixés par l'arrêté du 4 février 2002

Le ministre de l'Éducation nationale,

Vu la loi n° 83-634 du 13 juillet 1983 modifiée portant droits et obligations des fonctionnaires, ensemble la loi n° 84-16 du 11 janvier 1984 modifiée portant dispositions statutaires relatives à la fonction publique de l'État ;
Vu le décret n° 85-607 du 14 juin 1985 relatif à la formation professionnelle des fonctionnaires de l'État, notamment son article 4 ;
Vu le décret n° 90-437 du 28 mai 1990 relatif aux conditions et modalités de règlement des frais occasionnés par les déplacements des personnels civils sur le territoire métropolitain de la France lorsqu'ils sont à la charge des budgets de l'État, des établissements publics nationaux à caractère administratif et de certains organismes subventionnés ;
Vu le décret n° 2001-326 du 13 avril 2001 portant dispositions statutaires applicables au corps des assistants des bibliothèques, notamment son article 8,
Arrête :

Article 1

La formation des assistants des bibliothèques stagiaires prévue à l'article 8 du décret du 13 avril 2001 susvisé relève des actions de formation définies au 1° de l'article 4 du décret du 14 juin 1985 susvisé.
Cette formation a un caractère obligatoire pour tous les assistants des bibliothèques stagiaires recrutés par les concours prévus à l'article 4 du décret du 13 avril 2001 susvisé.
Elle est organisée au cours de la période de stage prévue à l'article 8 du décret du 13 avril 2001 susvisé, en alternance avec l'exercice des fonctions d'assistant des bibliothèques stagiaire dans les services techniques et les bibliothèques où les agents ont été affectés.
Les assistants des bibliothèques stagiaires dont le stage est prolongé dans les conditions prévues à l'article 8 du décret du 13 avril 2001 susvisé ne bénéficient de la formation prévue au présent arrêté que pendant la première année de leur stage.

Article 2

La formation des assistants des bibliothèques stagiaires est assurée par les centres de formation aux carrières des bibliothèques (CFCB) qui peuvent, en tant que de besoin, faire appel à des intervenants extérieurs à l'administration.

Article 3

Les assistants des bibliothèques stagiaires reçoivent une formation d'une durée de 150 heures portant sur les enseignements suivants dont le programme figure en annexe du présent arrêté :
Environnement des bibliothèques : 18 heures ;
Collections : 48 heures ;
Services publics et usagers : 48 heures ;
Gestion des espaces : 18 heures ;
Encadrement et animation d'une équipe : 18 heures.
Cette formation peut être dispensée sous forme de cours, de travaux pratiques, d'études de cas ou de visites.

Article 4

La directrice des personnels administratifs, techniques et d'encadrement et la directrice de l'enseignement supérieur sont chargées, chacune en ce qui la concerne, de l'exécution du présent arrêté, qui sera publié au Journal officiel de la République française.

Fait à Paris, le 4 février 2002.
Jack Lang

ANNEXE
PROGRAMME DE FORMATION PROFESSIONNELLE
DES ASSISTANTS DES BIBLIOTHÈQUES STAGIAIRES

Environnement des bibliothèques (18 heures)
– Le contexte institutionnel des bibliothèques d'État (notamment notions sur le statut général des fonctionnaires et les statuts des personnels des bibliothèques) (6 heures)
– Les missions et enjeux des bibliothèques contemporaines (3 heures)
– Organisation des bibliothèques et services (6 heures)
– Les publics des bibliothèques (3 heures)
– Modalités pédagogiques : visites de bibliothèques et rencontres avec des professionnels

Collections (48 heures)

Gestion des collections (18 heures)
– Notions sur le développement des collections, liens entre acquisitions, désherbage et choix de mise en libre accès ou en magasins (6 heures)
– Travaux pratiques sur le récolement, le désherbage, la gestion des magasins et du libre accès (9 heures)
– Communication interne : expression écrite et orale : rédaction d'une note de service, mise en place d'un plan de travail à partir d'exemples vus en travaux pratiques la veille (3 heures)

Traitement documentaire des collections (15 heures)
– Normes et formats de catalogue (6 heures)
– Classements et classification (6 heures)
– Modalités pédagogiques : travaux pratiques
– Communication interne : expression écrite et orale, rédaction d'un compte rendu de réunion (3 heures)

Maintenance et conservation des collections (15 heures)
– Rappel des notions de base de conservation et de sécurité des collections (3 heures)
– Travaux pratiques et visites (9 heures)

Services publics et usagers (48 heures)

Connaissances des outils et des réseaux documentaires (12 heures)
– Notions de base sur la recherche documentaire afin d'être à même de donner des renseignements de premier niveau et de réorienter le public (6 heures)
– Maniement des catalogues et des outils de référence (6 heures)

Services aux usagers (18 heures)
– Les différents services offerts aux usagers : prêt, prêt entre bibliothèques, accès à la documentation électronique, salle d'autoformation, etc. (3 heures)
– Accueil et orientation (6 heures)
– Outils d'information et de promotion (3 heures)
– Formation des usagers (3 heures)
– Communication interne : expression écrite et orale : rédaction de documents d'information et de promotion (3 heures)

Gestion des outils informatiques (18 heures)
– Internet pratique (9 heures)
– Connaissance et usage du parc informatique d'une bibliothèque (9 heures)

Gestion des espaces (18 heures)
– Aménagement des espaces et mobilier (6 heures)
– Signalétique, notions d'ergonomie (6 heures)
– Sécurité des bâtiments et du public, interventions du comité d'hygiène et de sécurité, des pompiers (6 heures)

Encadrement et animation d'une équipe (18 heures)
– Identification et répartition des tâches, gestion de planning (6 heures)
– Gestion de conflits (6 heures)
– Indicateurs d'activités (3 heures)
– Communication interne : expression écrite et orale (3 heures)

3. Charte des bibliothèques adoptée par le Conseil supérieur des bibliothèques le 7 novembre 1991

PRÉAMBULE

Article 1

Pour exercer les droits à la formation permanente, à l'information et à la culture reconnus par la Constitution[1], tout citoyen doit pouvoir, tout au long de sa vie, accéder librement aux livres et aux autres sources documentaires.

Article 2

La présente charte a pour objet de définir les conditions d'exercice de ces droits, les missions des bibliothèques qui dépendent de collectivités publiques[2], et les obligations respectives de ces collectivités dans le respect de la législation et de la réglementation en vigueur[3] et des dispositions particulières relatives à la préservation du patrimoine.

1. Constitution du 4 octobre 1858, préambule reprenant celui de la Constitution du 27 octobre 1946 : La nation garantit l'égal accès de l'enfant et de l'adulte à l'instruction, à la formation professionnelle et à la culture. L'organisation de l'enseignement public gratuit et laïque à tous les degrés est un devoir de l'État.

2. Par « collectivité publique », nous entendons non seulement l'État, les collectivités locales et les établissements publics, mais toute personne morale de droit public et les personnes morales de droit privé contrôlées par des personnes morales de droit public.

3. Notamment celles concernant la propriété littéraire et artistique (lois du 11 mars 1957 et du 3 juillet 1985), les archives (loi du 3 janvier 1979) et les publications destinées à la jeunesse (loi du 16 juillet 1949), ainsi que, pour les bibliothèques publiques, le décret sur leur contrôle technique par (?) l'État du 9 novembre 1988.

TITRE I Mission et accessibilité des bibliothèques

Article 3

La bibliothèque est un service public nécessaire à l'exercice de la démocratie. Elle doit assurer l'égalité d'accès à la lecture et aux sources documentaires pour permettre l'indépendance intellectuelle de chaque individu et contribuer au progrès de la société.

Article 4

Les bibliothèques qui dépendent des collectivités publiques sont ouvertes à tous. Aucun citoyen ne doit en être exclu du fait de sa situation personnelle[4].
En conséquence, elles doivent rendre leurs collections accessibles par tous les moyens appropriés, notamment par des locaux d'accès facile, des horaires d'ouverture adaptés aux besoins du public, des équipements de desserte de proximité et le recours aux techniques de communication à distance.

Article 5

L'accès du public à l'information, à la formation et à la culture est d'abord assuré dans le cadre du réseau des bibliothèques de lecture publique.
Les bibliothèques scolaires sont ouvertes aux élèves et à ceux qui concourent à leur formation. Elles peuvent également être ouvertes à d'autres utilisateurs dans le cadre des conventions prévues par la loi[5].
Les bibliothèques universitaires et spécialisées sont ouvertes aux usagers et aux personnels des établissements dont elles dépendent. Elles sont également ouvertes à d'autres utilisateurs dans des conditions précisées par les autorités responsables.
D'une manière générale, toute bibliothèque doit s'inscrire dans un ensemble organisé dont l'objectif est de fonctionner en réseau. En conséquence, toute demande doit pouvoir être satisfaite.
Les bibliothèques ont un rôle de formation des usagers aux méthodes de recherche des documents ainsi qu'à l'utilisation des réseaux documentaires.

Article 6

La consultation sur place des catalogues et des collections doit être gratuite pour l'usager.
Les autres services proposés par la bibliothèque peuvent être tarifés au moindre prix, notamment ceux qui sont rendus à distance, ceux qui donnent lieu à la délivrance d'un document dont l'usager devient propriétaire[6], ou à une recherche docu-

4. Notamment les personnes empêchées ou éloignées ; par « personnes empêchées », nous entendons les personnes malades ou hospitalisées, les militaires, les détenus ; par « personnes éloignées », nous entendons celles qui habitent des petites communes rurales ou à l'étranger ; *cf.* la législation en la matière, notamment la loi du 30 juin 1975 précisée par le décret du 1er février 1978 et la circulaire du ministère des Affaires sociales du 29 janvier 1979 sur les mesures destinées à rendre accessibles aux personnes handicapées les installations ouvertes au public.

5. Décret du 8 août 1985 sur les activités éducatives, sportives et culturelles complémentaires organisées par les communes, départements ou régions dans les établissements d'enseignement public pendant les heures d'ouverture. Circulaire du 22 mars 1985 relative aux modalités de mise à disposition, prévue par l'article 19 de la loi n° 83-8 du 7 janvier 1983 relative à la répartition de compétences entre les communes, les départements, les régions et l'État.

6. Ceci vise, entre autres, les listages résultant des recherches menées sur les bases de données et les reproductions de documents sur tous supports emportés par l'usager.

mentaire individualisée approfondie[1]. Il est souhaitable que le prêt à domicile soit aussi gratuit ou qu'il fasse l'objet des exonérations les plus larges en faveur des enfants et des adolescents, des publics empêchés ou défavorisés.

Article 7

Les collections des bibliothèques des collectivités publiques doivent être représentatives, chacune à son niveau ou dans sa spécialité, de l'ensemble des connaissances, des courants d'opinion et des productions éditoriales.
Elles doivent répondre aux intérêts de tous les membres de la collectivité à desservir et de tous les courants d'opinion, dans le respect de la Constitution et des lois.
Elles doivent être régulièrement renouvelées et actualisées.
Les collections des bibliothèques universitaires et spécialisées doivent également répondre aux besoins d'enseignement et de recherche des établissements en cohérence avec les fonds existants et avec ceux des bibliothèques appartement au même ensemble ou à la même spécialité.
D'une manière générale, chaque bibliothèque doit élaborer et publier la politique de développement de ses collections et de ses services en concertation avec les bibliothèques proches ou apparentées.

Article 8

Toute bibliothèque d'une collectivité publique est responsable des fonds et documents patrimoniaux dont elle a la propriété ou l'usage.
Les collections patrimoniales sont formées des collections nationales constituées par dépôt légal et des documents[2] anciens, rares ou précieux[3].
Elles sont soumises à des règles particulières de désaffection ou d'échange[4].
Leurs conditions de conservation satisfont aux règles techniques en usage et sont soumises au contrôle technique de l'État[5].
Les collections patrimoniales doivent être traitées et mises en valeur[6] par les collectivités publiques qui en ont la propriété ou l'usage.
Les responsabilités patrimoniales des bibliothèques des collectivités publiques doivent être assurées dans le cadre de coopérations, notamment par la constitution de catalogues collectifs, la gestion d'équipements collectifs, le développement d'une politique de conservation, de reproduction et de plans de sauvegarde concertés.

TITRE II
Rôle de l'État

Article 9

L'État définit la politique nationale des bibliothèques dans chacun des secteurs concernés. À cet effet il peut développer des programmes d'intérêt national.
L'État doit prendre les mesures propres à corriger les inégalités dans l'accès à la lecture et à la documentation et veiller à l'équilibre des ressources documentaires sur l'ensemble du territoire.

Article 10

L'État a des responsabilités particulières en ce qui concerne les fonds patrimoniaux des bibliothèques.
Il doit exercer son contrôle et intervenir lorsque l'intégrité des documents est menacée.
Il doit donner les conseils nécessaires et émettre toute recommandation utile à leur préservation et à leur mise en valeur, notamment en tenant le registre des documents techniques appropriés.
Il organise le dépôt légal.
Il est responsable du recensement et de l'inventaire général du patrimoine national et de sa diffusion.
Il doit favoriser les actions de concertation et de coopération dans le domaine patrimonial.

Article 11

L'État assure le contrôle technique des bibliothèques dépendant des collectivités publiques.

---

1. Par « recherche documentaire individualisée approfondie », on entend une recherche menée par le personnel de la bibliothèque à la demande exclusive d'un usager ou d'un groupe d'usagers et qui excède les informations nécessaires à la consultation des collections.

2. Par « document », on entend non seulement les unités bibliographiques mais aussi des collections dont la valeur globale peut être sans rapport avec celle de chacun des éléments qui la composent. Il faut entendre le document dans sa particularité, dont la valeur peut être sans rapport avec celle des autres exemplaires connus.

3. Par « document ancien », on entend tout document de plus de 100 ans d'âge ;
– par « document rare », on entend tout document qui ne se trouve dans (sens ?)une autre bibliothèque proche ou apparentée, ou pour une bibliothèque spécialisée tout document qui entre dans sa spécialité ;
– le caractère précieux d'un document doit être, indépendamment de sa rareté, apprécié en fonction de sa valeur vénale, culturelle ou scientifique, en particulier pour les documents d'intérêt local ou ceux qui entrent dans la spécialité d'une bibliothèque spécialisée.

4. Ces règles s'ajoutent aux procédures des Domaines. Elles satisfont pour les bibliothèques municipales en particulier aux dispositions du Code des communes (R. 341-1 à 341 5), Livre II, Titre IV, modifié par le décret n° 88-1037 du 9 novembre 1988.

5. Par « conditions de conservation », on entend toute mesure de surveillance, de protection, de reproduction et de communication propre à préserver l'intégrité du document.

6. Par « traitées et mises en valeur », on entend non seulement les mesures de préservation mentionnées à l'article précédent, mais aussi le signalement spécifique dans les catalogues collectifs, la description et l'étude scientifique, la présentation au public et la communication, si besoin est sous forme d'un substitut. S'il s'agit de documents qui ne sont pas tombés dans le domaine public, leur reproduction doit se faire dans le respect de la loi sur la propriété littéraire et artistique.

Article 12

L'État assure la mise en place et la cohésion de services collectifs nationaux entre les bibliothèques[1].

Article 13

L'État doit assurer le fonctionnement de la bibliothèque nationale chargée de collecter, de cataloguer, de conserver, de mettre à la disposition du public et d'exploiter les documents soumis au dépôt légal dont elle a la responsabilité.[2]
Cette bibliothèque nationale constitue des collections de référence de la production étrangère et de la production relative à la France ou de langue française.
Elle conserve les publications officielles étrangères acquises en application des accords d'échanges internationaux de publications officielles.
Elle conduit des programmes de recherche nationaux.
Elle est responsable de l'établissement et de l'accessibilité de la bibliographie nationale.
Elle participe à la définition de la politique des services collectifs nationaux, à l'établissement des règles de normalisation bibliographique et à leur mise en œuvre.
Elle participe aux programmes internationaux de coopération avec les autres bibliothèques nationales et les organismes internationaux de contrôle bibliographique.

1. Notamment en matière de :
1) catalogues collectifs nationaux
2) circulation et échange de notices bibliographiques
3) listes d'autorités nationales
4) normes scientifiques et techniques
5) circulation et échange de documents
6) plans concertés d'évaluation et de développement de collections.
2. Décret n° 83-226 du 22 mars 1983 relatif à l'organisation et au régime financier de la Bibliothèque nationale

Article 14

L'État recueille toutes les données propres à l'évaluation quantitative et qualitative de l'activité des bibliothèques dépendant des collectivités publiques et en assure l'exploitation sur le plan national et international. À ce titre, il tient à jour la carte documentaire de la France.

Article 15

L'État rassemble et complète les études techniques utiles au bon fonctionnement des bibliothèques et à leur coopération. Il initie les programmes de recherche fondamentale nécessaires. Il en fait bénéficier l'ensemble des collectivités qui peuvent demander des avis sur leurs projets et solliciter des expertises. À cette fin, l'État, en accord avec les organismes compétents, assure le fonctionnement de services administratifs et techniques ou de bibliothèques pilotes.

Article 16

L'État peut assurer le fonctionnement partiel ou total de bibliothèques chargées de constituer des collections d'intérêt particulier ou de remplir des services d'intérêt national.

Article 17

L'État prend toutes les initiatives propres à favoriser la coopération entre les bibliothèques et lui fournit des cadres réglementaires. L'État coordonne et encourage les programmes de coopération internationale des bibliothèques françaises et la connexion des réseaux français aux réseaux internationaux.

Article 18 : bibliothèques françaises à l'étranger

L'État entretient à l'étranger un réseau de bibliothèques qui contribuent à la présence et au rayonnement de la culture française. Ainsi, tout établissement culturel français à l'étranger doit entretenir ou constituer un service de bibliothèque destiné non seulement à la communauté des français résidant à l'étranger mais aussi au public du pays concerné.

Article 19 : bibliothèques des administrations

Les administrations de l'État doivent donner accès à l'information qu'elles produisent, dans les conditions déterminées par la Commission d'accès aux documents administratif, notamment par le moyen de bibliothèques ouvertes au public ou inscrites dans un réseau accessible au public.

Article 20 : bibliothèques et centres de documentation et d'information des lycées et collèges

Les établissements scolaires du second degré sont dotés de centres de documentation et d'information gérés et animés par un personnel qualifié nommé par l'État.

Article 21

L'État assure le fonctionnement indépendant d'un Conseil supérieur des bibliothèques qui a pour mission de formuler des avis et des propositions sur tout ce qui touche à la coordination des bibliothèques et des centres de documentation et aux conditions de leur développement.

TITRE III
Responsabilité et compétences des collectivités

Article 22

Toute collectivité publique doit assurer l'accès des citoyens à la formation, l'information et la culture en favorisant le fonctionnement d'un service de lecture publique.

Article 23

Une bibliothèque dépendant d'une collectivité publique nécessite la conjonction de trois conditions :
a) la constitution d'une collection régulièrement renouvelée de documents accessibles au public,

b) la nomination d'un personnel qualifié, soit recruté conformément aux statuts de la fonction publique, soit, dans le cas de recours à un personnel volontaire et non rétribué, formé et encadré par ce personnel.
c) l'aménagement et l'entretien de locaux publics ou ayant l'agrément des pouvoirs publics.

Article 24 : rôle des communes

Toute commune doit assurer le développement, la conservation et l'accès au public des collections dont elle est propriétaire ou dont elle a l'usage.
Les communes de plus de dix mille habitants doivent le faire dans le cadre des services d'une bibliothèque municipale ou intercommunale.
Les communes de moins de dix mille habitants peuvent avoir recours, pour assurer leur mission, aux services du département et des services intercommunaux dans les cadres réglementaires et législatifs prévus à cet effet[1].
Les bibliothèques municipales ou intercommunales doivent constituer et entretenir, en concertation avec les archives et les musées, un fonds d'intérêt local.
Les bibliothèques municipales ou intercommunales doivent contribuer sur leur territoire au développement de la lecture et à l'action culturelle qui lui est liée, en concertation avec les autres organismes et partenaires communaux.
La commune veille à l'accès des enfants au livre notamment par le moyen de bibliothèques d'école, de bibliothèques centres documentaires et en organisant les relations entre la bibliothèque municipale ou intercommunale et les écoles.

Article 25 : rôle des départements

Le département doit assurer le développement et la conservation des collections dont il est propriétaire ou dont il a l'usage et leur accès au public dans le cadre d'un service départemental de la lecture publique et par la desserte des communes de moins de dix mille habitants.
Le service départemental favorise la création et le développement de bibliothèques municipales ou intercommunales, notamment par des actions de formation, de conseil et d'assistance technique.
Le service départemental doit organiser la coopération entre les bibliothèques qu'il dessert notamment en matière de formation continue, de sauvegarde et de mise en valeur du patrimoine, de réseau documentaire et d'action culturelle.
Le service départemental doit, dans le cadre de ses missions de solidarité sociale, veiller à ce que soient assurés la desserte et le développement de la lecture des publics placés dans des conditions particulières dans les établissements situés sur son territoire.
Le service départemental doit contribuer sur le territoire départemental au développement de la lecture et à l'action culturelle par des actions spécifiques en concertation avec les autres organismes du département.
Le département participe à la constitution et au renouvellement des collections documentaires des bibliothèques et des centres de documentation et d'information des collèges, notamment dans le cadre de la subvention de fonctionnement qu'il leur alloue. Cette subvention s'ajoute aux dépenses pédagogiques prises en charge par l'État[2].

Article 26 : rôle des régions

La région favorise la constitution, le développement, la conservation, l'accessibilité et la mise en valeur de fonds documentaires ou patrimoniaux d'intérêt régional[3].
Elle contribue aux actions d'intérêt régional menées par les bibliothèques de la région.
Elle peut élaborer les outils collectifs permettant aux bibliothèques de la région d'assurer ces missions.
La région participe à la constitution et au renouvellement des collections documentaires des bibliothèques et des centres de documentation et d'information des lycées, notamment dans le cadre de la subvention de fonctionnement qu'elle leur alloue. Cette subvention s'ajoute aux dépenses pédagogiques prises en charge par l'État.

Article 27 : rôle des universités[4]

Afin d'assurer les missions qui leur ont été reconnues en matière de formation initiale et continue, de recherche scientifique et technique, de diffusion de la culture et de l'information scientifique et technique ainsi que de coopération internationale, chaque université crée un service commun de la documentation ou bibliothèque universitaire[5].
Les bibliothèques assurent la conservation et l'enrichissement des collections qui leur sont confiées.
L'université assure aux services communs de la documentation[6] les moyens suffisants pour accomplir leur mission, en personnel, locaux et crédits, que ceux-ci proviennent de l'État,

1. Loi 82-213 du 2 mars 1982 relative aux droits et libertés des communes, des départements et des régions, art. 23 : Le département apporte aux communes qui le demandent son soutien à l'exercice de leur compétence.

2. Cette subvention est prévue par le décret du 25 février 1985. Elle s'ajoute aussi au financement par l'État de projets spécifiques notamment dans le cadre des projets d'action éducative..

3. Loi du 2 mars 1982, art. 59 : Le Conseil régional a compétence pour promouvoir le développement économique, social, sanitaire, culturel et scientifique de la région et l'aménagement de son territoire pour assurer la préservation de son identité, dans le respect de l'intégrité, de l'autonomie et des attributions des départements et des communes..
4. Loi 84-52 du 26 janvier 1984 sur l'enseignement supérieur, art. 4.
5. Ces services peuvent être communs à plusieurs universités : services inter-établissements de coopération documentaire ou bibliothèque universitaire.
6. *Cf.* note 4.

des collectivités territoriales ou des moyens qu'elle leur affecte elle-même. Elle favorise l'association ou l'intégration des bibliothèques et centres de documentation de l'université au service commun de la documentation[1].

Elle favorise la mise en place d'actions de coopération entre les bibliothèques universitaires et les autres organismes documentaires de la région.

4. Manifeste de l'Unesco

Manifeste de l'Unesco sur la bibliothèque publique rédigé en collaboration avec la Fédération internationale des associations de bibliothécaires et des bibliothèques (IFLA) en 1994.

Une porte ouverte à la connaissance

La liberté, la prospérité et le développement de la société et des individus sont des valeurs humaines fondamentales. Elles ne peuvent s'acquérir que dans la mesure où les citoyens sont en possession des informations qui leur permettent d'exercer leurs droits démocratiques et de jouer un rôle actif dans la société. Une participation créatrice et le développement de la démocratie dépendent aussi bien d'une éducation satisfaisante que d'un accès libre et illimité à la connaissance, la pensée, la culture et l'information.

La bibliothèque publique, porte locale d'accès à la connaissance, remplit les conditions fondamentales nécessaires à l'apprentissage à tous les âges de la vie, à la prise de décision en toute indépendance et au développement culturel des individus et des groupes sociaux.

Ce Manifeste proclame la confiance que place l'Unesco dans la bibliothèque publique en tant que force vive au service de l'éducation, de la culture et de l'information, et en tant qu'instrument essentiel du développement de la paix et du progrès spirituel par son action sur l'esprit des hommes et des femmes.

En conséquence, l'Unesco encourage les autorités locales et nationales à s'engager activement à développer les bibliothèques publiques et à leur apporter le soutien nécessaire.

La bibliothèque publique

La bibliothèque publique est le centre local d'information qui met facilement à la disposition de ses usagers les connaissances et les informations de toute sorte.

Les services de bibliothèque publique sont accessibles à tous, sans distinction d'âge, de race, de sexe, de religion, de nationalité, de langue ou de statut social. Des services et des documents spécifiques doivent être mis à la disposition des utilisateurs qui ne peuvent pas, pour quelque raison que ce soit, faire appel aux services ou documents courants, par exemple, les minorités linguistiques, les personnes handicapées, hospitalisées ou emprisonnées.

Toute personne, quel que soit son âge, doit avoir accès à une documentation adaptée à ses besoins. Les collections et les services doivent faire appel à tous les types de supports et à toutes les technologies modernes, de même qu'à la documentation traditionnelle. Il est essentiel qu'ils soient d'excellente qualité, répondant aux conditions et besoins locaux. Les collections doivent refléter les tendances contemporaines et l'évolution de la société de même que la mémoire de l'humanité et des produits de son imagination.

Les collections et les services doivent être exempts de toute forme de censure, idéologique, politique ou religieuse, ou de pressions commerciales.

Missions de la bibliothèque publique

Il faut tenir compte des missions-clés de la bibliothèque publique relatives à l'information, l'alphabétisation, l'éducation et la culture, qui sont les suivantes :

1. créer et renforcer l'habitude de lire chez les enfants dès leur plus jeune âge ;
2. soutenir à la fois l'autoformation ainsi que l'enseignement conventionnel à tous les niveaux ;
3. fournir à chaque personne les moyens d'évoluer de manière créative ;
4. stimuler l'imagination et la créativité des enfants et des jeunes ;
5. développer le sens du patrimoine culturel, le goût des arts, des réalisations et des innovations scientifiques ;
6. assurer l'accès aux différentes formes d'expression culturelle des arts du spectacle ;
7. développer le dialogue interculturel et favoriser la diversité culturelle ;
8. soutenir la tradition orale ;
9. assurer l'accès des citoyens aux informations de toutes catégories issues des collectivités locales ;

1. *Cf.* note 4.

10. fournir aux entreprises locales, aux associations et aux groupes d'intérêt les services d'information adéquats ;
11. faciliter le développement des compétences de base pour utiliser l'information et l'informatique ;
12. soutenir les activités et les programmes d'alphabétisation en faveur de toutes les classes d'âge, y participer, et mettre en œuvre de telles activités, si nécessaires.

Financement, législation et réseaux

En principe, la bibliothèque publique doit être gratuite.
La bibliothèque publique relève de la responsabilité des autorités locales et nationales. Elle doit être soutenue par des textes législatifs spécifiques et financée par les autorités nationales et locales. Elle doit être un élément essentiel de toute stratégie à long terme en matière de culture, d'information, d'alphabétisation et d'éducation.
Afin d'assurer une coordination et une coopération des bibliothèques à l'échelle nationale, des textes législatifs et des plans stratégiques devraient également définir et promouvoir un réseau national de bibliothèques selon des normes de service appropriées.
Le réseau de bibliothèques publiques doit être élaboré en tenant compte des bibliothèques nationales, régionales, de recherche et spécialisées, ainsi que des bibliothèques scolaires, collégiales ou universitaires.

Fonctionnement et gestion

Une politique clairement formulée doit définir les objectifs, les priorités et les services selon les besoins des communautés locales. La bibliothèque publique doit être organisée efficacement et des normes professionnelles de fonctionnement doivent être maintenues.
La coopération avec les partenaires concernés – par exemple, des groupes d'utilisateurs et d'autres professionnels à l'échelon local, régional, national, de même qu'au niveau international – doit être assurée.
Les services doivent être physiquement accessibles à tous les membres de la communauté. Ceci suppose que les bâtiments de la bibliothèque soient bien situés, que celle-ci offre de bonnes conditions de lecture et d'étude, de même que les technologies adéquates et des heures d'ouverture convenant à tous les usagers. Ceci implique également des services destinés à ceux qui sont dans l'impossibilité de se rendre à la bibliothèque.
Les services de bibliothèque doivent être adaptés aux différents besoins des communautés vivant en zones rurale et urbaine.
Le bibliothécaire est un intermédiaire actif entre les usagers et les ressources offertes. La formation professionnelle et continue du bibliothécaire est indispensable pour assurer des services adéquats.
Des programmes d'assistance et de formation des utilisateurs doivent être fournis pour les aider à bénéficier de toutes les ressources

5. Code de déontologie

Code de déontologie du bibliothécaire adopté lors du conseil national de l'Association des bibliothécaires français le 23 mars 2003.

Le bibliothécaire est chargé par sa collectivité publique ou privée de répondre aux besoins de la communauté en matière de culture, d'information, de formation et de loisir. Il constitue à cette fin les collections publiques, en assure la mise en valeur et l'usage citoyen. Conscient des responsabilités qui sont les siennes et appliquant les lois et règlements en vigueur, il s'engage à respecter vis-à-vis de l'usager, des collections, de sa collectivité et de sa profession les principes qui suivent.
Ce Code de déontologie du bibliothécaire, distinct de la charte documentaire propre à chaque établissement et de la charte des bibliothèques du Conseil supérieur des bibliothèques, les complète.

L'usager

Le bibliothécaire est d'abord au service de l'usager de la bibliothèque. L'accès à l'information et à la lecture étant un droit fondamental, le bibliothécaire s'engage dans ses fonctions à :
– respecter tous les usagers ;
– offrir à chacun une égalité de traitement ;
– garantir la confidentialité des usages ;
– répondre à chaque demande, ou, à défaut, la réorienter ;
– assurer la liberté intellectuelle par la liberté de lecture ;
– assurer le libre accès de l'usager à l'information sans laisser ses propres opinions interférer ;
– permettre un accès à l'information respectant la plus grande ouverture possible, libre, égal et gratuit, sans préjuger de son utilisation ultérieure ;
– garantir l'autonomie de l'usager, lui faire partager le respect du document, favoriser l'autoformation ;
– promouvoir auprès de l'usager une conception de la bibliothèque ouverte, tolérante, conviviale.

La collection

Le bibliothécaire favorise la réflexion de chacun par la constitution de collections répondant à des critères d'objectivité, d'impartialité, de pluralité

1. *Le Métier de bibliothécaire*, Association des bibliothécaires français ; sous la direction de Raphaëlle Mouren et Dominique Peignet, Paris, éditions du Cercle de la librairie, 2003.

d'opinion. Dans ce sens, il s'engage dans ses fonctions à :
– ne pratiquer aucune censure, garantir le pluralisme et l'encyclopédisme intellectuel des collections ;
– offrir aux usagers l'ensemble des documents nécessaires à la compréhension autonome des débats publics, de l'actualité, des grandes questions historiques et philosophique ;
– appliquer les dispositions législatives et réglementaires concernant les collections, ainsi que les décisions de la justice, sans se substituer à celle-ci, notamment celles qui interdisent la promotion de toute discrimination et de toute violence ;
– assurer la fiabilité des informations, œuvrer à leur mise à jour permanente et à leur conformité à l'état présent des connaissances scientifiques ;
– organiser l'accès aux sources d'information pour les rendre disponibles, y compris à distance, selon les normes professionnelles en vigueur ;
– faire connaître et mettre en valeur les collections, les ressources, les services dans le respect de la neutralité du service public ;
– faciliter la libre circulation de l'information.

La tutelle (collectivité publique ou privée)

La tutelle définit dans son domaine de compétence une politique générale. Dans ce cadre, la définition de la politique documentaire, déléguée au bibliothécaire, est précisée dans une charte, validée par la tutelle. Le bibliothécaire en assure la mise en œuvre au quotidien dans le respect de ce code :
– le bibliothécaire participe à la définition de la politique culturelle de sa tutelle ;
– le bibliothécaire applique la politique de sa tutelle tant que celle-ci ne va pas à l'encontre des lois générales, des missions pérennes et scientifiques de l'établissement, ainsi que des valeurs définies dans ce code ;
– le bibliothécaire fait valoir auprès de sa tutelle les nécessités de formation professionnelles, comme stagiaire ou comme formateur, et plus particulièrement celles liées à sa participation aux journées d'étude, aux voyages d'étude et aux instances statutaires des associations professionnelles. Cette participation est considérée comme temps de travail ;
– le bibliothécaire rend compte à sa tutelle, en les évaluant, des services et des activités de l'établissement ;
– le bibliothécaire veille à ne pas céder aux groupes de pression politiques, religieux, idéologiques, syndicaux, sociaux qui essaieraient d'influer sur les politiques d'acquisition par imposition forcée, interdiction ou intimidation, directement ou par le biais de sa tutelle.

La profession

Les professionnels des bibliothèques forment un corps professionnel solidaire. Au sein de ce corps, le bibliothécaire trouve aide et assistance, et apporte ses connaissances et son expérience. Dans ce cadre le bibliothécaire :
– contribue à l'utilité sociale de la profession ;
– exerce son métier sans laisser interférer ses intérêts et opinions personnelles ;
– développe son savoir professionnel, se forme et forme afin de maintenir un haut degré de compétence ;
– visite des bibliothèques, rencontre des collègues, y compris à l'étranger ;
– s'implique dans la vie professionnelle en étant membre d'associations professionnelles, participe à des congrès (nationaux et internationaux) et en rend compte ;
– publie et transmet, fait avancer la réflexion autour du métier en participant à des publications, à des colloques et journées d'étude ;
– encourage la coopération, la mutualisation d'outils, l'appartenance à un réseau de coopération et de partage des savoirs ;
– recherche l'amélioration des services par l'innovation ;
– milite activement pour le recrutement et la promotion de personnel qualifié ;
– élargit les publics ;
– s'implique professionnellement et intègre son établissement dans la vie de la cité.

Annexe 2

Fiche individuelle de renseignement

(Épreuve d'admission du concours externe)

ministère éducation nationale

Liberté • Égalité • Fraternité
RÉPUBLIQUE FRANÇAISE

MINISTÈRE
DE L'ENSEIGNEMENT SUPÉRIEUR
ET DE LA RECHERCHE

CONCOURS EXTERNE DE
BIBLIOTHÉCAIRE ASSISTANT SPÉCIALISÉ
DE CLASSE NORMALE

Session 2014

ÉPREUVE ORALE D'ADMISSION

FICHE INDIVIDUELLE DE RENSEIGNEMENT

A ENVOYER PAR LES CANDIDATS ADMISSIBLES

FICHE À RETOURNER AU
MINISTÈRE DE L'ENSEIGNEMENT SUPÉRIEUR
DGRH D5
72, rue Regnault
75243 PARIS Cedex 13
AU PLUS TARD LE 14 AVRIL 2014,
LE CACHET DE LA POSTE FAISANT FOI

VOTRE IDENTITÉ

N° de DOSSIER ou d'inscription : ....

NOM DE FAMILLE : ....

NOM D'USAGE : ....

Prénom(s) : ....

Date et lieu de naissance (ville) : .../.../.... ....

SCOLARITÉ GÉNÉRALE

ANNÉE	DURÉE	DIPLÔME(S) OBTENU(S)/ OPTION
....	....	....
....	....	....
....	....	....
....	....	....

FORMATIONS/ STAGES

ANNÉE	DURÉE	ORGANISME	INTITULÉ
....	....	....	....
....	....	....	....
....	....	....	....
....	....	....	....

VOUS POUVEZ JOINDRE UNE ATTESTATION DE VOS FORMATIONS

EXPÉRIENCE PROFESSIONNELLE

ANNÉE	DUREE	EMPLOYEUR	ACTIVITE
....	....	....	....
....	....	....	....
....	....	....	....
....	....	....	....
....	....	....	....

DIVERS (langues, compétences informatiques, centres d'intérêt)

....

....

OBSERVATIONS (FACULTATIF) :

Si vous le souhaitez, vous pourrez porter à la connaissance du jury, dans cette rubrique, des informations ou des observations complémentaires sur votre situation, votre formation, votre parcours professionnel, etc.

....

....

....

....

....

....

....

Annexe 3

Dossier RAEP

(Épreuve d'admission du concours interne)

ministère éducation nationale

Liberté • Égalité • Fraternité
RÉPUBLIQUE FRANÇAISE

MINISTÈRE
DE L'ENSEIGNEMENT SUPÉRIEUR
ET DE LA RECHERCHE

CONCOURS INTERNE DE BIBLIOTHÉCAIRE ASSISTANT SPÉCIALISÉ DE CLASSE NORMALE

SESSION 2014

DOSSIER DE RECONNAISSANCE DES ACQUIS DE L'EXPÉRIENCE PROFESSIONNELLE

A ENVOYER PAR LES CANDIDATS ADMISSIBLES

DOSSIER À RETOURNER, EN QUATRE EXEMPLAIRES,
AU PLUS TARD LE 14 AVRIL 2014, AVANT MINUIT,
LE CACHET DE LA POSTE FAISANT FOI
au
MINISTÈRE DE L'ENSEIGNEMENT SUPÉRIEUR
ET DE LA RECHERCHE
Bureau DGRH D5 – BIBAS RAEP CN
72, rue Regnault
75243 Paris cedex 13

Nom : ....[1] Prénom : ....

Numéro de candidat/d'inscription (champ obligatoire) : ....

À ...., le ..... / ..... / .....

Signature du demandeur :

[1] Pour remplir les champs du formulaire, double-cliquer sur les parties grisées ou utiliser la touche tabulation.

1/9

DOCUMENT DESTINÉ AU SERVICE CONCOURS

DÉCLARATION SUR L'HONNEUR

Je soussigné (e) ....

Souhaite me présenter au concours interne de bibliothécaire assistant spécialisé de classe normale.

Récapitulatif des documents à joindre à votre dossier (cocher les cases) :
☐ photocopie(s) d'attestations de formation ;
☐ le cas échéant, deux documents, travaux ou actions au maximum.

Je déclare sur l'honneur :
☐ l'exactitude de toutes les informations figurant dans le présent dossier* ;
☐ avoir pris connaissance du règlement concernant les fausses déclarations**.

À ...., le ..... / ..... / ..... Signature du candidat

VISA DE L'AUTORITÉ COMPÉTENTE

Je soussigné(e) M...
ayant la qualité de ....
certifie que M...
exerce dans mes services en qualité de ....

À ...., le ..... / ..... / ..... Signature et Cachet du bureau/service

* Selon les dispositions de l'article 20 de la loi n° 84-16 du 11 janvier 1984 modifiée, portant dispositions statutaires relatives à la fonction publique de l'État, la vérification des conditions requises pour concourir doit intervenir au plus tard à la date de la nomination.

Il ressort de ces dispositions que :
- la convocation des candidats aux épreuves ne préjuge pas de la recevabilité de leur demande d'inscription ;
- lorsque le contrôle des pièces fournies montre que des candidats ne remplissent pas les conditions requises pour faire acte de candidature, ils ne peuvent ni figurer, ni être maintenus sur la liste d'admission, ni être nommés dans le grade supérieur, qu'ils aient été ou non de bonne foi.

**En cas de fausses déclarations, le candidat est passible des sanctions pénales prévues par les articles 441-6 et 441-7 du code pénal.

La loi n° 78-17 du 6 janvier 1978 relative à l'informatique, aux fichiers et aux libertés s'applique aux réponses faites sur ce formulaire. Elle garantit au candidat un droit d'accès et de rectification pour les données personnelles le concernant auprès de l'autorité compétente.

2/9

PREMIÈRE PARTIE

0

VOTRE IDENTITÉ

NOM DE FAMILLE : ....

NOM D'USAGE : ....

Prénom(s) : ....

Date et lieu de naissance : ..... / ..... / ....

Adresse (n°, rue, avenue, etc.) :
....
....

Code postal : ...... Ville : ....

☎ domicile : .... ☎ portable : ....

☎ bureau : ....

E-mail : .... @ ....
.... @ ....

VOTRE SITUATION ACTUELLE :

Cochez les cases et renseignez les champs correspondant à votre situation.

☐ **FONCTIONNAIRE**

Administration :

....

Service : ....

Statut : ....

Corps ou cadre d'emplois :

....

Préciser le grade.

Catégorie : ...

☐ **AGENT NON TITULAIRE DE DROIT PUBLIC**

Administration :

....

Service : ....

Statut : ....

Niveau : ....

En exercice depuis :

....

☐ **AUTRE SITUATION (militaire, etc.)**

Précisez : ....

3/9

VOTRE PARCOURS DE FORMATION

LES FORMATIONS (PROFESSIONNELLES CIVILES ET MILITAIRES, STAGES, CONGÉS DE FORMATION, ETC.) :
Indiquez systématiquement pour chacune d'entre elles la durée exacte de la formation suivie.

PÉRIODE	DURÉE	ORGANISME DE FORMATION	SPÉCIALITÉ	INTITULÉ DE LA FORMATION ET INTITULÉ DU TITRE ÉVENTUELLEMENT OBTENU
Du : .... Au :	....	....	....	....
Du : .... Au :	....	....	....	....
Du : .... Au :	....	....	....	....
Du : .... Au :	....	....	....	....

Du : .... Au :	....	....	....	....
Du : .... Au :	....	....	....	....
Du : .... Au :	....	....	....	....
Du : .... Au :	....	....	....	....

VOUS POURREZ JOINDRE UNE ATTESTATION DE VOS FORMATIONS

TROISIÈME PARTIE

VOTRE EXPÉRIENCE PROFESSIONNELLE

VOS SERVICES OU ACTIVITÉS ANTÉRIEURES EN TANT QU'AGENT PUBLIC OU DANS LE SECTEUR PRIVÉ :
Présentez dans le tableau ci-dessous tous les emplois que vous avez occupés, en commençant par l'expérience la plus récente.

PÉRIODE (En cas de temps partiel, préciser en % la quotité hebdomadaire travaillée)	DURÉE	NOM, ACTIVITÉ ET LIEU DE L'ORGANISME	ACTIVITÉ (EMPLOI / FONCTION, SERVICE, NIVEAU OU CATÉGORIE A / B / C)	COMPÉTENCES ACQUISES
Du : .... Au : .... Quotité (en %)	....	....	....	....
Du : .... Au : .... Quotité (en %)	....	....	....	....
Du : .... Au : .... Quotité (en %)	....	....	....	....
Du : .... Au : .... Quotité (en %)	....	....	....	....

Du : .... Au : .... Quotité (en %)	....	....	....	....
Du : .... Au : .... Quotité (en %)	....	....	....	....
Du : .... Au : .... Quotité (en %)	....	....	....	....
Du : .... Au : .... Quotité (en %)	....	....	....	....
Du : .... Au : .... Quotité (en %)	....	....	....	....

QUATRIÈME PARTIE : RAPPORT D'ACTIVITÉS 0

Présentez les éléments qui constituent, selon vous, les acquis de votre expérience professionnelle et vos atouts au regard des connaissances, compétences et aptitudes recherchées (1 à 2 pages dactylographiées maximum).
Vous pourrez en outre joindre ou présenter deux documents, travaux ou actions au maximum réalisés au cours de vos activités qu'il vous paraîtrait pertinent de porter à la connaissance du jury.

....

ACCUSÉ DE RÉCEPTION DU DOSSIER DE RAEP POUR LE CONCOURS INTERNE DE BIBLIOTHÉCAIRE ASSISTANT SPÉCIALISÉ DE CLASSE NORMALE - 2014

Le dossier devra être retourné accompagné d'une enveloppe portant l'adresse du candidat et affranchie au tarif en vigueur pour 20 grammes.

À REMPLIR PAR LE CANDIDAT

NOM DE FAMILLE : ....

NOM D'USAGE : ....

PRÉNOM : ....

DATE DE NAISSANCE : ..... / ..... / .....

ADRESSE :
....
....

CADRE RÉSERVÉ À L'ADMINISTRATION

MADAME, MONSIEUR,

DOSSIER N° : 2014/FDI/........................

VOTRE DOSSIER DE RAEP A ÉTÉ ENREGISTRÉ LE : ..... / ..... / .....

NOM ET SIGNATURE DE L'AUTORITÉ ADMINISTRATIVE
....

Annexe 4

4. Guide d'aide au remplissage du dossier RAEP
(Concours interne)

Liberté • Égalité • Fraternité
RÉPUBLIQUE FRANÇAISE

ministère
éducation
nationale

MINISTÈRE
DE L'ENSEIGNEMENT SUPÉRIEUR
ET DE LA RECHERCHE

Secrétariat général- direction générale des ressources humaines

Sous-direction du recrutement

GUIDE D'AIDE AU REMPLISSAGE DU DOSSIER DE RECONNAISSANCE DES ACQUIS DE L'EXPÉRIENCE PROFESSIONNELLE

La constitution du dossier de reconnaissance des acquis de l'expérience professionnelle (RAEP) qui doit être établi obligatoirement selon le modèle qui vous est fourni par l'administration, va vous offrir la possibilité de porter à la connaissance du jury votre niveau de formation professionnelle ainsi que les acquis de votre expérience professionnelle.

Les acquis de l'expérience professionnelle doivent être entendus comme l'ensemble des connaissances, compétences et aptitudes professionnelles développées par un candidat :
- dans l'exercice d'une activité au sein de la fonction publique ;
- dans l'exercice dans le secteur privé d'une activité salariée, non salariée ou bénévole, en France ou dans un autre État.

Le dossier RAEP illustre les différentes étapes de la carrière professionnelle. Il devra comporter des informations suffisamment précises sur vos activités professionnelles, les connaissances et compétences qu'elles vous ont permis d'acquérir pour que le jury puisse faire le lien entre celles-ci et les compétences et aptitudes recherchées pour exercer l'un des emplois d'affectation des personnels du corps auquel vous souhaitez accéder.

Le dossier comporte quatre parties.

Dans la **première partie**, relative à **votre identité**, vous indiquerez, outre vos coordonnées, date et lieu de naissance, votre situation professionnelle.

La **deuxième partie** porte sur **votre parcours de formation**. Vous indiquerez dans le tableau en pages 4 et 5 du dossier les formations suivies que vous jugez importantes pour l'acquisition de vos compétences professionnelles (formations professionnelles civiles et militaires, stages...). Vous devrez préciser pour chacune d'entre elles leur durée exacte. Il n'est pas nécessaire de citer des formations de 2 ou 3 jours.

La **troisième partie** concerne **votre expérience professionnelle**. Vous présenterez vos services ou activités antérieures dans le secteur public ou privé dans le tableau en pages 6 et 7 du dossier en commençant par l'expérience la plus récente. Vous préciserez pour chaque activité la période d'exercice, sa durée, son niveau, l'organisme employeur et les compétences acquises.

Dans la **quatrième partie**, vous présenterez les éléments qui constituent selon vous, les acquis de votre expérience professionnelle sous forme d'un **rapport d'activité de deux pages dactylographiées au maximum**. Le rapport d'activité n'est ni un *curriculum vitae*, ni une lettre de motivation. Il a pour but de préciser votre expérience et votre niveau de qualification. Il doit faire ressortir vos atouts au regard des connaissances, compétences et aptitudes recherchées, et convaincre le jury que vous êtes apte à remplir les fonctions postulées.

Vous pourrez indiquer, outre les différents emplois que vous avez exercés au cours de votre carrière, les fonctions bénévoles ainsi que toute autre activité que vous souhaiterez porter à la connaissance du jury (participation à des groupes de travail, à des instances représentatives, tutorat, volontariats…) en faisant ressortir pour chaque emploi ou activité, votre niveau de responsabilité, les compétences et les connaissances acquises.

Vous pourrez joindre à cette quatrième partie du dossier, à titre d'illustration de vos compétences professionnelles, deux documents ou travaux, ou présenter deux actions, si possible de nature différente, que vous avez réalisés dans le cadre de votre activité et qu'il vous paraîtrait pertinent de porter à la connaissance du jury, au regard de l'expérience professionnelle recherchée.

Si vous choisissez de présenter une ou deux actions, il vous est suggéré de suivre la chronologie suivante :

- la situation à traiter ;
- le processus d'élaboration de la réponse à la situation ;
- les objectifs à court, moyen et long terme ;
- l'action menée ou proposée ;
- les résultats obtenus.

S'agissant des documents susceptibles d'être présentés, ils peuvent être de nature très variée : note, fiche, lettre, rapport, dossier préparatoire d'une réunion, compte rendu, circulaire, relevé de conclusion, mémoire en défense, guide méthodologique, supports de communication (affiche, plaquette, ordre du jour d'une réunion…), organisation de réunions, négociation auprès de prestataires privés, bons de commande …

Ces documents doivent faire ressortir clairement la qualité de votre travail et le niveau de vos compétences. Choisissez-les non pour leur épaisseur ou leur format, mais pour leur pertinence et leur caractère récent. Vous veillerez à éviter d'alourdir le dossier inutilement en y joignant des documents trop volumineux (5 pages maximum par document), et à supprimer toute référence nominative à une personne autre que vous-même.

Chaque document pourra, en outre, être accompagné d'un descriptif de deux pages maximum, **obligatoirement dactylographié**, afin d'aider le jury à analyser au mieux les missions que vous avez exercées et les compétences que vous maîtrisez. Vous devez lui apporter des informations qui expliqueront, autour de chacun des documents que vous aurez choisis, votre activité professionnelle. Vous préciserez pour chaque document, le type de document choisi, le nombre de pages du document et la nature des missions et des compétences que vous estimez attester à l'aide du document.

Avant de commencer la rédaction de chaque descriptif, il vous est suggéré de vous poser plusieurs questions (cette liste n'est pas exhaustive) :

1) La finalité du document choisi
Réfléchissez à son objet, son but ou son objectif. Est-ce un document préparatoire, un document d'information, de consultation, d'explication ?

2) La procédure dans laquelle le document s'inscrit
Ce document a-t-il un fondement législatif, réglementaire ?

3) Le fait générateur du document
Quel a été le commanditaire de votre production ? Ce document répond-il à une demande écrite/orale, à celle d'un usager, à la demande écrite/orale du chef de service ? A-t-il été produit à votre initiative ?

4) Les procédures et démarches préalables à la production de votre document
Avez-vous été amené à consulter des services ? Sous quelles formes ? Avez vous dû effectuer des recherches documentaires/ juridiques ? Sous quelles formes ? Avez-vous dû expertiser des textes de droit, organiser des réunions ? Selon quelles modalités ? Avez-vous été amené à vérifier des pièces de dossier ?
5) Les contraintes éventuelles liées à la production de votre document
Aviez-vous eu des délais à observer, des consultations préalables obligatoires (organismes, administrations..), à tenir des commissions ?

6) Les modalités d'élaboration du document

Quel travail de réflexion et de rédaction son élaboration a-t-il représenté ? Avez-vous dû prendre en compte un texte réglementaire plus ancien, un rapport, un bilan... ? Est-il le résultat d'un travail personnel ou d'équipe ? Dans ce cas, vous préciserez la part personnelle que vous aurez prise à l'élaboration du document. A-t-il été précédé de saisie informatique nécessaire, par exemple, pour l'établissement d'un bilan d'évaluation ... ?

7) La ou les suites données à votre document

À l'issue de sa production, votre document a-t-il été validé ? Mis à la signature d'une autorité hiérarchique ? (Précisez laquelle). Publié ? Diffusé ? Sur quel périmètre ? Peut-être a-t-il donné lieu à un enregistrement, un classement, une mise en paiement, une inscription à l'ordre du jour d'une commission.

Annexe 5

Vocabulaire professionnel et bibliothéconomique

Il apparaissait important à l'auteur de fournir quelques définitions élémentaires du vocabulaire bibliothéconomique. Ce chapitre constitue un premier socle de connaissances requises pour prétendre réussir au concours de bibliothécaire assistant spécialisé. Inspirées et adaptées des livres ***Documentation*** (3 tomes), Association française de normalisation, Paris, AFNOR, 2000, ***Normes de catalogage*** (3 tomes), Association française de normalisation, Paris, AFNOR, 2005, *Vocabulaire de la documentation*, Institut national des techniques de la documentation, Paris, ADBS éditions, 2004 et ***Le Métier de bibliothécaire***, *Association des bibliothécaires français, Paris, éditions du Cercle de la librairie, 1996*, les locutions proposées s'attachent exclusivement à préciser le sens des mots spécifiques aux bibliothèques. Nous laisserons donc aux dictionnaires de la langue française le monopole des explications plus générales.

Assimiler la signification des termes suivants – sans forcément chercher à les apprendre par cœur – permettra, sinon de vous assurer un franc succès au concours de bibliothécaire assistant spécialisé, du moins de participer à votre nécessaire confort psychologique. Ne vous en privez donc pas !

Mode d'emploi : Tout mot écrit en italique désigne une entrée du glossaire et par conséquent un renvoi à un autre concept. Vous pouvez, au fil de votre lecture, vous y reporter de façon systématique.

A

Abonnement. Souscription à un magazine ou une revue. (Voir aussi *Acquisition*).

Abrégé. (Édition). **1.** Version écourtée, généralement d'un livre. **2.** Bref synopsis d'un ouvrage qui en donne le sens général.

Absorption. Incorporation d'une ou plusieurs publications en série dans une autre publication en série ; les publications absorbées perdent alors leur identité distincte. (Synonyme : *Fusion*).

Abstract. Un abstract est un répertoire de références qui, en plus de la référence bibliographique, en donne un résumé.

Accès au contenu. Mode de recherche, proposé à l'utilisateur d'un système d'information, lui permettant de repérer, puis d'atteindre l'information ou le document recherché.

Accès au document. C'est la méthode adoptée par les usagers pour se procurer un document. Il existe trois modes d'accès au document en bibliothèque :

– le **libre accès** permet aux lecteurs de choisir, en toute autonomie, leurs ouvrages sur les rayons situés dans les espaces publics d'une bibliothèque ;

– l'**accès semi-direct** est le principe qui consiste à mettre à disposition des usagers des boîtiers ou pochettes vides, les engageant ainsi à récupérer le document auprès d'un personnel (utilisé fréquemment pour les CD, CD-Rom, DVD, etc.) ;

– l'**accès indirect** concerne les documents rangés en magasin. Dans ce cas précis, la démarche nécessite impérativement l'intervention d'un personnel de la bibliothèque.

Accès distant (ou Accès à distance). (Informatique/Internet). Voir *Accès en ligne*.

Accès en ligne. (Informatique/Internet). Mode d'utilisation d'une ressource électronique stockée sur un support physique distant du lieu d'interrogation. (Synonyme : Accès distant ou *Accès à distance*). (Contraire : *Accès local*).

Accès local. (Informatique/Internet). Mode d'utilisation d'une ressource électronique stockée sur un support physique directement manipulable par l'utilisateur. (Contraire : *Accès en ligne* ou *Accès distant* ou *Accès à distance*).

Accessibilité. Facilité d'accès et d'usage d'un service ou d'une installation.

Accueil. 1. L'accueil est la réponse donnée par un organisme public à une demande d'information, d'écoute, de service ou d'assistance d'un usager. En bibliothèque, l'accueil se conçoit principalement en termes de contact et de relation humaine (en vis-à-vis, par téléphone ou par le biais d'une messagerie électronique). **2.** Par extension, l'accueil est le poste situé à proximité de l'entrée où les personnels sont chargés de renseigner, d'informer, d'orienter et d'inscrire les lecteurs. (Voir aussi *Banque d'accueil*).

Achevé d'imprimer. (Édition). Mention de la date exacte à laquelle l'impression du livre a été achevée, apparaissant en général à la fin d'une publication. Par ailleurs, cette inscription permet d'identifier l'imprimeur.

Acquisition. 1. Document ajouté à une collection, soit à titre onéreux (achat), soit à titre gratuit (échange, don, legs). L'action d'acquérir est une mission bibliothéconomique rattachée au Traitement intellectuel des collections. **2.** Service qui porte le même nom.

Acronyme. Mot formé à partir de la ou des premières lettres de chaque mot successif ou important d'une appellation composée. En France, le terme « acronyme » est en général réservé aux sigles qui peuvent se prononcer de façon syllabique. (Voir aussi *Sigle*).

Actes. Recueil où sont réunis les décisions d'une autorité, les travaux d'un congrès, d'un colloque ou d'une société savante.

Action culturelle. 1. Volonté consciente et planifiée des pouvoirs publics de développer, protéger, promouvoir et diffuser la culture dans les couches les plus larges de la population, en prenant appui sur les ressources matérielles et humaines mises à la disposition de la société. **2.** En bibliothèque, l'action culturelle se conçoit comme un formidable outil de médiation et de promotion de la culture (mise en valeur des fonds documentaires, accueil de nouveaux publics peu sensibilisés à la lecture, formation des lecteurs citoyens aux nouveaux supports de l'information, etc.).

Activateur/Désactivateur. Voir *Sensibilisateur/ Désensibilisateur.*

Activité. (Administration). L'activité est la position du fonctionnaire qui, titulaire d'un grade exerce effectivement les fonctions de l'un des emplois correspondant à ce grade. Elle peut s'exercer soit à temps complet soit à temps partiel.

Adaptation. (Édition). Version d'une œuvre pour une distribution différente de la distribution originale.

Addenda. (Édition). Bref additif à une œuvre publiée.

Adresse bibliographique. (Édition). Ensemble des indications relatives au lieu d'édition du livre, au nom de l'éditeur, à la date d'édition. Par ailleurs, peuvent éventuellement figurer le lieu d'impression et le nom de l'imprimeur.

Adresse électronique. (Télécommunication/ Informatique). Code permettant l'identification d'un utilisateur du courrier électronique sur Internet et l'acheminement des messages qui lui sont destinés. (Équivalent anglais : *E-mail adress*).

Affectation. (Administration). C'est le fait d'attribuer son poste à un fonctionnaire.

Affiche. (Support d'information). Feuille de grand format, imprimée sur une seule face et destinée à l'affichage public.

Agrégateur. (Internet). Application permettant de rassembler (agréger) et de synthétiser des informations publiées sur différents sites web. (Synonyme : Syndication de données).

Ais. (Reliure). Planchette de bois formant le plat d'une reliure, utilisée jusqu'au XVIe siècle.

Album. 1. Recueil de documents iconographiques. **2.** Dans le langage courant, l'album peut désigner un disque ou un CD présenté dans une pochette et rassemblant divers titres d'un chanteur ou d'un musicien.

Allée. Voir Circulation.

Allée de desserte. Dans une bibliothèque, espace aménagé entre deux épis qui permet d'accéder à toutes les travées de ces épis.

Alfa. (Papier). Papier fin et léger obtenu à partir de la plante qui porte le même nom et que l'on trouve principalement en Afrique du Nord.

Almanach. Nom donné aux divers annuaires ou publications ayant vaguement pour base le calendrier.

Alphanumérique. Information matérialisée par des caractères alphabétiques (lettres) et numériques (chiffres).

Amende. Pénalité encourue par un lecteur pour non-respect du délai de prêt. Le retard de restitution des ouvrages entraîne alors le versement d'une somme à payer à la bibliothèque.

Ampliation. Double d'un acte administratif ayant la même valeur légale que l'original.

Analogique. Mode de représentation d'une information sous une forme identique à l'originale.

Analogique (enregistrement). Mode d'enregistrement dans lequel l'allure du signal qui transmet l'information n'est pratiquement jamais transformée.

Anglaise. (Édition). Écriture cursive, penchée à droite.

Annexe. 1. Petite bibliothèque ou antenne dépendant d'une bibliothèque plus importante appelée centrale. **2.** (Édition). Au pluriel, parties finales d'un livre qui succèdent au texte principal.

Annuaire. 1. Recueil publié annuellement et qui contient des renseignements variables d'une année à l'autre. **2.** Publication en série présentant des listes d'adresses de personnes ou d'organismes.

Annuel. 1. *Adjectif.* Qui revient tous les ans. **2.** Se dit d'un périodique qui paraît une fois par an.

Anonyme. Se dit d'un ouvrage dont on n'a pu identifier l'auteur. De façon arbitraire, un ouvrage signé par plus de trois auteurs est considéré comme anonyme par excès d'auteurs.

Anthologie. (Édition). Publication consistant en une collection de contributions en prose ou en vers, abordant généralement un thème commun.

Antique. 1. Objet d'art de l'antiquité. **2.** (Imprimerie). Caractère d'imprimerie formé de traits d'égale épaisseur.

Antivirus. (Informatique). Logiciel spécialisé dans la lutte contre les Virus informatiques et composé d'un module de surveillance et d'un module d'analyse des fichiers.

Antivol. Voir *Système antivol.*

Apocryphe. Se dit de tout ouvrage dont l'auteur est inconnu ou supposé et dont l'autorité est douteuse.

Appendice. (Édition). Supplément placé à la fin d'un ouvrage et qui contient des notes, des documents complémentaires.

Application. (Informatique). Ensemble des ressources logicielles mises en œuvre pour traiter un problème donné.

Aquatinte. (Édition). Procédé de gravure à l'eau-forte imitant le lavis.

Arborescence. Structure hiérarchisée de données. La recherche par navigation arborescente permet de partir du sommet de l'arborescence, qui correspond à l'information la plus générale, pour descendre jusqu'à l'information la plus spécifique en parcourant l'ensemble de la hiérarchie composée d'un ensemble de divisions et de subdivisions de plus en plus fines.

Archivage. Ensemble des méthodes, processus et outils mis en œuvre pour gérer la conservation et l'utilisation des documents et informations d'archives.

Archive ouverte. Base de données où sont déposées des publications provenant de la recherche scientifique et de l'enseignement et dont l'accès se veut « ouvert », c'est-à-dire libre et gratuit.

Archives. 1. Documents, quelle que soient leur date, leur forme et leur support matériel, produits ou reçus et conservés par toute personne physique ou morale, ou par tout service ou organisme public ou privé dans l'exercice de leur activité. **2.** Organisme chargé du contrôle, de la conservation, du tri, du classement, de l'inventaire et de la communication des archives.

Archives ouvertes. Base de données où sont déposées des publications provenant de la recherche scientifique et de l'enseignement et dont l'accès se veut « ouvert », c'est-à-dire libre et gratuit.

Armes (ou Livre aux armes). **1.** Armoiries. **2.** (Reliure). Un livre aux armes désigne un livre sur les *plats* duquel sont marquées au fer les armoiries de son propriétaire. (Voir aussi *Reliure armoirée*).

Arrangement. (Édition). Version d'une œuvre modifiée par additions, suppressions, ou changements dans l'écriture.

Article. Petite partie formant une division intellectuelle dans un document et plus particulièrement dans un journal ou périodique.

Artothèque. Établissements culturels dont les fonds sont constitués d'œuvres d'art contemporain (collections d'œuvres graphiques ou de photographies).

Assemblage. (Édition). Action de rassembler, dans le bon ordre, les différents cahiers d'un livre en vue de leur reliure ou de leur brochage.

Atlas. Recueil ordonné de cartes conçu pour représenter un espace donné et exposer un ou plusieurs thèmes.

Audio. Préfixe. Qui est relatif au son et à sa reproduction.

Audiovisuel. Adjectif. Qui est relatif aux sons et aux images, à leur production, leur diffusion, leur stockage et leur reproduction.

Auteur. Créateur d'une œuvre originale. On peut décliner cette acception en deux sous-rubriques :

– **Auteur principal.** Personne physique ou collectivité ayant rédigé un document ou ayant pris la responsabilité intellectuelle du contenu d'un document.

– **Auteur secondaire.** Personne physique ou collectivité ayant contribué de manière spécifique ou ponctuelle à la réalisation d'un document (Exemple : traducteur, préfacier, etc.).

Autobiographie. Histoire de la vie de quelqu'un écrite par lui-même.

Autoformation (ou Auto-formation). Service qui consiste à offrir des ressources documentaires spécifiquement destinées à l'apprentissage autonome des usagers (didacticiel, documents audio et audiovisuels, etc.).

Automate de prêt. Borne en libre accès qui permet d'enregistrer les prêts et les retours des documents.

Avancement. (Administration). L'avancement désigne le mode de progression de la carrière des fonctionnaires. (Synonyme : Promotion). Il existe deux catégories d'avancement :

– **Avancement d'échelon.** Mesure qui autorise un fonctionnaire à gravir les échelons successifs du grade auquel il appartient. Elle se fonde sur des critères d'ancienneté ou de valeur professionnelle et se traduit par une augmentation de salaire. Le rythme de cette progression est fixé par statut particulier mais peut être accéléré par l'obtention de réductions d'ancienneté.

– **Avancement de grade.** Promotion qui appelle le fonctionnaire à des fonctions supérieures et entraîne le passage dans un grade ou un corps supérieur. Cette évolution de carrière s'opère de trois façons possibles : au choix suite à la proposition du supérieur hiérarchique (inscription par ordre de mérite au tableau d'avancement pour un changement de grade ou inscription sur une liste d'aptitude pour un avancement de corps), par voie d'un examen professionnel ou par voie de concours (interne ou externe).

Avant-propos. Introduction d'un livre habituellement présentée par une personne autre que l'auteur. (Voir aussi *Préface*).

Avant-titre. Complément du titre qui introduit le titre propre, une variante du titre propre ou un titre parallèle et qui se présente avant ce titre.

Avertissement. (Édition). Court propos, placé en début d'ouvrage, mettant en garde le lecteur contre une possible interprétation erronée.

Ayant droit. (Pluriel : des ayants droit). **1.** personne ayant des droits à quelque chose. En bibliothèque, un ayant droit est une personne qui, s'étant inscrite à titre gratuit ou onéreux, bénéficie des droits à solliciter les services offerts par cette bibliothèque. **2.** Personne qui dispose des droits de quelqu'un d'autre. Dans le cadre de la réglementation relative à la propriété intellectuelle, un ayant droit est une personne à qui a été transmis le bénéfice des droits d'auteur sur une œuvre, soit qu'elle en ait hérité à la mort du créateur de l'œuvre, soit que l'auteur l'ait choisie comme légataire de son vivant.

B

Balle. (Édition). Dans les débuts de l'imprimerie, tampon qui sert à encrer la forme d'imprimerie.

Bac. Petite caisse servant au conditionnement, au transport ou au stockage de documents.

Bandeau. (Édition). Ornement horizontal placé en tête d'un chapitre.

Bandelette antivol. (Équipement des collections). Bandelette spécifiquement conçue pour la protection contre le vol des ouvrages et des périodiques. Cette languette adhésive de faible épaisseur s'insère entre deux pages d'un document de façon à être imperceptible. Ce dispositif est basé sur le principe d'une technologie appelée « électromagnétique ». (Voir aussi *Système antivol*).

Banque. Bureau ou mobilier qui permet d'identifier un personnel et le service spécifique qu'il occupe. On peut parler de banque d'accueil, banque de prêt, banque de communication des documents ou encore banque de renseignement bibliographique. (Synonyme : Bureau)

Banque d'accueil. **1.** Bureau ou mobilier aménagé permettant d'assurer les missions d'accueil des publics. **2.** Par extension, dans une bibliothèque, la banque d'accueil désigne le lieu où l'agent en poste est chargé d'informer, d'orienter et d'inscrire les lecteurs.

Banque d'images. Banque de données destinée au stockage et à la recherche d'images fixes ou animées.

Banque de communication. 1. Bureau ou mobilier permettant d'effectuer la communication des documents non accessibles au public. **2.** Par extension, dans une bibliothèque, la banque de communication désigne l'endroit où le personnel en poste est chargé de communiquer les ouvrages en accès semi-direct ou provenant des magasins.

Banque de données. Ensemble de données structurées, organisées et souvent spécialisées sur un sujet particulier, composé de sous-ensembles appelés *Bases de données*.

Banque de prêt. 1. Bureau ou mobilier permettant d'effectuer les transactions de prêt ou de retour des documents. **2.** Par extension, dans une bibliothèque, la banque de prêt désigne le lieu où s'effectuent les prêts et retours de documents.

Banque de renseignement bibliographique. 1. Bureau ou mobilier occupé par un personnel chargé d'effectuer des recherches documentaires pour le compte des lecteurs. **2.** Par extension, dans une bibliothèque, la banque de renseignement bibliographique désigne le lieu où s'effectue la recherche documentaire.

Bas de casse. (Imprimerie). Lettres minuscules d'imprimerie.

Basane. (Reliure). Peau de mouton tannée, assez souple et unie.

Base de données. Ensemble de données relatives à un domaine défini, structurées et organisées afin d'en faciliter l'exploitation. Une base de données se matérialise par un ensemble de fichiers sur support électronique (cédérom, DVD, Internet, etc.).

Bible. (Papier). Nom donné à un papier fin et résistant, utilisé pour l'impression d'ouvrages comportant un grand nombre de pages (exemple : collection La Pléiade de chez Gallimard).

Biblio-. Préfixe d'origine grecque qui entre dans la composition d'un mot pour exprimer la notion de livre.

Bibliobus. Véhicule aménagé en bibliothèque « mobile », desservant certains quartiers de ville (bibliobus municipal) ou des localités dépourvues de bibliothèque (bibliobus des bibliothèques départementales de prêt). (Synonyme : *Bibliothèque itinérante*).

Bibliographie. 1. Discipline qui se propose de rechercher, de signaler et de classer les documents pour constituer des répertoires. **2.** Par extension, le mot « bibliographie » sert à désigner ces répertoires ou une liste de titres donnée à la fin d'un livre, d'un chapitre ou d'un article de périodique.

Bibliographie courante. La bibliographie courante, par opposition à la *bibliographie rétrospective*, s'intéresse aux publications au fur et à mesure de leur parution.

Bibliographie nationale. Bibliographie recensant et décrivant des documents édités dans un seul pays. En France, la première bibliographie nationale a été organisée en 1811.

Bibliographie rétrospective. Une bibliographie rétrospective signale les publications antérieures à l'année en cours.

Bibliologie. Étude systématique des conditions de production, de diffusion et d'utilisation des écrits imprimés sous toute leur forme.

Bibliométrie. Fondée sur l'évaluation quantitative et qualitative des travaux d'un chercheur-publiant et sur son rayonnement international (nombre de fois où ses écrits sont par exemple cités ou référencés), la bibliométrie se définit comme étant l'exploitation statistique des publications scientifiques. En d'autres termes, la bibliométrie permet de mesurer les indicateurs de performance des producteurs (chercheurs) et des diffuseurs (éditeurs) de l'information scientifique et technique.

Bibliophile. Amateur de livres rares ou précieux.

Bibliothécaire. Terme générique désignant une personne employée dans une bibliothèque, qui a reçu une formation générale en bibliothéconomie et/ou en sciences de l'information.

Bibliothéconomie. Ensemble des principes qui définissent les règles d'organisation et de gestion des bibliothèques. Les bases de la bibliothéconomie ont été jetées par Gabriel NAUDÉ en 1627 dans son *Advis pour dresser une bibliothèque*.

Bibliothèque. 1. (Étymologie). Emprunté du latin *bibliotheca*, lui-même dérivé du grec *bibliothêkê*, composé de *biblion* (« livre ») et de *thêkê* (« coffre » ou « lieu de dépôt »). Ainsi, la bibliothèque signifie littéralement « lieu destiné au dépôt des livres ». **2.** Bâtiment dans lequel on conserve et on met à la disposition du public des collections organisées et constituées principalement de livres, de manuscrits, mais aussi de tout autre support d'informations (périodiques, ressources électroniques, enregistrements sonores, enregistrements vidéo, cartes et plans, partitions, estampes, médailles, etc.). (Synonyme : Centre de documentation). **3.** Collection de livres réunis en un même lieu. **4.** (Mobilier). Meuble où l'on range des livres. **5.** (Informatique). Ensemble de fichiers ou de fonctions utiles au développement et à l'exécution d'un programme. Ensemble de fonctions réalisant certaines opérations souvent appelées par les programmes.

Bibliothèque associée. Dans une université, une bibliothèque est dite associée à un Service commun de la documentation (SCD) ou un Service Inter-établissement de coopération documentaire (SICD) lorsqu'elle participe à la politique documentaire de l'établissement alors que ses moyens budgétaires et en personnel sont indépendants.

Bibliothèque électronique. Voir *Bibliothèque numérique*.

Bibliothèque intégrée. Dans une université, une bibliothèque est dite intégrée à un SCD ou un SICD lorsque budget, personnels et documentation dépendent de ce même établissement.

Bibliothèque itinérante. Bibliothèque utilisant un véhicule spécialement aménagé pour mettre les documents à la disposition des usagers qui n'ont pas facilement accès aux locaux d'une bibliothèque. (*Exemple : Bibliobus*).

Bibliothèque nationale. Bibliothèque instituée dans chaque pays et qui a pour mission de collecter, communiquer et conserver le patrimoine national. Elle reçoit habituellement le dépôt légal et comprend une agence bibliographique chargée d'effectuer le signalement des documents.

Bibliothèque publique. Bibliothèque encyclopédique qui dessert une communauté locale ou régionale plutôt que nationale.

Bibliothèque numérique. 1. Bibliothèque dont tout ou partie du fonds est numérisé pour être consulté par le biais d'un ordinateur. **2.** Par extension et pour ne pas considérer qu'un seul aspect de la définition, une bibliothèque numérique est un « système d'information dans lequel toutes les ressources d'information sont disponibles sous une forme traitable par ordinateur et dans lequel toutes les fonctions d'acquisition, de stockage, de conservation, de recherche, d'accès et de visualisation utilisent les techniques numériques[1] ». (Synonymes : Bibliothèque électronique, Bibliothèque virtuelle).

Bibliothèque scolaire. Bibliothèque dépendant d'établissement d'enseignement situé au-dessous du niveau de l'enseignement supérieur (Lycée, Collège) et étant avant tout au service des élèves et des professeurs de ces établissements. (Synonyme : *Centre de documentation et d'information*).

Bibliothèque spécialisée. 1. Bibliothèque couvrant une discipline ou un domaine particulier de la connaissance. **2.** Par extension, bibliothèque desservant essentiellement une catégorie particulière d'usager ou concernant une forme particulière de documents.

Bibliothèque virtuelle. Voir *Bibliothèque numérique.*

Bimensuel. Se dit d'un périodique qui paraît deux fois par mois.

Bimestriel. Se dit d'un périodique qui paraît tous les deux mois.

Biographie. Livre ou article décrivant la vie d'une personne vivante ou morte, célèbre ou pas.

Bisannuel. Voir *Semestriel.*

Blog (Internet). Site web sur lequel un internaute tient une chronique personnelle ou consacrée à un sujet particulier. (Autre appellation : *Weblog.*)

Blogiciel. Logiciel permettant la publication d'un blog.

Blogueur. Celui ou celle qui publie un blog.

Bonification (ou Bonification indiciaire). (Administration). Ce terme désigne l'augmentation du nombre de points d'indice sur la grille de rémunération d'un fonctionnaire et se traduit par une augmentation de salaire.

Bookcrossing (ou Livre-voyageur). Phénomène mondial dont le concept est de faire circuler des livres physiques en les « libérant » dans la nature (banc public, parc, piscine, administration, etc.) pour qu'ils puissent être retrouvés et lus par d'autres personnes, qui les « relâcheront » à leur tour. Cette « sympathique » chaîne du livre qui utilise un site internet pour centraliser les informations permet notamment de faire partager des livres et des impressions de lecture.

Bookmark. (Informatique/Internet). Voir *Signet* (2e définition).

Bouffant. (Édition). Sorte de papier épais mais léger à la surface rugueuse.

Bouquet. En bibliothèque, le terme « bouquet » renvoie aux offres d'abonnements groupés des éditeurs commerciaux (Exemple : Elsevier pour les publications électroniques.)

Bradel. (Reliure). Reliure légère dans laquelle le bloc des cahiers cousus est emboîté dans une couverture cartonnée à l'aide d'une mousseline collée. Elle est caractérisée par une rainure longitudinale qui sépare le dos des *plats* du livre.

Brochage. (Reliure). Opération qui consiste à coudre entre elles les feuilles d'un livre.

Brochure. 1. Publication de 5 à 48 pages, les pages de couverture non comprises. **2.** Petit ouvrage imprimé généralement utilisé à des fins promotionnelles pour décrire des produits disponibles à la vente. **3.** (Reliure). Style de reliure dans lequel la couverture est collée directement au dos.

Browser. (Informatique/Internet). Voir *Navigateur.*

Bruit. (Informatique). Excès de réponses lors d'une recherche d'information sur une base de données. Dans ce cas précis, la requête doit être précisée. (Contraire : *Silence*).

Bulletin. Revue éditée par une association, une administration ou un organisme.

Bulletinage. Opération de pointage, d'enregistrement et de contrôle des fascicules de périodiques à leur arrivée en bibliothèque.

Burin. (Édition). Tige d'acier utilisée pour la gravure en taille douce.

Butée. (Mobilier). Voir *Serre-livres.*

Butinage. Activité du lecteur qui cherche dans les rayons ou dans un système informatique et feuillette les documents en vue de s'informer.

C

Cadre d'emploi. (Administration). Ensemble de personnels territoriaux soumis aux mêmes statuts particuliers, leur donnant vocation à occuper des fonctions déterminées (relatif aux personnels de la Fonction publique territoriale). (Voir aussi *Corps*).

Cahier. (Reliure). Réunion des feuilles pliées que l'on pique ensemble pour les coudre.

Cahier des charges. (Administration). Document contractuel permettant d'encadrer un fournisseur en vue d'un

1. Définition proposée par Charles OPPENHEIM et Daniel SMITHSON, «What is the hybrid library ?», *Journal of information science*, 1999, vol. 25, n° 2, p. 97-112.

contrat ; il regroupe des informations sur les objectifs, les besoins, les spécifications et l'impact d'un projet.

Calame. Morceau de roseau qui servait à écrire sur des tablettes d'argile ou sur de la peau de bête.

Capitale. (Édition). Lettre majuscule utilisée pour les inscriptions antiques et conservée ensuite pour les initiales.

Caractère. Élément de base d'un système d'écriture (lettre, chiffre, signe, symbole, espace).

Caractère de classement. Unité de classement du niveau le plus bas.

Caroline. (Édition). Écriture cursive employée à l'époque carolingienne.

Carrel. Espace individuel de travail qui offre la possibilité à un lecteur de s'isoler et d'utiliser éventuellement un appareil audiovisuel ou un ordinateur.

Carrière. (Administration). C'est l'ensemble des étapes et degrés successifs dans le déroulement de la vie professionnelle d'un fonctionnaire.

Carte de lecteur. Document délivré aux personnes contractant une inscription en bibliothèque. La carte de lecteur confère à son propriétaire un certain nombre de droits à utiliser les fonds et les services d'une ou d'un réseau de bibliothèques.

Cartonnage. (Traitement matériel des documents). Action de couvrir un livre de carton ou de papier.

Cartothèque. C'est une bibliothèque, ou une section de bibliothèque, dont les collections sont constituées de cartes.

Cartouche. Boîtier contenant une bande enroulée sur un seul noyau. Ce terme est notamment utilisé pour désigner un support de *jeu vidéo.*

Casse. (Imprimerie). Tiroirs ou casiers divisés en petits compartiments *(les cassetins)* servant à ranger les caractères d'imprimerie en plomb.

Cassetin. (Imprimerie). Voir *Casse.*

Cassette. Bande magnétique audio enroulée sur deux noyaux jumelés contenu dans un boîtier. La bande peut correspondre à un support audio (cassette audio) ou à un support vidéo (cassette vidéo).

Catalogage. (Traitement technique des documents). Rédaction de notices bibliographiques à partir d'une description normalisée des éléments permettant l'identification d'un document.

Catalogue. 1. Liste détaillée des pièces composant une collection, établie suivant un ordre déterminé, pour en faciliter la recherche. Il peut se présenter sous diverses formes : fiches, « listing », volume, microforme, CD-Rom ou banque de données. **2.** Par extension, un catalogue de bibliothèque est un outil permettant d'identifier et de localiser les documents d'une bibliothèque ou d'un centre de documentation. (Synonyme : *Répertoire.*) (Voir aussi *Source bibliographique.*) L'appellation d'un catalogue diffère en fonction de sa propre organisation. On parle alors de :
- **Catalogue alphabétique** pour une liste dont les mots de classement (auteur, titre ou sujet) sont rangés dans l'ordre des lettres de l'alphabet.
- **Catalogue alphabétique matières** pour une liste dans laquelle les notices sont classées dans l'ordre alphabétique des sujets traités.
- **Catalogue systématique** pour un catalogue dont les notices sont organisées selon la classification décimale utilisée dans l'établissement.
- **Catalogue topographique** pour un catalogue dans lequel les notices sont classées selon l'ordre des cotes déterminant le classement des ouvrages sur les rayons.

Catalogue collectif. Catalogue recensant les collections de plusieurs bibliothèques. (*Exemple :* Catalogue collectif de France, Système universitaire de documentation).

Catégorie. (Administration). Système de hiérarchisation des personnels correspondant à des responsabilités, des niveaux de formation générale et de recrutement. Dans un ordre décroissant, on distingue trois catégories :
- **Catégorie A :** Personnels chargés de fonctions d'étude, de conception, d'encadrement ou de direction dont la formation initiale correspond au moins à un diplôme de niveau II (bac + 3).
- **Catégorie B :** Personnels chargés de fonctions techniques, d'application, de mise en œuvre de procédures ou d'encadrement intermédiaire dont la formation initiale correspond au moins à un diplôme de niveau IV (baccalauréat) ou III (bac + 2).
- **Catégorie C :** Personnels chargés de fonctions d'exécution et dont la formation initiale correspond au moins à un diplôme de niveau V (brevet des collèges, CAP, BEP).

Cédérom. Orthographe française officielle de CD-ROM. Support d'informations numériques matérialisé par un disque de douze centimètres de diamètre permettant le stockage de 650 à 700 millions d'octets. (Voir *Disque optique numérique*).

Censure. 1. Contrôle exercé par une autorité ou un groupement idéologique sur le contenu des différentes formes d'expression ou d'information allant jusqu'à en interdire la publication, la représentation ou la diffusion. **2.** (Déontologie). Selon Gustave Flaubert, la censure est un « attentat contre la pensée » (« La censure, quelle qu'elle soit, me paraît une monstruosité, une chose pire que l'homicide ; l'attentat contre la pensée est un crime de lèse-âme. » *In Correspondance*, 1852, p. 59).

Centre de documentation. Organisme ou service chargé de rassembler, organiser, conserver, mettre à la disposition d'utilisateurs les outils de recherche et les documents apportant une réponse à leur demande d'information. (Synonyme : *Bibliothèque*).

Centre de documentation et d'information (CDI). Voir *Bibliothèque scolaire.*

Cessation de fonctions. (Administration). La cessation définitive de fonctions est un mécanisme qui entraîne la radiation des cadres et la perte de la qualité de fonctionnaire. Elle peut intervenir en cas de démission, de licenciement, de révocation, d'abandon de poste ou de départ à la retraite.

Chagrin. (Reliure). Peau de chèvre à grains assez petits.

Chaîne de caractères (Informatique). En informatique, une chaîne de caractères est définie par une suite de caractères alphanumériques ; elle se termine et elle est séparée d'une autre chaîne de caractères par un espace, ou un signe de ponctuation.

Chaîne documentaire. Voir *Circuit des documents.*

Chaînette. (Reliure). Point de reliure dont la disposition évoque les maillons d'une petite chaîne.

Champ. 1. Partie d'un enregistrement contenant une catégorie particulière de données. (Synonyme : *Rubrique*). **2.** Voir aussi *Champ d'interrogation.*

Champ d'interrogation. Rubrique dans laquelle peut être consignée une requête ou une information lors d'une recherche menée à partir d'une base de données ou d'un catalogue de bibliothèque (auteur, mots du titre, éditeur, etc.).

Chapitre. (Édition). Division numérotée ou titrée d'un document écrit, qui se suffit généralement à elle-même mais qui est en relation avec les divisions qui la suivent ou qui la précèdent.

Chariot. Petit meuble à roulettes favorisant le transport des documents.

Charnière. (Reliure). Articulation du plat et du dos du livre.

Charte. (Administration). La charte définit les principes fondamentaux qui déterminent la vie, les relations et les valeurs dans un établissement. C'est un document facultatif mais qui trouve tout son sens lorsque sont évoqués de grands principes applicables à une communauté : le respect, l'égalité, la neutralité ou encore la solidarité. En bibliothèque, il n'est pas rare d'évoquer la notion de « charte de bonne conduite » ou de « charte informatique » pour prévenir tous les abus d'usage.

Charte graphique. Assemblage de lettres, de signes et/ou de symboles (images, logos, etc.) qui constitue l'identité graphique d'une organisation, d'un projet ou d'une entreprise.

Chasse. 1. (Reliure). Partie du *plat* qui déborde des pages du livre. **2.** (Imprimerie). Largeur du caractère typographique.

Chine. (Édition). Papier de faible épaisseur, fabriqué à partir de l'écorce de bambou et qui s'utilise encore aujourd'hui pour la restauration des documents.

Chronodégradable. Adjectif utilisé pour désigner la durée limitée du prêt d'un livre électronique.

Cinémathèque. 1. C'est une bibliothèque ou un service d'archives dont les collections sont constituées de films. **2.** Plus généralement, c'est un lieu où l'on conserve et projette des films de cinéma.

Circuit des documents. Ensemble des opérations bibliothéconomiques conduites par une bibliothèque pour mettre à disposition des lecteurs ses collections ; cette succession de tâches – improprement appelée *circuit du livre* – correspond au cheminement interne des documents dans la bibliothèque et sert notamment à désigner les principales séquences de travail : sélection/acquisition, traitement intellectuel (indexation - cotation), traitement technique (catalogage - bulletinage - exemplarisation), traitement matériel (équipement), mise en rayons.

Circuit du livre. Voir *Circuit des documents.*

Circulation. 1. Dans une bibliothèque, une circulation correspond à une allée, un couloir, un dégagement, un escalier ou une rampe permettant le passage de personnes et/ou de chariots de vacuité d'ouvrages. Tout déplacement doit être à ce sujet étudié pour répondre aux normes de sécurité. (Synonyme : Allée). **2.** Contrôle des prêts, de l'identification de l'utilisateur, du statut, des retours, des réservations, des exemplaires issus du fonds d'une bibliothèque.

Citation. Extrait d'une œuvre littéraire, utilisé dans un ouvrage différent pour illustrer un propos (Voir exemple proposé pour la définition déontologique de la *Censure*).

Classe. Dans une classification, ensemble de notions résultant de la division d'un domaine de la connaissance en parties distinctes. Une classe peut elle-même être subdivisée et donner ainsi des *sous-classes* qui lui sont subordonnées.

Classement. Opération consistant en la mise en ordre intellectuelle et physique des documents dans les espaces ou mobiliers de stockage. (Synonyme : *Rangement*).

Classeur. Publication à feuillets mobiles.

Classification. 1. Système de répartition des connaissances selon un ordre allant du plus général au plus particulier. **2.** Langage documentaire fondé sur la représentation structurée d'un ou plusieurs domaines de la connaissance en classes et dans lequel les notions et leurs relations sont représentées par des indices de classification. (Voir aussi *Langage documentaire*).

Classification décimale. Système répartissant les connaissances en dix grandes classes. Parmi les plus utilisées dans le milieu des bibliothèques, citons la classification décimale de Dewey ou la classification décimale universelle (CDU). (*Cf. supra*, p. 244).

Clé USB. Unité de stockage amovible et nomade se connectant sur le port USB (*Universal Serial Bus*) d'un ordinateur.

Code-barres (ou Code à barres). Un code à barres (étiquette représentée par des traits verticaux plus ou moins épais) permet l'identification rapide d'un article ou d'une personne dont les informations spécifiques ont été saisies au préalable. Le contenu de ces données est obtenu par lecture optique grâce à un crayon ou une douchette électronique. Les bibliothèques l'utilisent pour identifier les lecteurs et les différents documents, en vue d'applications comme le prêt des ouvrages ou le suivi de la situation d'un lecteur.

Codex. Véritable ancêtre du livre, il s'agit de tablettes enduites de cire sur lesquelles les Romains écrivaient, puis réunies entre elles par leur côté long grâce à des bandelettes de cuir.

Coédition. (Édition). Édition d'un livre dont le coût de production est partagé entre plusieurs partenaires.

Coiffe. (Reliure). Désigne la partie haute du dos d'un ouvrage.

Coin. (Reliure). Désigne le morceau de cuir qui vient renforcer l'angle d'une reliure.

Collation. **1.** Ensemble d'éléments matériels décrivant une publication : nombre de volumes, pagination, illustration, format, matériel d'accompagnement, etc. (Voir également *Description matérielle*). **2.** Vérification matérielle de l'état d'un ouvrage.

Collationnement. (Reliure). Vérification du bon ordre des cahiers dans un volume avant toute opération de reliure.

Collection. **1.** Publication en série réunie sous un titre commun mais dont chacun des numéros possède son titre particulier. **2.** Ensemble des documents constituant un fonds documentaire. (Synonyme : *Fonds*).

Collection principale. Collection comprenant une ou plusieurs sous-collections.

Collectivité. Organisation ou groupe de personnes identifié par un nom particulier.

Collectivité auteur. Organisme considéré comme auteur d'un document et qui assume la responsabilité intellectuelle de son contenu.

Collectivité territoriale. (Administration). En France, désigne les régions, les départements et les communes.

Colloque. Débat entre plusieurs personnes, plusieurs partis ou plusieurs spécialistes sur un sujet commun.

Colophon. (Édition). Mention finale d'un livre qui restitue les éléments d'identification de son imprimeur (nom, date et lieu d'impression). Aujourd'hui, l'*Achevé d'imprimer* est la forme moderne du colophon.

Comète. (Reliure). Sorte de tranchefile mécanique, généralement utilisée pour les cartonnages, les reliures à la Bradel ou les reliures en toile.

Communicabilité. Qualité d'un document dont la politique de communication autorise sa consultation par le public.

Communication. Dans une bibliothèque, c'est l'action de transmettre un renseignement, une information ou de remettre un document à un utilisateur.

Compactus. (Mobilier). Le terme « Compactus » n'est pas un nom générique mais celui d'une marque déposée de rayonnages compacts. (Voir *Rayonnage compact*).

Composante. Subdivision des établissements (Exemple : une UFR ou Unité de formation et de recherche est une composante d'université).

Composition. (Imprimerie). Assemblage des caractères d'imprimerie pour former la page.

Composteur. (Imprimerie). Règle de métal sur laquelle le compositeur assemble les caractères d'imprimerie d'une ligne.

Compression. (Informatique). Système de réduction de la taille des données enregistrées et transmises. La compression se mesure en taux de réduction et fait l'objet de procédés standard ou de normes (*Exemple :* MPEG, JPEG).

Compte d'auteur (À compte d'auteur). À la charge de l'auteur. Un ouvrage est publié à compte d'auteur lorsque les frais d'édition et de distribution sont entièrement supportés par l'auteur.

Conditions d'accès à la bibliothèque. Il s'agit des modalités requises, d'une part, pour entrer dans les locaux d'une bibliothèque (âge, réservation préalable d'une place, etc.) et d'autre part, pour bénéficier des services de cet établissement (prêt, prêt entre bibliothèques, consultation des ressources électroniques, etc.).

Conditionnement. **1.** En bibliothèque, action de stocker des documents sur des rayonnages prévus à cet effet. **2.** Enveloppe extérieure d'un document proposée soit par l'éditeur comme matériel d'accompagnement, soit par la bibliothèque pour assurer sa protection sur les rayonnages. Cette protection matériellement s'opère à l'aide de chemises, de boîtes, de papier d'empaquetage, de tubes, de pochettes, etc. **3.** Le conditionnement correspond également à l'action de mettre provisoirement des documents en carton dans l'optique de les déménager.

Congrès. Réunion de personnes qui délibèrent sur des intérêts communs (membres d'association, d'une profession, etc.).

Conservation. L'action de conserver les documents d'une bibliothèque consiste à les maintenir durablement en bon état, à les préserver de l'altération.

Conservation partagée. La conservation partagée est un processus de répartition concertée des disciplines ou des périodiques au sein d'un réseau local de bibliothèques (BM, BDP, BU, etc.). Ce dispositif de coopération entre bibliothèques d'une même région tire ses origines de la volonté de sauvegarder, de conserver et de communiquer un patrimoine de manière la plus efficiente qui soit.

Conservation préventive. Ensemble des mesures arrêtées et mises en œuvre pour prévenir toute dégradation des documents.

Consortium. Un consortium de bibliothèques est un groupement de partenaires (bibliothèques, centres de documentation), réunissant sous une direction unique, des moyens financiers ou matériels en vue d'exécuter en commun des opérations déterminées. (*Exemple :* « Couperin » est consortium universitaire d'acquisition de périodiques numériques).

Conspectus. Un conspectus est un outil d'évaluation des collections en bibliothèques. Cet instrument repose sur la représentation synthétique de l'état et du développement des ressources documentaires. L'évaluation s'effectue sur des segments de collections correspondant au découpage de la classification en vigueur dans la bibliothèque et combine les notions de niveaux qualitatifs et quantitatifs. Elle a pour but de fournir aux gestionnaires de la collection un instrument de contrôle exposant de façon simple, mais aussi significative que possible, le niveau d'information existant et d'infléchir la rédaction d'une politique documentaire. (Exemple : Poldoc – *Groupe de recherche bibliothéconomique appliquée aux outils des politiques documentaires.*)

Consultation. **1.** Action de prendre connaissance d'un document, de regarder quelque chose pour se renseigner. **2.** En bibliothèque, ce terme est employé pour désigner la façon dont sont exploités les documents. C'est la raison pour laquelle on définit deux modes distincts de consultation : la consultation sur place et la consultation à domicile par le biais du prêt.

Contractuel. (Administration). Personne employée sous contrat à durée déterminée ou indéterminée par une personne publique sur un emploi non statutaire.

Contrefaçon. (Édition). Reproduction frauduleuse d'un ouvrage.

Contre-plat. (Reliure). Partie intérieure de l'ais ou du carton d'un livre. (Voir *Plat*).

Contribution. (Édition). Texte indépendant formant une partie d'une publication.

Convention. (Administration). Protocole d'engagement mutuel passé entre deux ou plusieurs personnes morales ou physiques.

Conversion. (Informatique). Transformation de données d'une présentation dans une autre et, notamment, d'un format dans un autre.

Conversion rétrospective. Voir *Rétroconversion.*

Copie. Reproduction d'un document ou d'une partie d'un document, à l'aide de même procédé (Exemple : la copie d'une estampe ne peut être qu'une estampe). (Contraire et synonyme à la fois : *Reproduction*).

Copiste. Personne qui, avant l'invention de l'imprimerie, était chargée de produire des copies des manuscrits. (Voir aussi *Scribe*).

Copyright. **1.** Droit exclusif que détient un auteur ou son représentant (généralement l'éditeur) d'exploiter pendant une durée déterminée une œuvre de l'esprit. **2.** Marque du droit de copyright symbolisé par le signe © inscrit sur le document, suivi du nom du titulaire de ce droit et de l'indication de l'année de sa mise en vigueur. (Voir aussi *Mention de copyright.*)

Coquille. (Édition). Erreur typographique.

Corps. (Administration). Ensemble de personnels soumis aux mêmes statuts particuliers et ayant vocation aux mêmes grades (relatif aux personnels de la fonction publique d'État). (Voir aussi *Cadre d'emploi*).

Corpus. Recueil de pièces, de documents concernant une même matière.

Correcteur. (Édition). Personne chargée de la correction des épreuves d'imprimerie.

Cotation. Choix de la cote qui déterminera l'emplacement du document sur les rayonnages. En général, il est d'usage de compléter l'indexation numérique par les trois ou quatre premières lettres du nom de l'auteur ou du titre d'anonyme. À ne pas confondre avec le terme *Étiquetage* !

Cote. Ensemble de symboles (lettres, chiffres, signes) servant à désigner l'emplacement géographique d'un ouvrage sur les rayons. La cote est déterminée en fonction de la classification adoptée dans la bibliothèque.

Couché. (Papier). Papier rendu lisse par l'adjonction d'une préparation spéciale à base de produits minéraux.

Courant. Adjectif. Ce qui est en cours. Une bibliographie courante, par opposition à une bibliographie rétrospective, s'intéresse aux publications au fur et à mesure de leur parution. (Contraire : *Rétrospectif*).

Couronne. (Papier). Format de papier.

Courriel. (Informatique/Internet). Désigne le service de transfert de messages envoyés via Internet vers la boîte aux lettres électronique des destinataires choisis par l'émetteur. (Expression francisée de *E-mail* qui a du mal à s'imposer dans le langage courant).

Courrier électronique. (Informatique/ Internet). Transfert de documents ou de messages entre ordinateurs fonctionnant en réseau. (Voir aussi la définition de *Courriel*). (Synonymes : Courriel, E-mail).

Couverture. **1.** Enveloppe de présentation plus ou moins épaisse, souvent illustrée et assemblée aux pages par le dos du livre. La « première de couverture » est la face supérieure où figure le titre de l'ouvrage. La « quatrième de couverture » se situe sur le plat inférieur et contient fréquemment un passage ou résumé du livre. La « seconde » et la « troisième de couverture » se trouvent respectivement au verso de la première et quatrième. **2.** Opération préventive qui consiste à protéger les documents d'une bibliothèque en les recouvrant d'une matière résistante. (Voir aussi Plastification).

Critique. **1.** (Féminin). Examen raisonné d'un ouvrage ou d'une production artistique, conduit d'après des critères variables, qui s'achève par un jugement de valeur. **2.** (Masculin). Personne spécialisée dans le genre littéraire de la critique, qui examine donc les ouvrages d'autrui en vue de les juger d'après un ensemble de critères systématisés. **3.** Par extension, journaliste, attaché à un périodique, qui informe le public sur les nouveautés littéraires, artistiques, analyse leur contenu et porte sur elles un jugement de valeur.

Cul-de-lampe. (Édition). Motif décoratif en forme de triangle placé à la fin d'un chapitre ou d'un livre.

Cursive. (Édition). Écriture courante et rapide.

Cuvette. (Édition). Forme de l'empreinte laissée par l'élément d'impression dans le papier après une impression en *taille douce.*

D

Date de publication. Année de publication ou d'impression d'un document.

Date de retour. Date butoir pour effectuer la restitution d'un document emprunté. Au-delà de cette date, le lecteur s'expose à une amande forfaitaire ou à une restriction de prêt.

Dation. Paiement d'une dette par le débiteur au moyen de quelque chose d'autre que ce qui est dû et grâce auquel il éteint sa dette (*Exemple :* dation d'une collection d'ouvrages à une bibliothèque en paiement des droits de succession).

Dédicace. (Édition). Introduction par laquelle un auteur remercie une tierce personne.

Définition. 1. Énonciation des attributs qui distinguent une chose, qui lui appartiennent à l'exclusion de toute autre. **2.** Finesse de précision d'un support d'information mesurée en nombre d'éléments significatifs : nombre de lignes pour l'image vidéo, nombre de pixels pour l'image numérique.

Délai de prêt. Durée accordée à un lecteur pour bénéficier de l'emprunt d'un document.

Dématérialisation. Transformation d'un support d'information matériel (souvent des documents papier) en fichiers numériques. (Synonyme : *Numérisation.*)

Demi-reliure. (Reliure). Couverture du dos en cuir ou toile ne recouvrant qu'une partie des plats.

Dépliant. Imprimé dont le texte, très court, peut figurer sur une seule feuille de papier pliée.

Dépositaire. 1. Organismes ou bibliothèques chargés de la gestion du Dépôt légal. **2.** Terme employé par les bibliothèques départementales de prêt pour désigner les personnes à qui elles confient un dépôt de livres destinés au prêt local.

Dépôt légal. Obligation faite aux imprimeurs et aux éditeurs de déposer un exemplaire de chaque document (toute nature confondue) publié ou imprimé en France.

Dépouillement. 1. Énumération des titres des différents tomes d'un ouvrage, d'un recueil ou d'une publication en série. **2.** Catalogage des articles contenus dans un périodique.

Dérivation. Création d'une notice bibliographique par copie de la notice originale, puisée dans une base de catalogage externe (comme par exemple le catalogue professionnel Worldcat).

Désacidification. Procédé qui consiste à rendre au papier un pH normal afin que le temps et les autres agents nocifs ne puissent se conjuguer pour le détériorer.

Descripteur. Mot ou groupe de mots retenus et choisis pour représenter une notion évidente apparaissant dans un document ou dans une recherche documentaire. (Voir aussi *Mot-clé*).

Description bibliographique. Ensemble de données bibliographiques relatives à un document et servant à son identification : titre, mention de responsabilité, mention d'édition, adresse, collation, notes, numéro international normalisé, reliure, prix, dépouillement.

Description matérielle. Ensemble de données décrivant les éléments matériels propres à un document : support, nombre d'unités physiques, durée, dimension, etc. (Pour le document imprimé, voir *Collation*).

Désherbage. Action qui consiste à retirer quelques documents ciblés des rayonnages du libre accès pour leur affecter une nouvelle destination ou un nouveau statut. En d'autres termes, c'est l'opération qui conduit à pilonner (éliminer ou détruire), à céder (sous forme de don) ou à reléguer en magasin des collections dont la présence en accès direct serait jugée inadéquate. (Synonymes : Évaluation critique, Élagage au Canada ou *Weeding* aux États-Unis).

Dessin. Ensemble graphique organisé, exécuté à la surface d'un support, grâce à des instruments marqueurs ou des matières colorantes, dans un but intentionnel d'expression.

Détachement. (Administration). Position du fonctionnaire placé hors de son corps d'origine et continuant à bénéficier dans ce corps de ses droits à avancement et retraite.

Diapositive. Image photographique en noir ou en couleurs, sur support transparent, destinée à être regardée par transparence ou par projection sur écran.

Diathèque. C'est une bibliothèque, ou une section de bibliothèque, dont les collections sont constituées de diapositives.

Dictionnaire. Liste de mots classés généralement par ordre alphabétique, accompagnés de leurs définitions ou de leur correspondance dans une autre langue. Les dictionnaires fournissent par ailleurs pour chaque terme un certain nombre d'informations et de conseils relatifs au sens et à l'emploi. (Notion plus étendue que *Lexique*).

Didacthèque. Établissement qui propose en consultation des logiciels éducatifs.

Didacticiel. Programme ou fichier de données permettant l'apprentissage d'une discipline ou d'un autre programme.

Didot. (Imprimerie). Famille de caractères d'imprimerie.

Diffuseur. Organisme responsable de la distribution de la production d'un éditeur. (Synonyme : Distributeur).

Digital. Terme anglais, dont le pendant français est *Numérique.*

Discothèque. C'est une bibliothèque, ou une section de bibliothèque, dont les collections sont constituées de documents sonores (disques microsillon, cassettes audio ou disques compact).

Disponibilité. (Administration). Position du fonctionnaire qui, placé hors de son administration ou service d'origine, cesse de bénéficier de ses droits à l'avancement et à la retraite.

Disque compact. (plus connu sous les noms de CD). Disque sur lequel sont inscrites des informations « image et/ou son » sous forme de signaux numériques. Le disque compact est plus connu sous le nom de Compact Disc.

Disque dur. (Informatique). Dispositif d'enregistrement de masse des données, généralement fixe, fiable et de grande capacité, composé d'une surface en céramique recouverte d'une couche sensible magnétisable.

Disque optique numérique. (plus connu sous les noms de CD audio, CD-ROM, DVD, etc.). Disque de grande capacité sur lequel sont enregistrées des données lisibles sur ordinateur. Ces informations restent essentiellement à usage documentaire.

Disque phonographique. Disque vinyle sur lequel des signaux sonores sont enregistrés sous forme de sillons.

Disquette. (Informatique). Support physique composé d'un disque flexible et amovible, à partir duquel on peut lire des fichiers informatiques et sur lequel on peut écrire.

Distributeur. Voir *Diffuseur*.

Distribution. Ensemble des opérations matérielles permettant la vente d'un produit ou d'un document.

Document. Toute entité contenant de l'information quel que soit le support utilisé (livre imprimé, périodique, document sonore, document audiovisuel, document électronique, etc.).

Document de substitution. Reproduction du contenu d'une œuvre sur un support d'information différent de sa version originale (Exemples : photocopie, microforme, photographie ou numérisation.)

Document électronique. Document (fichier de données et/ou de programmes) sur support électronique nécessitant un matériel informatique pour être consulté. Il existe deux modes principaux de représentation de l'information de ces documents électroniques : le mode texte et le mode image.

Document précieux. Document dont la valeur historique, culturelle ou matérielle (reliure, dédicace, ex-libris, etc.) reste exceptionnelle.

Document rare. Document unique ou n'existant qu'en un petit nombre d'exemplaires, soit du fait d'un tirage limité, soit par suite de la disparition de la majorité des autres exemplaires.

Documentaire. Tout document autre qu'une œuvre de fiction.

Documentaliste. Spécialiste de l'information et de la documentation dont la mission principale consiste à mettre à la disposition de tiers des documents, extraits de documents et/ou données conceptuelles ou factuelles satisfaisant leurs besoins d'information, à un coût et dans des délais raisonnables.

Documentation. 1. Ensemble des documents constituant un élément d'information. **2.** Par extension, la documentation désigne l'ensemble des activités destinées à collecter, à identifier, à classer, à conserver, à exploiter et à diffuser les documents.

Domaine public. 1. (Droit civil) Le domaine public désigne l'ensemble des choses ne pouvant faire l'objet de droit de propriété et qui sont donc déclarées « res communis » (chose commune). **2.** (Propriété intellectuelle) Une œuvre appartient au domaine public lorsque les droits patrimoniaux sont épuisés, soit généralement soixante-dix ans après la mort de l'auteur. En revanche, le *droit moral* ne s'épuise jamais.

Don. Action d'abandonner gratuitement à quelqu'un la propriété de quelque chose sans rien recevoir de lui en échange. Le don constitue l'un des modes d'acquisition de documents en bibliothèque.

Donation. Contrat par lequel une personne se défait irrévocablement et sans contrepartie d'un bien en faveur de quelqu'un d'autre.

Donnée. Représentation d'une information sous une forme conventionnelle destinée à faciliter son traitement.

Dos. (Reliure). Désigne la partie du livre où les feuilles sont réunies entre elles.

Dossier. 1. Association significative de documents quels qu'en soient le support, le format et le langage. **2.** Chemise ou carton contenant tout ou partie de ces documents.

Dossier de presse. Réunion des différents articles qui ont été conservés sur un sujet, une personne, etc.

Doublon. 1. Présence sur les rayonnages d'une bibliothèque d'un document en plusieurs exemplaires. **2.** Par extension, présence, dans les résultats d'une recherche d'information, de plusieurs enregistrements décrivant un même document.

Douchette. (Informatique). Appareil électronique permettant la lecture optique des codes à barres. (Synonyme : *Stylo optique*.)

Droit d'auteur. Droit reconnu par la loi à l'auteur d'une œuvre de l'esprit sur celle-ci. L'expression est employée dans le langage courant pour désigner l'ensemble de la propriété littéraire et artistique qui vise à protéger l'auteur d'une exploitation abusive de son œuvre.

Droit de préemption. Priorité dont jouissent certains acheteurs comme l'État, les collectivités locales, etc. (Voir *Préemption*).

Droit moral. Droit immatériel, mais perpétuel, inaliénable et imprescriptible, attaché à la personne de l'auteur qui tend à conserver et défendre l'esprit de son œuvre et sa personne, dans les rapports avec les tiers qui sont les propriétaires et/ou utilisateurs de l'œuvre. L'auteur(e) a sur son œuvre des prérogatives qui concernent la protection de sa réputation et de son honneur et le respect de l'intégrité de l'œuvre.

E

E-book (ou Ebook). Voir *Livre numérique*.

E-ink. Encre électronique.

E-reader. (Informatique). Voir Liseuse.

Eau-forte. Estampe obtenue à partir d'une planche de métal gravée à l'aide d'un acide.

Échange. Mode d'acquisition d'objets ou de documents par cession réciproque.

Échelon. (Administration). Système d'avancement de carrière à l'intérieur d'un grade. À chaque échelon correspond un nombre d'indices qui détermine le calcul du salaire. Il faut attendre un certain nombre d'années dans un échelon avant d'accéder à l'échelon supérieur.

Éditeur. (Édition). Personne ou organisme responsable de la publication d'un document en vue de sa vente.

Éditeur intellectuel. (Édition). Personne ou collectivité responsable du contenu intellectuel de l'édition d'un document (mise en pages du texte, élaboration de l'introduction et des notes, etc.). Il s'agit alors d'un éditeur intellectuel. (Synonyme : *Éditeur scientifique*).

Éditeur scientifique. (Édition). Voir *Éditeur intellectuel.*

Édition. (Édition). Ensemble des exemplaires imprimés à partir d'une même composition typographique. On parle de nouvelle édition lorsque des changements ont été opérés dans le contenu d'une œuvre. (Emporte parfois l'idée de *Tirage*).

Édition critique. (Édition). Édition qui restitue la teneur d'un texte et qui comporte un commentaire explicatif.

Édition électronique. (Édition). Nom générique donné à un ensemble de technologies utilisant l'informatique, l'électronique et les télécommunications dans les domaines de la production, de la publication et de la diffusion de documents.

Édition nouvelle. (Édition). Édition qui se propose de modifier la présentation de l'édition originale. (Voir *Réédition*).

Édition originale. (Édition). Édition dans laquelle le texte d'un ouvrage paraît pour la première fois avec le consentement de l'auteur ou de ses ayants droit.

Édition révisée. (Édition). Édition qui se propose de modifier le contenu intellectuel de l'édition originale. (Voir *Réédition*).

Élagage. Équivalent de désherbage des collections au Canada. (Voir *Désherbage*).

Électromagnétique. Voir *Système antivol.*

Électronique. Adjectif. Voir *Numérique* (2e définition).

Élément. Mot, locution, ou groupe de caractères, représentant une unité d'information bibliographique distincte et faisant partie d'une zone de la Description bibliographique.

Élimination. Voir *Pilon.*

E-mail. (Informatique/Internet). Terme anglais correspondant à la contraction de « *Electronic mail* » littéralement traduit par « Service postal électronique ». (Synonymes : *Courriel, Courrier électronique*).

Emboîtage. (Reliure). Étui de carton protégeant les livres dans l'attente d'une reliure.

Emploi. (Administration). L'emploi est le support permanent ouvert sur un poste budgétaire et délégué à un établissement, permettant ainsi la rémunération du fonctionnaire qui l'occupe.

Emploi du temps. 1. Distribution des occupations pour la journée ou la semaine. **2.** Par extension, il s'agit de la répartition des horaires quotidiens ou hebdomadaires des personnels. Attention, ne pas confondre avec *Planning* !

En ligne. (Informatique/Internet). Désigne l'ensemble des accès aux informations et aux services offerts par l'intermédiaire d'une connexion à un opérateur de télécommunications ou à un réseau distant tel qu'Internet. (En anglais : *On-line*). (Contraire : *Hors ligne*).

En texte intégral. Qualifie une banque de données dans laquelle sont enregistrés des documents complets. Par opposition, une banque de données à caractère bibliographique est composée de descripteurs ou de résumés.

Encadrement (ou Encadrement de personnes). Responsabilités hiérarchiques confiées à une personne d'un établissement ou d'un service, chargée d'assurer le pilotage et le suivi des activités de tout ou partie des membres du personnel. (Synonyme : *Management*).

Encart. Publication insérée dans une publication en série de façon libre ou fixe, régulièrement ou occasionnellement.

Encyclopédie. Ouvrage de synthèse qui fait le point des connaissances, à une époque donnée (celle de sa publication).

Enfer. Partie d'une bibliothèque où sont regroupés les ouvrages licencieux.

Enluminure. (Édition). Ornement d'un livre ou d'un texte par des dessins délicats aux couleurs vives.

Enregistrement. 1. Inscription d'un document dans un registre d'entrée. **2.** Document résultant de la transcription d'une information sur un support durable.

Entrenerfs. (Reliure). Extrémités du dos débordant des pages du livre.

Entretien professionnel individuel. (Administration). Procédure d'évaluation des personnels qui permet de faire le point sur l'activité et les compétences professionnelles d'un agent, de fixer avec lui les objectifs à atteindre et les besoins en formation.

Environnement numérique de travail (ENT). Site web d'une université proposant un point d'accès unique à un bouquet de services personnalisés centrés sur l'utilisateur (messagerie, emploi du temps, cours en ligne, documentation électronique, etc.).

Éphémère. Un éphémère est un document produit à l'occasion d'un événement particulier ou d'un sujet d'actualité, non destiné à perdurer au-delà de l'actualité du message qu'il contient (Exemples : programmes de théâtres, documents publicitaires). Ils sont généralement collectés et conservés par les archives départementales.

Épi. (Mobilier). Juxtaposition d'au moins deux rayonnages ou travées.

Épigraphe. En littérature, courte citation placée par l'auteur en tête d'un écrit, afin d'en suggérer le sujet, l'esprit ou d'éclairer le lecteur sur ses intentions.

Épreuve. (Édition). Tirage d'un texte avant son impression définitive.

Équation de recherche. Formulation d'une question à l'aide de mots clés reliés entre eux par des opérateurs, dans le but d'obtenir une réponse d'un système d'information (références, documents, informations, etc.).

Équipement. 1. (Traitement matériel des documents). Opération qui consiste à préparer un document en vue d'être communiqué aux publics. **2.** Ensemble des bâtiments, mobiliers et matériels nécessaires au fonctionnement d'un service.

Equipex. Néologisme (*né de la contraction de « équipement » et « excellence »*) qui désigne un équipement de recherche de taille intermédiaire au service d'un projet scientifique et essentiel à la vie des laboratoires. (Voir aussi *Labex.*)

Errata. 1. Pluriel de Erratum. **2.** (Édition). Liste d'erreurs, de fautes d'impression ou d'omissions relevées dans le tirage définitif d'un texte, publiée séparément de celui-ci. S'il n'y a qu'une seule erreur, faute d'impression ou omission, on parle de *Erratum.*

Erratum. (Édition). Voir *Errata.*

Espace disque. (Informatique). Quantité de mémoire de masse exigible pour l'installation d'un logiciel ou d'une application sur un ordinateur. L'unité de mesure employée est généralement le Kilooctet (Ko) ou le Mégaoctet (Mo).

Estampe. Toute image imprimée obtenue sans le recours à un procédé photographique.

Estampage. (Édition). Décoration des reliures par l'impression de plaques de métal.

Estampillage. (Équipement des collections). Opération consistant à apposer le cachet de la bibliothèque sur les documents pour indiquer leur appartenance.

Étagère. (Mobilier). Elément horizontal d'un rayonnage ou d'une travée sur laquelle sont rangés les documents de la bibliothèque. (Synonyme : Tablette).

État de collection. Mention indiquant le nombre de volumes ou d'années d'une publication en série possédés par une bibliothèque.

Étiquetage. (Équipement des collections). Pose de l'étiquette portant la cote, au dos du livre. À ne pas confondre avec *Cotation* ! Aujourd'hui, pour des raisons esthétiques, de nombreuses bibliothèques utilisent des titreuses pour confectionner ces étiquettes. (Synonyme : *Rondage*).

Étiquette antivol. (Équipement des collections). Etiquette particulièrement adaptée pour la protection des ouvrages, des périodiques et autres supports électroniques (CD, DVD, etc.). Cette étiquette autocollante de faibles dimensions peut facilement être dissimulée à l'intérieur des documents et ainsi jouer son rôle de lutte contre le vol. Ce dispositif est basé sur le principe d'un protocole appelé « radiofréquence » ou « électromagnétique ». (Voir aussi *Système antivol*).

Étiquette RFID (ou Étiquette d'identification par fréquences radio). (Équipement des collections). Dernière génération d'étiquettes d'identification des collections qui permet de stocker et de récupérer des données à distance. La balise, composée d'une antenne et d'une puce électronique, est collée (ou incorporées) dans les documents pour réagir aux ondes radio. En outre, le système peut associer d'autres applications comme : l'intégration d'un code de sécurité pour la détection des vols, la possibilité de gérer les flux de lecteurs et le contrôle de l'inventaire. À terme, cette technologie est censée remplacer les codes barres – dont la capacité de mémoire interne reste très inférieure – et les consommables de détection antivol. (Voir aussi *Code-barres* et *Système antivol*).

Évacuation des personnes. À l'occasion d'un danger imminent, c'est l'action qui consiste à diriger le public et le personnel vers une zone sécurisée qui sera ouverte vers l'extérieur. L'évacuation des personnes est l'objectif majeur des missions de sécurité dévolues aux différentes catégories de personnel d'une bibliothèque.

Évaluation. 1. Support utilisé dans le cadre de la gestion des ressources humaines, l'évaluation des personnels est un dispositif qui vise à clarifier les missions des fonctionnaires, à jauger leur motivation et à fixer des objectifs individuels et collectifs. **2.** Processus consistant à estimer l'efficacité, l'efficience et la pertinence d'un service ou d'une installation.

Évaluation critique. Voir *Désherbage.*

Ex-libris. Dessin ou gravure imprimée que les bibliophiles collent au commencement d'un livre pour en indiquer le propriétaire.

Exclu du prêt. Expression employée en bibliothèque pour parler des documents qui ne peuvent être empruntés. (Voir aussi *Usuel*).

Exemplaire. 1. Unité documentaire. **2.** Au pluriel, ce terme désigne l'ensemble des œuvres littéraires provenant du même modèle ou de la même édition (éditées à partir de la même matrice).

Exemplarisation. (Traitement technique des documents). Dans le cadre de l'utilisation d'un système de gestion informatique des collections, c'est l'opération qui consiste à rattacher chaque exemplaire physique (un document) à une notice bibliographique correspondante.

Exercice d'évacuation. (Sécurité). Cet exercice consiste à simuler une évacuation de personnes. Le but est d'observer les processus d'évacuation, leurs points forts et leurs écueils, le comportement des personnels, pour *in fine* élaborer des plans, des stratégies ou tout simplement adapter des consignes aux règles de sécurité en vigueur.

Exhaustif. Adjectif. **1.** Qui traite complètement d'un sujet. **2.** Qui répertorie tous les documents relatifs à un sujet, possédés par une bibliothèque. (*Exemple :* Établir une bibliographie exhaustive).

Exposition (ou Exposition culturelle). En bibliothèque, présentation publique pour une durée déterminée d'œuvres littéraires ou d'art, souvent organisée dans un but de *valorisation* des collections.

Externalisation. Démarche consistant à sous-traiter une partie des activités d'un organisme (entreprise ou administration) qui étaient auparavant réalisées en interne (Exemple : une bibliothèque peut opter pour l'externalisation des travaux d'*équipement* de ses collections.) Dans une opération de *sous-traitance*, le sous-traitant utilise ses propres ressources, alors qu'en externalisant, l'entreprise peut apporter à son prestataire ses méthodes, ses outils, voire ses salariés.

Extincteur. (Sécurité). Un extincteur (appelé aussi extincteur mobile ou portatif) est un dispositif de lutte contre l'incendie destiné à éteindre un départ de feu. Il est matérialisé par une enveloppe rouge et contient soit de l'eau pulvérisée, soit un gaz (très souvent du dioxyde de carbone).

Extincteur automatique à eau. Dispositif de lutte contre les incendies, ces petits extincteurs (en forme de cloche ou d'ailettes) alimentés par canalisations, sont fixés au niveau des plafonds et répartis de sorte que la diffusion de l'eau recouvre la totalité de la surface d'un sol. Ils doivent être asservis par un système de sécurité incendie et de fait, être déclenchés automatiquement lors de la naissance d'un feu. (Voir aussi *Sprinkler*)

Extrait. Partie d'un livre ou d'un périodique publiée séparément et conservant sa pagination d'origine.

Extranet. Réseau *Intranet* rendu accessible à des utilisateurs extérieurs, par exemple des clients ou des fournisseurs.

F

Fac-similé. 1. Reproduction d'un texte ou d'une image identique à l'original. **2.** (Télécommunication). Document communiqué par un télécopieur ou fax grâce à une connexion téléphonique.

Face. Surface enregistrée d'un disque ou d'une cassette.

Façonnage. (Édition). Ensemble des opérations de fabrication du livre après impression.

Facteur d'impact. On appelle facteur d'impact la fréquence de citation des articles d'un périodique scientifique pendant une année donnée, calculée sur les deux années précédentes. Il permet d'évaluer ou de comparer l'importance relative d'un périodique par rapport à d'autres du même domaine.

Fantôme. Repère en bois, carton ou plastique, qui remplace en rayon un livre définitivement ou provisoirement absent.

Fascicule. Subdivision d'un document publié par fragments comme une publication en série ou un périodique.

Favori. (Informatique/Internet). Voir *Signet* (2e définition).

Faux titre. Titre abrégé qui précède la page de titre et ne comprenant que le titre de l'ouvrage sans nom d'auteur ou d'éditeur.

Fax. (Télécommunication). Voir *Télécopieur.*

Fenêtre. (Informatique). Partition d'un écran d'ordinateur permettant d'afficher des informations différentes, qui peuvent provenir de ressources électroniques différentes.

Feuille. Pièce de papier entière destinée à être pliée pour former un cahier.

Feuillet. Chaque feuille d'une publication, comprenant un *recto* et un *verso*, soit deux pages.

Fiche de transaction (ou fiche « à retourner »). Fiche sur laquelle sont inscrits à l'avance le numéro de la transaction et la date de retour des documents. Ces fiches sont actuellement utilisées dans les bibliothèques non informatisées.

Fichier. 1. (Informatique). Unité logique minimale utilisée pour l'enregistrement et le traitement des données informatiques. **2.** (Mobilier). Meuble contenant des fiches. Terme souvent utilisé à tort pour désigner le catalogue sur fiches.

Fichier d'autorité. Liste ou fichier de Points d'accès à utiliser dans un index. (Voir aussi *Points d'accès*).

Fiction. Désigne les œuvres d'imagination : contes, romans, nouvelles.

Figures. (Imprimerie). Illustrations insérées dans le texte d'un livre.

Filigrane. (Édition). Marque, dessin ou ligne figurant dans l'épaisseur d'un papier et que l'on ne voit que par transparence.

Filmolux. Marque déposée d'un film plastique utilisé notamment pour couvrir les livres. Beaucoup emploient à tort l'expression « filmoluxage » pour parler de la plastification des documents. Cette dérive du vocabulaire bibliothéconomique doit être corrigée.

Film. Support synthétique photosensible utilisé en photogravure.

Film plastique. (Équipement des collections). Fourniture d'équipement utilisée pour couvrir les documents de bibliothèque afin de les protéger contre les dégradations et autres salissures. La dénomination de ce consommable est souvent associée à deux adjectifs qui définissent sa nature : « adhésif » et/ou « transparent ». En tout état de cause, l'expression *Film plastique* doit être employée en lieu et place de *Filmolux*. (Voir aussi *Couverture* et *Plastification*).

Fleuron. (Imprimerie). Ornement en forme de fleur ou de bouquet de fleurs.

Foliotation. (Imprimerie). Numérotation des feuillets d'un livre, sur leur recto.

Fonction publique. (Administration). Situation juridique des agents d'un service dépendant de l'État (FPE), de l'Hôpital (FPH) ou des collectivités territoriales (FPT).

Fonctionnaire. (Administration). Personne employée et nommée par une personne publique dans un emploi ou statut permanent, et titularisée à son poste dans un grade de la hiérarchie administrative.

Fonds. Ensemble des documents possédés par une bibliothèque. (Synonyme : *Collection*).

Fonds local. Collection de documents relatifs à un ensemble géographique local plus ou moins étendu.

Fonds spécialisé. Il s'agit d'une collection consacrée à un thème particulier.

Format. (Édition). Ensemble des dimensions caractéristiques d'un document.

Format de fichier. (Informatique). Type de codage utilisé pour l'enregistrement d'un fichier dans un logiciel. Le format de fichier est généralement identifié par une extension, elle-même représentée par un point suivi de trois ou quatre lettres et située à la fin du nom du fichier (*Exemples :* .JPG ou . JPEG pour identifier un fichier image, .WAV ou .RAW pour identifier un fichier son, .TXT ou .DOC pour identifier un fichier texte, etc.).

Formation des lecteurs. Dispositif de formation des lecteurs à l'utilisation de la bibliothèque, à la maîtrise de l'information en général (nécessaire lors de l'exploitation des réponses sur Internet) et plus particulièrement au maniement des ressources documentaires (catalogues, bases de données, etc.). Ce service vise à rendre l'usager plus autonome dans sa démarche de recherche d'informations et de documentation.

Forme. Cadre de bois muni d'un treillis servant à la fabrication traditionnelle du papier.

Forum de discussion. (Télécommunication/ Internet). Espace de rencontre et de dialogue sur Internet, utilisant le dispositif de messagerie électronique. (*Exemple professionnel :* Biblio.fr).

Fréquentation. Voir *Taux de fréquentation.*

Frontispice. (Édition). Illustration hors texte figurant au début du volume, en regard de la page de titre.

Fusion. Voir *Absorption.*

G

Galée. (Imprimerie). Plateau métallique où sont placées les lignes de plomb au fur et à mesure de leur composition.

Garde. Voir *Page de garde.*

Gestion électronique des documents (GED). Procédé permettant d'acquérir, de classer, de stocker et d'archiver des documents dématérialisés. Le processus vise également à développer l'échange et la diffusion de ces données au sein d'une entreprise ou d'un réseau et encourage le travail collaboratif.

Glose. Commentaire accompagnant le texte.

Glossaire. Liste explicative des termes relatifs à une activité donnée.

Gothique. (Imprimerie). Type de caractères d'imprimerie aux formes anguleuses.

Gouttière. (Reliure). Tranche opposée au dos, plus ou moins concave selon les styles.

Grade. (Administration). Titre juridique qui confère à son titulaire vocation à occuper un certain nombre d'emplois. Le grade est une subdivision du corps (ou *cadre d'emplois*), qui représente une hiérarchisation à l'intérieur d'un même métier. La hiérarchie des grades au sein du corps (ou cadre d'emplois) est fixée par chaque statut particulier. Le grade est distinct de l'emploi : c'est le titre qui confère à son titulaire vocation à occuper l'un des emplois qui lui correspondent.

Graphique. *Adjectif.* Qui se rapporte à des procédés d'impression. Un document graphique est un document imprimé autre qu'un livre ou un périodique : carte géographique, affiche, estampes, etc.

Gravure. Image obtenue en utilisant un support (métal ou bois) appelé planche, sur lequel l'artiste a gravé son dessin soit en creux (taille-douce) soit en relief (taille d'épargne).

Grecque. (Reliure). Entaille pratiquée sur le dos des livres avec une scie à grecquer pour loger ficelles et chaînettes.

Grille indiciaire. (Administration). C'est une échelle d'indices commune à l'ensemble des fonctionnaires relevant d'un même statut particulier. La grille indiciaire est fixée lors de l'élaboration de chaque statut particulier et sert à la rémunération. Selon la place qu'il occupe dans la pyramide administrative (sa catégorie, son corps ou cadre d'emplois, son grade, son échelon) chaque fonctionnaire est affecté d'un indice qui détermine son traitement brut. Plus largement, il existe une grille indiciaire commune à l'ensemble de la fonction publique, ce qui permet d'harmoniser les traitements des différentes catégories.

Grossiste. Intermédiaire entre l'éditeur et le détaillant, un grossiste achète des livres en grande quantité pour les revendre et les distribuer aux libraires.

Guide. (Sécurité). En cas de danger immédiat, les guides sont généralement choisis parmi les personnels des bibliothèques pour assurer la prise en charge des personnes « rabattues » par les serre-files et pour les diriger vers l'extérieur des locaux, en un point de rassemblement prédéfini. Chaque guide doit connaître très précisément les circulations et les cheminements de sortie de secours.

Guide du lecteur. Le guide du lecteur est un indispensable outil d'accueil des utilisateurs et de promotion d'une bibliothèque. Document court et informatif, il offre des renseignements de base sur la bibliothèque (adresse, téléphone, horaires d'ouverture, etc.), permet au lecteur de s'orienter dans le bâtiment et au sein des collections (plan, classification), précise les modes de recherche documentaire, synthétise les points principaux du règlement et indique souvent les services spécifiques.

H

Haut de casse. (Imprimerie). Lettres capitales (dites aussi « majuscules ») d'imprimerie.

Hebdomadaire. Adjectif. Relatif à la semaine.

Hiérarchie. (Administration). Principe d'organisation administrative déterminant les obligations réciproques des fonctionnaires, dans lequel le supérieur a la responsabilité des actes de ses subordonnés.

Hollande. (Papier). Papier épais utilisé pour les tirages de luxe.

Horaires d'ouverture. Créneaux, plages horaires ou amplitudes durant lesquels une bibliothèque est ouverte au public.

Hors ligne. (Informatique/Internet). Désigne l'ensemble des accès aux informations qui ne nécessitent pas de connexion à un opérateur de télécommunications ou à un réseau distant. (En anglais : *Off-line*). (Contraire : *En ligne*).

Hors-texte. (Édition). Désigne toutes les illustrations indépendantes de la pagination du texte d'un livre.

Hygrométrie. 1. Partie de la météorologie qui a pour objet de déterminer le taux d'humidité dans l'atmosphère. **2.** Cette notion est utilisée en bibliothèque pour réguler le taux d'humidité des espaces de stockage des documents. La mesure convenue pour conserver dans de bonnes conditions les collections se situe entre 50 et 60 %.

Hypertexte. Technique ou système qui permet, dans une base de données, de passer d'un document à un autre selon des chemins préétablis ou élaborés lors de la consultation. (Voir *Lien hypertexte*).

I

Iconographie. Étude des images. Par extension, elle désigne l'ensemble des images figurant dans un volume.

Identifiant. 1. Numéro chronologique d'enregistrement d'un document dans un fonds documentaire. **2.** (Informatique). Code ou numéro permettant à un lecteur d'accéder à certains services en ligne d'une bibliothèque ou à un réseau (consultation des ressources numériques, réservation en ligne de place de travail, réservation de documents, consultation du compte lecteur, etc.). Cette « clé d'accès » personnelle et confidentielle est souvent associée à un mot de passe. (Voir aussi *Login*).

Idex. Néologisme (*né de la contraction de « initiative » et « excellence »*) qui désigne des établissements d'enseignement supérieur et de recherche réunis selon une logique de territoire et déjà reconnus pour leur excellence scientifique et pédagogique. En renforçant significativement leurs potentiels budgétaires et matériels, les pouvoirs publics souhaitent clairement positionner les universités françaises dans la course à la compétitivité mondiale.

Illustration. Toute représentation de caractère artistique, y compris les cartes, graphiques, etc.

Imposition. (Imprimerie). Ordre dans lequel doivent être disposées les pages à imprimer.

Impression. (Imprimerie). Ensemble des exemplaires d'un document tiré en une seule fois ou en une seule opération à partir de la même composition typographique ou à partir d'une même matrice. (Synonyme : *Tirage*).

Impression numérique. (Informatique). Restitution d'une image numérique fixe sur support souple (*Exemple :* Impression sur papier d'une page récupérée sur un site Internet).

Imprimante. (Informatique). Appareil connecté à un ordinateur pour imprimer les résultats des traitements d'information sur un support papier.

Imprimatur. (Édition). Permission de publier un ouvrage accordée par une autorité et qui se trouve généralement au verso de la page de titre.

Imprimerie. (Imprimerie). **1.** L'imprimerie est un ensemble de techniques permettant de reproduire des écrits et des illustrations en grande quantité sur des supports plans, généralement du papier, pour pouvoir ainsi les distribuer massivement. **2.** Par extension, ce terme désigne une entreprise dont la nature d'exploitation est de produire des travaux d'imprimerie.

In. (Édition). Locution latine signifiant « dans » (sous-entendu « contenu dans ») et utilisée pour décrire les formats ou dimensions des livres. Parmi les formats les plus répandus se trouvent les :

– **In-folio** : se dit du format d'un livre dont la feuille de papier a été pliée en deux pour constituer un cahier de quatre pages d'écriture.

– **In-octavo** (noté aussi In-8°) : se dit du format d'un livre dont la feuille de papier a été pliée en huit pour constituer un cahier de seize pages d'écriture.

– **In plano** : se dit du format d'un livre dont la feuille de papier n'a pas été pliée et propose donc deux pages d'écriture (*recto-verso*).

– **In-quarto** (noté aussi In-4°) : se dit du format d'un livre dont la feuille de papier a été pliée en quatre pour constituer un cahier de huit pages d'écriture.

Inaliénabilité. Caractère des biens publics qui ne peuvent être cédés à un tiers.

Incipit. (Édition). Formule contenant les premiers mots d'un livre sans page de titre.

Incunable. (Mot dérivé du latin *incunabula* et qui signifie « le berceau »). Livre imprimé avant 1500 et dont la présentation reste semblable à celle des manuscrits.

Index. 1. Liste alphabétique des auteurs, des sujets traités, des noms cités dans un ouvrage. **2.** Liste des ouvrages dont la lecture est interdite par les autorités ecclésiastiques (d'où l'expression « être mis à l'index »).

Indexation. (Traitement intellectuel des documents). Recherche d'un symbole numérique ou nominal pour un ouvrage à partir de l'analyse de son contenu. Ce symbole peut être :

– Un nombre tiré d'une classification (indice) et dans ce cas, on parle **d'indexation systématique** ;

– Un ou plusieurs mots-clés et il s'agit ici de l'**indexation analytique** appelée également **indexation alphabétique matières**.

Indicateur. Expression (numérique, symbolique ou verbale) employée pour caractériser les activités à la fois en termes quantitatifs et qualitatifs dans le but d'en déterminer l'impact.

Indicateur de performance. Un indicateur de performance est une information devant aider un acteur, individuel ou plus généralement collectif, à conduire le cours d'une action pour atteindre un objectif ou devant lui permettre d'en évaluer le résultat. En bibliothèque, de nombreux curseurs permettent d'influencer de façon significative la performance d'une activité : *Taux de satisfaction* des publics, *Taux de fréquentation* des locaux, *Taux de recouvrement* des collections, etc.

Indice. 1. Symbole issu d'une classification numérique ou alphabétique, traduisant le contenu intellectuel d'un document. **2.** En matière administrative, l'indice est un élément chiffré qui sert au classement et à la rémunération du fonctionnaire. On parle d'indice brut (IB) et d'indice nouveau majoré (INM). La pyramide des indices pour un corps (ou cadre d'emplois) de fonctionnaires donné est fixée lors de l'élaboration de son statut particulier. L'ensemble de cette pyramide s'appelle la *Grille indiciaire*.

Infographie. Application de l'informatique à la représentation graphique et au traitement de l'image.

Infométrie. Traitements, par des méthodes statistiques mathématiques, de l'information scientifique et technique jugée caractéristique de l'état de la science et de la technologie. Cet ensemble d'activités métriques relatives à l'information couvre aussi bien la *bibliométrie* que la *scientométrie*.

Information. **1.** Élément de connaissance susceptible d'être représenté à l'aide de conventions pour être conservé, traité ou communiqué. **2.** (Informatique). Connaissance codée, issue de données informatiques, et susceptible d'être transmise et conservée par un ordinateur. **3.** (Télécommunication). (Au pluriel). Nouvelles transmises par le biais de la radio ou de la télévision.

Information scientifique et technique. Ensemble des informations dont les différents professionnels des secteurs de la recherche, de l'enseignement, de l'industrie et de l'économie ont besoin dans l'exercice de leur métier.

Informatique. (Informatique). Le terme « informatique » désigne littéralement l'automatisation du traitement de l'information par ordinateur. Mais la définition proposée par l'Association française de normalisation (AFNOR) reste plus adaptée à ce vaste concept : « Ensemble des disciplines scientifiques et des techniques spécifiquement applicables au traitement de l'information effectué notamment par des moyens automatiques. »

Initiale. (Imprimerie). Lettre majuscule commençant un texte ou un chapitre.

Inscription. Action d'enregistrer un lecteur sur la liste (informatique ou pas) des utilisateurs d'une bibliothèque. L'inscription donne droit à utiliser tout ou partie des services qui y sont proposés.

Installations. Équipements, postes de travail, etc., offerts aux usagers d'une bibliothèque.

Intelligence économique (IE). Ensemble des actions de recherche, de traitement et de diffusion en vue de l'exploitation de l'information utile aux acteurs économiques. (Voir aussi *Veille*.)

Interactif. Adjectif. Qualificatif désignant un programme qui réagit de façon dynamique aux interventions des utilisateurs.

Intercalation. Action d'introduire à leur place exacte dans un catalogue « papier » de nouvelles fiches.

Interface. (Informatique). Jonction entre deux matériels ou logiciels leur permettant d'échanger des informations par l'adoption de règles communes.

Internaute. (Informatique/Internet). Utilisateur du réseau Internet.

Internet. (Télécommunication/Informatique). Vaste interconnexion de réseaux informatiques. Il s'agit d'un outil international d'informations et de communications utilisant des techniques multimédias.

Intitulé. Titre d'un livre ou d'un chapitre.

Intranet. (Télécommunication/Informatique). Réseau informatique utilisé à l'intérieur d'une entreprise ou d'une administration utilisant les techniques de communication d'Internet.

Inventaire. État sur lequel sont inscrits ou décrits tous les objets mobiliers ou documents que possède une bibliothèque. (Voir aussi *Récolement*).

Italique. (Imprimerie). Caractère d'imprimerie penché vers la droite et imitant l'écriture *cursive*.

J

Japon. (Papier). Papier à base d'écorce de mûrier utilisé pour les tirages de luxe.

Jaquette. Couverture mobile d'un document destinée à le protéger.

Jésus. Format de papier de grande dimension.

Jeu vidéo. Jeu interactif qui affiche des images vidéo ou des images de synthèse. Il est publié sous différents types de supports (*Cartouche, Cédérom*, etc.). Son accès suppose l'utilisation d'un ordinateur pourvu d'un lecteur généralement appelé console ou d'un micro-ordinateur standard.

Journal. **1.** Publication contenant des informations sur l'actualité, d'intérêt particulier ou général, et paraissant selon une fréquence relativement raccourcie. **2.** Désigne un périodique quotidien et par extension, les émissions de radio ou de télévision consacrées à l'actualité.

Juke-box. Armoire de rangement pour support de stockage, équipée d'un ou plusieurs lecteurs et munie d'un ou plusieurs robots pour charger le support demandé.

Justification. (Imprimerie). Choix de la longueur des lignes d'un livre.

K

Kardex. **1.** Marque déposée d'une variété de classeur, souvent utilisé pour le bulletinage des périodiques. **2.** Système de prêt manuel.

Keepsake. À l'époque romantique, album orné de gravures qu'on offrait en cadeau.

L

Label. Marque distinctive matérialisée par un signe unique (nom, logo, etc.), créée par un syndicat professionnel ou un organisme public et apposée sur un produit (ou service) pour en garantir la qualité, la conformité, pour en souligner la spécificité et le distinguer des produits concurrents. (Exemple : Le label « NoctamBU » est décerné par le ministère de l'Enseignement supérieur à toutes les bibliothèques universitaires en capacité d'ouvrir plus de 65 heures par semaine.)

Labex. Néologisme *(né de la contraction de « laboratoire » et « excellence »)* qui désigne des laboratoires de très haut niveau scientifique, reconnus au niveau international, capables d'attirer les meilleurs chercheurs, et fortement investis dans les projets innovants.

Lacune. 1. Absence. **2.** Se dit d'une publication en série lorsqu'une interruption dans l'enchaînement des numéros ou des fascicules (causée souvent par l'interruption de l'abonnement) intervient et rend de fait la collection incomplète.

Langage documentaire. Ensemble organisé de termes normalisés et reliés entre eux, utilisés pour représenter le contenu des documents. Parmi eux se trouvent les classifications et les thésaurus.

Languette magnétique. (Équipement des collections). Voir *Bandelette antivol.*

Learning centre (ou Learning center). Centre de ressources pour l'information et la recherche. Inscrit au cœur d'un environnement pédagogique (universités, grandes écoles, etc.) et articulé autour d'un centre de documentation, d'information, d'apprentissage et d'orientation professionnelle, un learning centre est un lieu de vie caractérisé par un complexe architectural également capable de proposer une offre de services très diversifiée (espaces culturels, espaces de convivialité, de rencontre et d'échange, salles de conférence, restaurants, commerces, banques, etc.). (Exemple de réalisation : Rolex Learning Center de Lausanne.)

Lecteur. 1. Personne qui lit. **2.** En bibliothèque, on utilise ce terme pour désigner une personne qui fréquente un établissement documentaire. Ainsi, « lecteur » prend le sens générique de public, usager ou utilisateur. **3.** (Informatique). Machine qui lit les informations codées sur une carte, disquette, etc. (Exemple : lecteur-reproducteur de microfiches).

Légende. (Édition). Texte accompagnant une image et apportant des précisions sur le sujet représenté.

Legs. Transmission par testament d'un bien reçu après le décès du testateur. À ce titre, le bénéficiaire du bien est appelé le légataire.

Lettre (ou Lettre administrative). Au même titre que la *note administrative* ou le *rapport administratif*, la lettre est un outil de correspondance administrative interne ou externe à un établissement. Le contenu de ce vecteur de communication reste relativement général, par opposition au caractère technique de la note ou du rapport.

Lettre de relance. Courrier envoyé à un lecteur accusant un retard sur la restitution de documents empruntés.

Lettrine. (Édition). Initiale de début de texte finement ornée. (Voir aussi *Enluminure*).

Lexique. Dictionnaire spécialisé regroupant les termes utilisés dans un domaine de connaissances ou une science.

Liasse. Unité matérielle de conservation de documents liés ou réunis dans une chemise.

Libellé. Formule utilisée dans le cadre de la rédaction d'une note administrative et qui s'introduit toujours par « note à l'attention de » suivi de la mention de son destinataire qualifiée par son titre.

Libre accès. Aménagement des collections qui donne la possibilité à un lecteur de se servir lui-même sur les rayonnages de la bibliothèque. Le contraire du libre accès est l'accès indirect matérialisé par le magasin. (Voir *Accès au document*).

Licence. (Informatique). Autorisation délivrée à l'utilisateur d'installer et de faire fonctionner un logiciel sur son ordinateur.

Licence informatique. (Informatique). Voir *Licence.*

Lien. 1. Signe ou symbole utilisé pour relier certains éléments d'une indexation. **2.** Information qui permet de créer un point de passage entre deux groupes de données.

Lien hypertexte. (Informatique/ Internet). Un lien hypertexte est la possibilité, dans la consultation d'un document électronique, de passer instantanément d'un document (ou d'un site) à un autre. Ces passerelles sont rendues possibles grâce à un système de « liens » significatifs (colorés, soulignés) qu'il suffit d'activer.

Lieu de publication. (Édition). Ville ou localité où se trouve le siège de la maison d'édition.

Linotypie. Composition d'un texte typographique par une machine disposant d'un clavier et qui permet de couler un alliage en fusion dans un moule pour produire une ligne entière d'un texte appelée « ligne-bloc ».

Liseuse. (Informatique). Appareil autorisant la lecture et le stockage des textes et livres au format numérique tels que les *e-books.*

Liste d'autorité. Liste des termes normalisés, soit des mots matières, soit des noms propres, qui doivent être obligatoirement et nécessairement utilisés dans l'indexation.

Liste de diffusion. (Télécommunication/ Informatique). Liste d'adresses électroniques qui permet la diffusion automatique d'informations sur un sujet donné à un grand nombre d'utilisateurs abonnés à un serveur ou modérateur spécifique.

Lithographie. Illustration obtenue par l'impression d'un dessin tracé avec une matière grasse sur une pierre calcaire ou sur une feuille de zinc.

Littérature grise. Ensemble des documents imprimés, mais qui échappent aux circuits commerciaux traditionnels de l'édition. On trouve parfois l'expression de littérature « non conventionnelle » ou « souterraine ». (*Exemple : Thèses, Actes de congrès*).

Livraison. (Édition). Cahier d'un ouvrage dont la publication est étalée dans le temps.

Livre. Document formé par l'assemblage de plus de 48 pages constituant une unité bibliographique. (Synonymes : *Œuvre, Ouvrage*).

Livre ancien. Tout ouvrage publié avant 1810, c'est à dire antérieur à la création de la première bibliographie française en 1811.

Livre électronique. (Informatique). Petit ordinateur portable en forme de livre, muni d'un écran de visualisation, qui permet de stocker et de lire des *livres numériques* ou toutes autres publications en ligne disponibles par téléchargement. (Synonymes : *E-book, Livrel.*)

Livre numérique. Version numérisée d'un livre lisible sur tout appareil permettant sa lecture, que celui-ci soit un ordinateur, un assistant personnel, une tablette de lecture (*E-book*) ou un téléphone portable.

Livre orphelin. Livre dont les ayants droit sont inconnus ou introuvables.

Livrel. Terme issu de la contraction des mots « livre » et « électronique ». (Synonymes : *E-book, Livre électronique, Livre numérique*).

Localisation. Représentation sous une forme textuelle ou codée du lieu où le document est habituellement stocké.

Logiciel. (Informatique). Programme ou ensemble des programmes, de procédures et de règles, relatif au fonctionnement du traitement des données (traitement de texte, tableur, base de données, manipulation graphique, etc.). (Synonyme : *Programme*).

Logiciel de navigation. (Informatique/ Internet). Voir *Navigateur.*

Logiciel libre. (Informatique). Logiciel qui offre à toute personne qui en possède une copie de l'utiliser, de l'étudier, de le modifier et de le redistribuer.

Login. (Informatique). Mot d'origine anglophone qui est la contraction de « *log in* » (équivalent français : « se connecter »). Procédure d'identification d'un utilisateur sur un réseau qui consiste généralement à saisir un identifiant et un code confidentiel appelé mot de passe. (Synonymes : *Identifiant, Nom d'utilisateur*).

Logithèque. C'est une bibliothèque, ou une section de bibliothèque, dont les collections sont constituées de logiciels informatiques.

Logo. Graphisme stylisé ou décoratif identifiant une organisation et pouvant se substituer à sa signature.

Ludothèque. C'est une bibliothèque, ou une section de bibliothèque, dont les collections sont constituées de jeux et jouets.

Luxmètre : Appareil dont l'unité de mesure est le lux. En bibliothèque, pour préserver les collections fragiles de toute réaction chimique provoquée par l'éclairage agressif, il convient de contrôler le degré de luminosité avec un luxmètre.

Lyophilisation. (Reliure). Déshydratation d'un produit par congélation rapide suivie d'une sublimation de la glace. Procédé à utiliser pour les documents d'une bibliothèque touchés par les dégâts des eaux ou en cas d'inondation.

M

Magasin. Partie de la bibliothèque à laquelle le public ne peut accéder et ayant une fonction de stockage et de conservation des documents.

Magazine. Revue largement illustrée, traitant de sujets très divers.

Mailing. (Informatique/Internet). Mot anglais dont la traduction française est « envoi » ou « expédition ». (Voir *Liste de diffusion*).

Main. Unité de compte du papier, correspondant à 25 feuilles, soit un vingtième de *rame.*

Maintenance. Mot désignant le service d'entretien et d'après vente. (Exemple : Contrat de maintenance d'un photocopieur).

Manchette. 1. (Édition). Zone supérieure de la page où figure le titre du journal. **2.** (Imprimerie). Dessin d'une main ou d'un bras signalant un passage important d'un livre manuscrit.

Manuscrit. 1. À l'origine, livre écrit à la main. Par conséquent, désigne tout livre antérieur à l'invention de l'imprimerie. **2.** Textes non imprimés d'un auteur.

Marbré. (Papier). Papier auquel ses diverses teintes donnent l'aspect du marbre.

Maroquin. (Reliure). Peau de chèvre tannée, assez épaisse, à gros grains et réservée aux reliures de luxe.

Marque-page. (Informatique). Voir *Signet* (2e définition).

Masque. Symbole (souvent le point d'interrogation) utilisé lors de l'interrogation d'une base de données pour remplacer une ou plusieurs lettres à l'intérieur d'un mot. Peut être utile lorsque l'orthographe de certains mots varie légèrement.

Massicot. Machine à couper les feuilles de papier en pile de manière à obtenir des bords nets. Ce matériel est composé d'un puissant bâti, d'une table fixe et d'une lame d'acier mobile qui, actionnée par volant ou par moteur, descend obliquement pour trancher une pile de feuilles ou de cartons. Il doit son nom à Guillaume Massicot (1797-1870), mécanicien français qui mit au point cette machine à couper le papier en 1840.

Mastic. (Imprimerie). Erreur de composition consistant en l'interversion de lettres, de mots ou de paragraphes.

Matériel. (Informatique). Équipement physique utilisé pour le traitement des données, par opposition aux logiciels.

Matériel d'accompagnement. (Édition). Document ou objet joint à une publication, destiné à être utilisé conjointement à celle-ci.

Mécénat. Protection des lettres et des arts par la commande et le financement d'œuvres.

Média. 1. Support d'information et plus particulièrement support de grande diffusion. **2.** Par extension, type d'information véhiculée par un support : dessins, photographies, vidéo, son, texte, etc.

Médiathèque. Nom adopté par certaines bibliothèques pour souligner le fait qu'elles possèdent différents types de médias : livres, disques, films, logiciels, etc.

Mélanges. 1. Titre de certains recueils de cours écrits sur divers sujets. **2.** Désigne un ouvrage composé d'articles réunis et dédiés à une personnalité.

Mémoire. 1. Document académique ou universitaire rédigé dans le cadre d'un diplôme de Master. **2.** (Informatique). Tout dispositif susceptible de conserver

l'information. On distingue notamment :
– **La mémoire de masse** ou espace de stockage de fichiers (disque dur, disquette, disque optique numérique, etc.).
– **La mémoire flash** programmable ou reprogrammable électriquement.
– **La mémoire morte** (ROM), mémoire non volatile.
– **La mémoire vive** où sont effectués les calculs exécutés par l'unité centrale (RAM).

Mensuel. Se dit d'un périodique qui paraît tous les mois.

Mention de collection. Principaux éléments d'identification d'une collection, y compris la numérotation de chaque publication à l'intérieur de la collection.

Mention de copyright. Mention, placée généralement au verso de la page de titre, qui indique sur la publication le titulaire du droit d'auteur et l'année d'obtention de ce droit. (Voir aussi *Copyright.*)

Mention de responsabilité. (Édition). Mention relative aux personnes ou aux collectivités et organisations liées à la création du contenu intellectuel ou artistique d'une publication.

Menu. (Informatique). Liste des options ou des commandes disponibles intégrée dans un programme.

Métadonnées. Rubriques standardisées qui décrivent le contenu de chaque document ou ressource électronique. En quelque sorte, les métadonnées s'apparentent à l'*indexation analytique* des ressources électroniques.

Métamoteur. (Internet). Outil de recherche (sur le Web ou en local) qui, pour retrouver des ressources internet, interroge en parallèle plusieurs outils (moteurs et annuaires), rapatrie leurs réponses et les organise, selon des méthodes de classement spécifiques, pour fournir aux utilisateurs une présentation structurée des résultats.

Mètre linéaire. Unité de mesure servant à déterminer la capacité d'accueil des rayonnages d'une bibliothèque. Un mètre linéaire n'est ni plus ni moins qu'« 1 mètre de documents en ligne » ou, mis côte à côte, une longueur de 1 mètre de documents.

Microfiche. Microforme se présentant sous forme d'une feuille rectangulaire sur laquelle les micro-images sont disposées en colonnes et en rangées. (Synonyme : *Microforme*).

Microfilm. Microforme se présentant en rouleau ou en bande comportant des micro-images selon une disposition linéaire. (Synonyme : *Microforme*).

Microforme. Terme générique désignant tout support contenant des micro-images. Les *Microfiches* et les *Microfilms* sont considérés comme microformes.

Miniature. Dans le livre médiéval, petite peinture finement exécutée.

Mise à disposition. (Administration). La mise à disposition est la situation du fonctionnaire qui demeure dans son corps d'origine, est réputé occuper son emploi, continue à percevoir la rémunération correspondante mais qui effectue son service dans une autre administration que la sienne.

Mission. (Administration). Attributions ou fonctions confiées à un agent.

Modérateur. (Informatique/Internet). Personne qui administre un forum ou une liste de diffusion et qui veille à faire respecter les règles établies et à limiter les abus. Il a autorité pour supprimer ou publier les messages qui apparaissent sur le forum de discussion.

Moniteur. (Informatique). Appareil (périphérique d'affichage) doté d'un écran de visualisation et associé à un ordinateur.

Monographie. Ouvrage formant un tout, en un ou plusieurs volumes, soit qu'il paraisse en une seule fois, soit que sa publication s'étende sur une durée limitée selon un plan établi à l'avance.

Montant. (Mobilier). Élément vertical d'un rayonnage ou d'une travée.

Mook. Né de la contraction de *magazine* et de *book*, ce néologisme correspond à une revue, généralement trimestrielle, assez épaisse (entre 150 et 200 pages).

Mors. (Reliure). Léger creux situé à la charnière entre le dos et le plat d'une reliure.

Mosaïquée. (Reliure). Se dit d'une reliure composée de peaux de différentes couleurs.

Mot clé. Mot choisi dans le titre ou le texte d'un document caractérisant son contenu intellectuel et permettant sa recherche. On peut également choisir un mot clé à partir d'un thésaurus. (Voir aussi *Descripteur*).

Mot de passe. (Informatique). Suite de caractères accompagnant votre identifiant (nom d'utilisateur ou login) et permettant d'assurer la confidentialité de votre compte. Il est utilisé pour se connecter à un service en ligne, à un serveur de fournisseur d'accès ou sur le réseau Intranet d'une entreprise. (Équivalent anglais : *Password*).

Mot vide. Mot qui, pris isolément, n'est pas porteur d'information. Il n'est pas admis dans le langage documentaire et n'apparaît donc jamais à titre d'élément de classement ou de recherche.

Moteur de recherche. (Informatique/Internet). Logiciel d'indexation et de recherche par *mots clés*, sur Internet ou dans une base de données.

Multimédia. 1. Adjectif. Désigne une technique de communication qui concerne au moins deux médias. **2.** (Édition). Produit éditorial généralement interactif qui intègre sur un seul support, ou lors d'une seule consultation, du son, du texte, des images fixes ou animées, destiné à être consulté de manière simultanée.

Musée. Organisme chargé de rassembler, de traiter, de conserver et d'exposer des œuvres et objets.

N

Nain. Livre de petit format.

Navigateur. (Informatique/Internet). Dans un environnement de type Internet, logiciel qui permet à l'utilisateur de rechercher et de consulter des documents, et d'exploiter les liens hypertextes qu'ils comportent. (Synonymes : *Logiciel de navigation* et *Browser* en anglais).

Nerfs. (Reliure). Cordelettes sur lesquelles s'effectue la couture et au moyen desquelles le corps du livre est réuni aux plats.

Net. Abréviation d'*Internet.*

Netbook (ou Notebook). (Informatique). Ordinateur portable de très petite taille aux performances relativement limitées puisque conçu avant tout pour des besoins bureautiques simples et pour la navigation sur Internet.

Nomade. *Adjectif.* Qualifie les appareils électroniques facilement transportables qui permettent l'accès à l'information et à la documentation de partout (Exemple : téléphone mobile multifonctionnel, ordinateur portable, netbook, etc.).

Normes. Spécification technique (ou autre document de référence accessible au public), établie par consensus qui fournit, pour des usages communs et répétés, des solutions optimales à des problèmes techniques concernant les produits, les biens et les services. Elles sont validées et publiées par un organisme qualifié sur le plan régional, national et/ou international.

Note. (Édition). Indication placée en bas de page pour préciser ou compléter un élément d'information donné dans le texte principal.

Note administrative. Correspondance administrative interne à un établissement ou à un service, qui peut être d'un point de vue hiérarchique bilatérale et qui a pour but d'instruire une question ou une affaire.

Notice. Voir *Notice bibliographique.*

Notice analytique. Notice dont le signalement est accompagné d'une analyse, d'un résumé ou d'une indication de contenu.

Notice bibliographique. Ensemble des éléments (auteur, titre, éditeur, date d'édition, etc.) présentant la description bibliographique d'un livre, d'un article de périodique, d'une thèse ou de tout autre support documentaire. (Voir *Description bibliographique*).

Notice d'exemplaire. Ensemble des éléments (localisation, cote, statut, etc.) associés à la description bibliographique et présentant des informations relatives à un (et une seul) exemplaire ou unité documentaire.

Notice de base. Description bibliographique présentant sous une forme normalisée les éléments essentiels à l'identification du document.

Notice descriptive. Elle comporte en plus du signalement la description précise de l'exemplaire (reliure, papier, typographie, illustrations, etc.).

Numérique. 1. Se dit de la représentation de données sous la forme de nombres. **2.** (Informatique/ Internet). Adjectif. Mode de codage des informations destinées à un traitement informatisé. (Synonymes : *Électronique* et *Digital* en anglais).

Numérisation. Procédé qui consiste à convertir un support d'une forme analogique originelle (texte imprimé ou manuscrit, son, image…) en un support de forme numérique (c'est à dire lisible par ordinateur et pouvant être transmis par des réseaux de communication comme Internet). (Synonyme : *Dématérialisation*).

Numériseur. (Informatique). Périphérique d'ordinateur permettant d'obtenir une image numérique à partir d'une image papier. Le procédé consiste en l'analyse d'une image ligne à ligne par l'intermédiaire d'un rayon lumineux. (Synonyme : *Scanner*).

Numéro. Partie d'un ouvrage périodique qui paraît une seule fois et porte un numéro.

Numéro d'entrée (ou Numéro d'inventaire). Numéro unique, attribué à tout document acquis par une bibliothèque et destiné à être intégré dans son fonds. Ce numéro est enregistré dans un registre. (Voir *Registre d'inventaire*).

Numérotation. Identification de chacun des fascicules successifs d'une publication en série.

Numismatique. Science qui traite de la description et de l'histoire des monnaies et des médailles.

O

Objet. Dans le cadre de la rédaction d'une lettre, d'une note ou d'un rapport administratif, il constitue en peu de mots l'essentiel de l'affaire à traiter.

Océrisation. Procédé informatique de reconnaissance optique de caractères qui permet de reconnaître, dans une image, les lettres composant un texte. Cette technique accepte donc de transformer un fichier image en fichier texte. (Voir aussi *Reconnaissance optique des caractères.*)

Octet. (Informatique). Unité de base qui sert à calculer le volume d'une mémoire.

Œuvre. 1. (Sens général). Désigne le livre du point de vue de sa conception intellectuelle, de sa composition littéraire. **2.** Ensemble des productions littéraires d'un auteur qui paraissent en public. On parle souvent à juste titre d'œuvres complètes. **3.** Voir *Livre, Ouvrage.*

Offset. (Imprimerie). Procédé dérivé de la lithographie. L'image reproduite sur une plaque est encrée. Elle se décalque sur un rouleau de caoutchouc qui le reporte sur le papier.

Onciale. Large écriture en capitales dérivée de l'écriture romaine.

Opérateurs booléens. (Informatique). Logique utilisée par les moteurs de recherche pour identifier précisément les informations ou documents souhaités. Elle permet de combiner plusieurs termes dans une même recherche et sert à affiner une requête sur les bases de données. « ET », « OU » et « SAUF » représentent les trois opérateurs booléens les plus employés. C'est le mathématicien anglais George Boole qui a donné son nom à la logique booléenne, basée sur la théorie des ensembles.

Opérateurs de proximité. (Informatique). Lors d'une recherche d'information, ils servent à indiquer l'éloignement souhaité d'un terme par rapport à un autre dans les résultats de cette recherche. L'opérateur le plus utilisé est « PRES ».

Opération campus. Plan de rénovation de l'immobilier universitaire de grande ampleur.

Ordinateur. (Informatique). Équipement informatique permettant de traiter des informations selon des procédures.

Organigramme. (Administration). Représentation graphique de la structure d'un organisme, d'une entreprise ou d'un établissement mettant en évidence la répartition hiérarchique des responsabilités entre les différents services, leurs relations et, éventuellement, les personnes qui les occupent.

Orientation. Action d'aiguiller, de rediriger un lecteur vers un service, une personne ressource, une salle de lecture ou un document.

Original. **1.** Document émanant directement de son auteur. **2.** (Édition). Support de référence à partir duquel sont obtenus les supports de reproduction.

Ours. (Édition). Mention du titre, du propriétaire, des éditeurs, etc., d'un journal ou d'une revue ; bien que sa localisation varie, il se trouve en général, pour les journaux, sur la page éditoriale ou en tête de la première page et, pour les revues, sur la page du sommaire.

Ouvrage. Désigne le livre du point de vue de sa forme matérielle. (Synonymes : *Livre, Œuvre*).

Ouvrage collectif. Ouvrage écrit par plusieurs auteurs.

Ouvrage de référence. Ouvrage davantage destiné à la consultation ponctuelle sur place qu'au prêt. En général, l'architecture et la composition de ces ouvrages permettent l'accès à des informations précises mais peu détaillées. (Voir aussi *Usuels*).

P

Page. Chacun des deux côtés d'un feuillet.

Page d'accueil. (Informatique). Ensemble composé d'une ou plusieurs pages écran s'affichant au démarrage de la ressource pour la présenter.

Page de garde. (Reliure). Ensemble des pages situées entre la couverture et la page de titre.

Page de titre. (Édition). Page placée en général au début d'une publication, qui porte le titre complet de cette publication, la ou les mentions de responsabilités et tout ou partie de l'adresse.

Pages liminaires. (Édition). Ensemble des textes précédant l'ouvrage proprement dit : page de titre, lettre, avertissement, dédicace, etc.

Pagination. (Édition). Numérotation des pages d'un ouvrage.

Pagination multiple. (Édition). Expression utilisée lorsqu'un document comporte plus de trois séquences numérotées de pages.

Palimpseste. Manuscrit ancien dont le texte a été gratté afin de permettre le réemploi du support.

Pancatalogue. Catalogue collectif des ouvrages des bibliothèques de l'enseignement supérieur. Aujourd'hui, le Système universitaire de documentation (SUDOC) se substitue au Pancatalogue.

Papillon. (Édition). Bande de papier imprimée, destinée à se substituer à une partie du texte initialement imprimée. Les papillons sont généralement collés.

Papyrus. Roseau utilisé, après préparation, comme support d'écriture dans l'Antiquité et au Moyen Âge.

Parchemin. Peau de chèvre, mouton, âne, traitée pour recevoir l'écriture.

Paritaire. (Administration). Composé de représentants en nombre égal de deux parties en présence. (Exemple : Commissions administratives paritaires).

Parties liminaires. Page de titre, verso de la page de titre et toutes les pages précédant le titre.

Password. (Informatique). « Mot de passe » en anglais. Voir *Mot de passe*.

Patrimoine. **1.** Le patrimoine s'entend de l'ensemble des biens, immobiliers ou mobiliers, relevant de la propriété publique ou privée, qui présentent un intérêt historique, artistique, archéologique, esthétique, scientifique ou technique. **2.** Les collections patrimoniales transmises par les ancêtres sont ainsi considérées comme héritage d'un groupe.

Peinture. Image réalisée à partir de pigments colorés.

Périodicité. Fréquence de parution d'une publication en série. Voir *Annuel, Bimensuel, Bimestriel, Hebdomadaire, Quotidien, Semestriel, Trimestriel.*

Périodique. **1.** Adjectif. Qui se reproduit à des intervalles réguliers, ou à certaines époques déterminées. **2.** Nom commun. Publication en série, dotée d'un titre unique et dont les livraisons se succèdent chronologiquement à des intervalles souvent réguliers. (Synonyme : *Publication en série* et *Revue*).

Périodique électronique. Ainsi que son nom l'indique, il s'agit d'une publication en série publiée en format numérique sur Internet et donc consultable en ligne.

Périodique mort. Périodique qui a cessé d'être édité ou dont la bibliothèque a décidé de suspendre l'abonnement.

Périodique vivant. Périodique dont l'abonnement est toujours en cours de validité dans la bibliothèque.

Périphérique. (Informatique). Tout dispositif annexe branché sur un ordinateur et nécessaire à certaines configurations (souris, imprimante, tablette graphique, haut-parleurs, etc.).

Permanent. Adjectif. Faculté pour un support d'information de rester chimiquement et physiquement stable durant une longue période, et donc de ne subir que peu de changements liés au temps.

Personnel. (Administration). Ensemble des personnes qui sont employées et salariées pour effectuer des travaux dans une entreprise, un établissement et donc une bibliothèque !

Pertinence. Adéquation entre une question posée et les réponses fournies lors de la recherche d'information. La pertinence se définit notamment en mesurant le *bruit* et le *silence* documentaires.

Phonogramme. Tout document sonore, quel qu'en soit son support (disque, cassette, etc.).

Phonothèque. C'est une bibliothèque, ou une section de bibliothèque, dont les collections sont constituées de documents sonores.

Photocomposition. Composition d'un texte typographique à l'aide d'un procédé photographique.

Photographie. Document obtenu par un procédé qui fixe, de façon plus ou moins durable dans le temps, une image sur un support sensible à l'action de la lumière.

Photogravure. Ensemble des procédés de confection de clichés d'impression par voie photographique et photomécanique.

Photothèque. C'est une bibliothèque, ou une section de bibliothèque, dont les collections sont constituées de photographies.

Pièce de titre. (Reliure). Morceau de peau (parée très finement) collé sur le dos d'une reliure en cuir où l'on peut lire le titre du livre.

Pied-de-mouche. Signe de ponctuation du livre manuscrit, servant à séparer les paragraphes.

Pige. Tâche confiée au typographe qui compose les textes à imprimer dans un temps donné.

Pigiste. Chez les journalistes, celui qui est payé à la « pige », c'est à dire en fonction de la longueur de son article.

Pilon. La mise au pilon est l'opération qui consiste à détruire les livres mis au rebut après le récolement. Cette opération s'intègre dans la politique générale d'un *désherbage*. (Synonyme : *Élimination*).

Piste. Zone de la surface enregistrée correspondant à une unité d'enregistrement.

Pixel. (Informatique). Plus petit élément d'un document en mode image auquel peuvent être affectés des attributs tels que la luminosité, la couleur, le clignotement. Le pixel sert d'unité de mesure de la définition ou résolution d'image.

Placard. (Édition). Epreuve d'un texte non paginé, pourvue de grandes marges destinées aux corrections d'auteur, établie à partir de la composition déjà corrigée par l'imprimeur et réunie en paquets.

Plan. 1. Représentation graphique d'un espace, d'un établissement architecturé, très souvent dessinée avec des proportions ou une échelle sous dimensionnées. **2.** En bibliothèque, on utilise ce terme pour parler de plans servant à l'orientation des lecteurs ou plans de classement des ouvrages des salles de lecture. Le sens donné à cette définition est étroitement lié à la signalétique.

Plan d'évacuation. 1. Représentation schématique des circulations d'un bâtiment permettant de se repérer et de cheminer vers l'extérieur. **2.** (Sécurité). Par extension, un plan d'évacuation est un dispositif (ou une organisation) mis en place pour assurer l'évacuation et la sécurité des personnes.

Plan d'intervention. (Sécurité). Représentations schématiques des locaux, ces plans sont destinés à faciliter l'intervention des services de secours extérieurs.

Plan d'urgence. En bibliothèque, ensemble des procédures formalisées dans un document-cadre ayant pour but de prévoir les différents risques de sinistres encourus par les collections et de préparer à l'avance les interventions permettant d'en limiter les dégâts.

Plan de conservation partagée. Voir *Conservation partagée*.

Plan de développement des collections. Document participant à la définition de la politique documentaire d'une bibliothèque. Pour un secteur donné, il fixe les balises du processus de sélection des documents : acquisition, intégration, désherbage, conservation. (Exemples : définitions des contenus, publics visés, niveau de contenu, langue, support, nombre d'exemplaires.)

Planche. (Édition). Illustration pleine page d'un livre, généralement hors-texte.

Planisphère. Carte géographique où l'ensemble de la surface du globe terrestre est représentée en projection plane, sans séparation en hémisphères.

Planning. (Administration). Plan de travail détaillé de tout ou partie des personnels, désignant les différentes opérations à effectuer et précisant l'ordre chronologique d'exécution. Un planning peut être quotidien, hebdomadaire ou annuel.

Plaquette. Ouvrage soigné, composé de quelques feuillets seulement.

Plastification. (Équipement des collections). Opération qui consiste à couvrir des livres avec un film plastique transparent pour lui garantir une plus longue durée de vie. (Voir aussi *Couverture*).

Plat. (Reliure). Partie extérieure de l'*ais* ou du carton d'un livre. L'ouvrage possède ainsi un plat supérieur et un plat inférieur.

Plate-forme. Interface proposée par un fournisseur pour interroger les ressources en ligne.

Podcast. Contraction de « *iPod* » (le baladeur à succès d'*Apple*) et de « *broadcasting* » (en français, « diffusion »), un podcast correspond au téléchargement vers un ordinateur ou un lecteur nomade personnel d'un programme audio ou vidéo disponible sur Internet.

Point d'accès. Terme choisi pour présenter dans un index un élément ou une notion contenu(e) dans un document. (Voir aussi *Fichier d'autorité*).

Point d'indice. C'est un coefficient chiffré qui sert de base au calcul de la rémunération des agents publics.

Point de rassemblement. (Sécurité). Destiné à accueillir le public et le personnel évacués lors d'un danger immédiat, le point de rassemblement est situé sur une zone extérieure, isolée de tout danger alentour.

Pointe sèche. (Imprimerie). Outil pointu en acier utilisé notamment dans le procédé de taille-douce pour graver ou inciser des traits et des marques variés dans le métal.

Pointage d'une commande. Opération de contrôle d'une livraison pour s'assurer qu'elle est conforme à la commande.

Police. (Imprimerie). Ensemble des caractères typographiques contenus dans une casse.

Politique d'acquisition. Ensemble des objectifs, méthodes et moyens orientant l'acquisition de documents, quel que soit leur support, pour un accroissement et une mise à jour des fonds d'une bibliothèque, en tenant compte de ceux déjà existants et des intérêts et des besoins des usagers.

Politique documentaire. Ensemble des objectifs et des priorités que retient une bibliothèque en matière de développement (acquisition, désherbage, etc.) et de gestion des collections afin de répondre aux orientations fixées par l'établissement de tutelle (département, mairie, université, etc.) et aux attentes de la communauté à desservir.

Pontuseaux. (Imprimerie). Trace que les fils perpendiculaires d'une forme à papier laissent voir en transparence d'une page. Les pontuseaux sont par ailleurs des éléments d'identification de format.

Port-folio. Ensemble non factice d'images fixes, édité et contenu dans un portefeuille ou une boîte.

Portail. (Informatique/Internet). Site Web dont la page d'accueil propose un ensemble de services gratuits : moteur de recherche, répertoire thématique, sujets d'actualité, courrier électronique, etc.

Portail documentaire. Site web permettant de référencer et d'interroger un ensemble d'outils de recherche, de ressources, de textes en ligne (données bibliographiques, textes intégraux) ainsi que des services bibliographiques et éventuellement de présenter de manière uniforme le résultat de ces interrogations.

Portique antivol. Corridor constitué de deux antennes de détection des vols et placé à proximité de la sortie d'une bibliothèque ou d'une salle de lecture. De largeur équivalente à une unité de passage, il est conçu de façon à filtrer la circulation des lecteurs. Deux technologies distinctes s'adaptent à ce dispositif : « électromagnétique » ou « radiofréquence ». (Voir *Système antivol*).

Postface. (Édition). Rajout ou commentaire placé en fin de livre.

Préemption. Action d'acheter avant une autre personne. (Voir Droit de préemption).

Préface. (Édition). Texte placé en tête d'un ouvrage pour le présenter et le recommander au lecteur, en préciser éventuellement les intentions ou développer des idées plus générales. Dans ce dernier cas, on parle d'*Avant-propos*.

Prépublication (ou Preprints). Les prépublications correspondent à la diffusion des articles scientifiques avant même leur publication dans une revue ou dans des actes de congrès. Il existe sur Internet des serveurs de prépublications, sur lesquels les travaux des chercheurs sont librement accessibles et évalués, non pas par un comité de lecture éditorialiste, mais par la communauté des chercheurs du domaine.

Présentoir. (Mobilier). Matériel de présentation destiné à mettre en valeur un produit ou un objet. On les utilise fréquemment dans les bibliothèques lors de manifestations culturelles telles les expositions patrimoniales.

Presse. 1. (Imprimerie). Machine à imprimer. **2.** La presse ou **presse écrite** désigne, d'une manière générale, l'ensemble des moyens de diffusion de l'information écrite, ce qui englobe notamment les journaux quotidiens, les publications périodiques et les organismes professionnels liés à la diffusion de l'information.

Prêt (ou Prêt à domicile). Service offrant la possibilité à des lecteurs d'emporter chez eux et pour un temps déterminé des documents d'une bibliothèque. À ce titre, on parle souvent de prêt à domicile. La contrepartie du prêt est la restitution ou retour des documents.

Prêt automatisé (ou Prêt informatique ou Prêt informatisé). Système de prêt dont tout ou partie des transactions est traité par ordinateur.

Prêt entre bibliothèques (PEB). Le prêt entre bibliothèques (PEB) est le processus par lequel un organisme documentaire obtient d'un autre un document demandé par ses usagers et non disponible dans son fonds. Le document demandé peut être soit prêté temporairement, soit fourni sous forme de photocopies.

Prêt inter-bibliothèque (PIB). Expression utilisée par la Bibliothèque nationale de France pour désigner son dispositif de prêt entre bibliothèques. (Voir *Prêt entre bibliothèques*).

Prime. (Administration). Voir Régime indemnitaire.

Princeps. (Édition). Première édition imprimée d'un auteur.

Privilège. (Édition). Monopole accordé par l'autorité politique à un auteur ou à un libraire pour l'édition d'un texte pendant un laps de temps déterminé.

Progiciel. (Informatique). Ensemble complet et documenté de programmes conçus pour être fournis à plusieurs utilisateurs, dans un cadre professionnel.

Programme. (Informatique). Suite des instructions données à l'ordinateur pour effectuer des opérations ciblées. (Synonyme : *Logiciel*).

Promotion. (Administration). Voir Avancement.

Propriété intellectuelle. Ensemble des droits exclusifs accordés sur les créations de l'esprit, c'est-à-dire aussi bien la propriété industrielle (brevets d'invention, marques, etc.) que la propriété littéraire et artistique (droit d'auteur, du copyright et des droits voisins).

Prote. (Imprimerie). Chef d'atelier d'imprimerie.

Pseudonyme. Nom d'emprunt dissimulant l'identité véritable de l'auteur.

Public. 1. En sociologie, le public désigne l'ensemble des personnes qui s'intéressent à une œuvre ou un évènement intellectuel, littéraire, artistique, sportif, etc. On parle aussi dans ce cas d'assistance ou d'auditoire. **2.** En bibliothèque, le public est l'ensemble des personnes (en dehors des personnels) qui fréquentent et utilisent ses services. (Synonymes : *Lecteur, Usager* ou *Utilisateur*).

Public empêché. Personnes privées de la totalité des services offerts par une bibliothèque du fait d'un handicap (mobilité réduite, cécité, etc.) ou d'une impossibilité à se déplacer (personnes hospitalisées, incarcérées, etc.).

Publication à mise à jour. Publication dont la reliure permet l'inclusion ou la substitution de pages de mises à jour ou de suppléments.

Publication en série. Publication, imprimée ou pas, paraissant en fascicules ou volumes successifs, pendant une durée non limitée à l'avance, et ce quelle que soit leur périodicité. On compte parmi ces publications, des revues, des journaux, des annuaires, des collections de monographies, etc. (Synonyme : *Périodique* et *Revue*).

Publication officielle. Tout texte publié sous forme de volume, de brochure ou de périodique, émanant d'un gouvernement, d'une société d'État ou d'un organisme international.

Q

Quadrichromie. Reproduction d'une illustration par le mélange des trois couleurs primaires auxquelles on ajoute le noir.

Quatrième de couverture. Partie extérieure de la couverture d'un livre située sur son plat inférieur et présentant des informations complémentaires (résumé de l'œuvre, biographie de l'auteur, etc.).

Queue. (Reliure). Partie inférieure d'un livre, par opposition à la tête.

Quotidien. Adjectif. Relatif à la journée. On dit d'un périodique que c'est un quotidien lorsqu'il paraît tous les jours.

R

Radiofréquence. Voir *Système antivol.*

Raisin. Format de papier.

Rame. Réunion de 20 mains de 25 feuilles de papier.

Rangement. Classement selon un ordre (ou une classification) déterminé par la bibliothèque. (Synonyme : *Classement*).

Rangement systématique. Reclassement des documents à l'intérieur des rayonnages de stockage des collections en suivant l'ordre des cotes.

Rapport. Document qui décrit les résultats de recherche, d'enquêtes ou d'autres études et qui est soumis en premier lieu à la personne ou à la collectivité pour laquelle l'enquête a été réalisée ou par qui elle était commanditée.

Rapport administratif. Vecteur de communication administrative entre un personnel qualifié et son autorité hiérarchique, le rapport est un document d'aide à la décision.

Rayon. (Mobilier). Terme générique rassemblant sous sa définition l'ensemble des éléments mobiliers relatifs au stockage des documents. (Voir : *Épi, Étagère, Montant, Rayonnage, Rayonnage compact, Tablette, Travée*).

Rayonnage. (Mobilier). Le rayonnage désigne l'ensemble composé de tablettes superposées comprises entre deux montants porteurs. (Synonyme : *Travée*).

Rayonnage compact (ou Rayonnage à forte densité). (Mobilier). Appelés également rayonnages denses ou mobiles, il s'agit d'épis disposés sur des chariots guidés par des rails. Des systèmes de roulement à billes et des volants débrayés favorisent leur déplacement. La capacité de stockage des documents en est ainsi considérablement accrue. Trop souvent, les personnels emploient à tors le terme de *Compactus* pour désigner un rayonnage compact.

Recherche bibliographique. Recherche de documents à partir d'outils bibliographiques (catalogue, base de données, banque de données, etc.). (Synonymes : *Recherche documentaire*).

Recherche booléenne. Permet de combiner entre eux des critères de recherche pour sélectionner très précisément les références recherchées. Au service de la recherche documentaire, trois opérateurs booléens sont à votre disposition : « ET », « OU » et « SAUF ». (Voir *Opérateurs booléens*).

Recherche documentaire. Voir *Recherche bibliographique.*

Recherche fédérée. Requête unique qui permet de consulter simultanément plusieurs sources de données hétérogènes (catalogue de bibliothèque, base de données, archives ouvertes, etc.) tant du point de vue du format que du contenu.

Réclame. (Imprimerie). Mot placé audessous de la dernière ligne d'une page, et qui débute la page suivante, servant de repère au relieur.

Récolement. Inventaire du fonds d'une bibliothèque. Lors de cette activité, généralement annuelle, la présence de tous les ouvrages contenus dans les rayonnages est systématiquement vérifiée et chacun des volumes manquant est signalé. C'est la raison pour laquelle il est indispensable d'organiser préalablement un *rangement systématique* de grande ampleur pour faciliter le récolement.

Reconnaissance des acquis de l'expérience professionnelle (RAEP). (Administration). Mécanisme d'évaluation et de comparaison des compétences et aptitudes professionnelles, fondé sur des critères professionnels et qui permet d'accéder à des fonctions et des responsabilités d'un niveau supérieur.

Reconnaissance optique des caractères (OCR). Technologie permettant de reconstituer un texte d'après son image numérisée. (Voir aussi **Océrisation.**)

Recouvrement. Voir *Taux de recouvrement.*

Recto. Première page d'un feuillet.

Recueil. Regroupement occasionnel de plusieurs œuvres réunies dans un même document lors d'une édition.

Réédition. (Édition). Édition qui se distingue des éditions antérieures par des modifications apportées au contenu (Voir *Édition révisée*) ou à la présentation (Voir *Édition nouvelle*) et qui nécessite l'attribution d'un nouvel ISBN.

Référence bibliographique. Schéma normalisé de description de documents (monographies, publications en série, documents électroniques, documents complets ou parties de documents) destiné aux auteurs ou aux éditeurs. La référence bibliographique permet de réaliser des bibliographies ou de formuler des citations au sein d'un texte. Elle ne doit pas être confondue avec la *notice bibliographique* établie par les professionnels de la documentation pour l'élaboration de leurs catalogues.

Référencement. Ensemble d'opérations visant à favoriser l'accessibilité d'un site web à travers les outils de recherche sur Internet, en premier lieu les moteurs de recherche et les annuaires ou répertoires.

Refoulement. Action de rapprocher les volumes les uns des autres, dans un sens et dans l'autre, afin d'améliorer le rangement, de réorganiser les espaces vacants ou d'insérer des collections nouvelles.

Régime indemnitaire. (Administration). Ensemble des sommes perçues par un agent, en contrepartie ou à l'occasion du service qu'il exécute dans le cadre des fonctions définies par le statut particulier dont il relève. Le régime indemnitaire se définit comme un complément du traitement distinct des autres éléments de rémunération. (Synonyme : Prime).

Registre. Cahier imposant, pouvant comporter des colonnes dont l'intitulé est imprimé à l'avance. Sert à enregistrer des informations que l'on souhaite conserver.

Registre d'inventaire. Sert à l'inscription des documents dans l'ordre chronologique de leur entrée en bibliothèque. (Voir aussi *Numéro d'entrée* ou *Numéro d'inventaire*).

Règlement intérieur. (Administration). Le règlement intérieur définit les règles de fonctionnement ainsi que les droits et les obligations des personnels et des usagers d'une bibliothèque. C'est un acte administratif unilatéral émanant d'une autorité administrative (Conseil municipal pour les bibliothèques municipales, Conseil d'administration pour la BnF et les bibliothèques universitaires) ; le consentement des administrés n'est pas nécessaire pour qu'il s'impose à eux. Enfin, le règlement intérieur est une décision exécutoire susceptible de recours le cas échéant.

Réimpression. Reproduction sans changement d'un document déjà publié.

Relégation. Terme utilisé en bibliothèque pour désigner le transfert (ou retrait) des documents du libre accès vers les magasins. La relégation est une des options pratiquées dans le cadre d'une campagne de *désherbage* des collections.

Reliure. (Reliure). **1.** Procédé qui consiste à assembler les feuillets ou les cahiers formant un ouvrage et à les maintenir dans une couverture. **2.** Mode de présentation extérieure d'une publication, c'est-à-dire la couverture, le brochage, etc.

Reliure armoriée. (Reliure). Reliure sur laquelle sont gravées les armes du personnage noble auquel appartient le livre. (Voir aussi *Armes*).

Renouvellement. Voir *Taux de renouvellement.*

Renseignement. Mission de service public qui consiste à porter à la connaissance de quelqu'un une information.

Renseignement bibliographique. Service d'une bibliothèque, assuré par un personnel qualifié, qui a pour objectif d'aider les publics dans leur démarche de *recherches bibliographiques.* Il a par ailleurs vocation à conseiller les lecteurs dans leur choix documentaire. (Synonyme : *Service de références*).

Renvoi. 1. Signe renvoyant à une autre partie d'un ouvrage ou d'un catalogue de bibliothèque. **2.** En langage documentaire, orientation d'un point d'accès vers un autre point d'accès.

Répertoire. 1. Liste présentant des informations classées par ordre alphabétique, numérique, chronologique ou systématique pour l'identification, la description ou la localisation de personnes, de documents, d'organismes, de lieux, de ressources Internet ou d'objets. (Synonyme : *Catalogue*). **2.** Par extension, un répertoire bibliographique est un document (imprimé ou électronique) qui propose de classer des articles de périodiques, des monographies et tout autre support d'information en vue de faciliter leur identification et leur localisation. (Synonyme : *Catalogue.*) (Voir aussi *Source bibliographique.*)

Reproduction. Copie d'un document sous tout ou partie de ses aspects par un procédé autre que celui utilisé pour le document copié (*Exemple :* Si une estampe peut être la copie d'une estampe en revanche elle est la reproduction d'un dessin). (Contraire et synonyme à la fois : *Copie*).

Reprographie. Reproduction d'un document sans qu'il en subisse la moindre modification, à l'aide d'un procédé photographique.

Requête. (Informatique). Expression formalisée d'une demande d'information se composant d'une ou de plusieurs équations de recherche et mettant en œuvre une recherche directe par mots-clés.

Réseau. (Informatique / Internet). Ensemble d'équipements informatiques reliés entre eux par des canaux de transmission, permettant le partage de ressources et l'échange de données.

Réseau documentaire. Partenariat entre plusieurs entités documentaires qui s'associent selon des critères variés (proximité géographique, disciplines connexes, etc.) pour collaborer à des objectifs communs, comme par exemple un catalogue collectif, une banque de données, une convention de prêt entre bibliothèques, un dispositif de conservation partagée des collections, etc.

Réservation. 1. Service se proposant de mettre de côté, d'attribuer par avance ou de retenir quelque chose pour quelqu'un. **2.** Certaines bibliothèques offrent la possibilité d'effectuer des réservations de documents, voire de places assises par anticipation. Ces services sont d'autant plus efficaces que les systèmes intégrés de gestion de bibliothèque (SIGB) facilitent leur application.

Réserve. Ensemble des ouvrages anciens, rares et précieux possédés par une bibliothèque et communiqués au public selon des conditions particulières.

Ressource électronique. Document (données ou logiciels) encodé afin d'être traité par un ordinateur. Ce terme désigne les ressources dont le support est directement manipulable par l'utilisateur (un cédérom par exemple) et les ressources en ligne.

Résumé. Représentation textuelle condensée du contenu d'un document.

Retour. Restitution des documents d'une bibliothèque empruntés par un lecteur.

Rétroconversion. Néologisme désignant une « conversion rétrospective ». Processus qui consiste à informatiser un catalogue à partir des notices bibliographiques auparavant présentées sous forme de fiches cartonnées. (Synonyme : *Conversion rétrospective*).

Rétroprojecteur. Appareil servant à la projection de documents par transparence.

Rétrospectif. Adjectif. Ce qui est dirigé vers le passé. Une bibliographie rétrospective, par opposition à une bibliographie courante, recense des ressources documentaires datant d'une période plus ancienne que l'année en cours. (Contraire : *Courant*).

Revue. Voir *Périodique* (2e définition) et *Publication en série.*

Revue de presse. Produit d'information à parution périodique qui fait la synthèse de la presse sur un sujet donné.

Romain. (Imprimerie). Caractère d'imprimerie inventé au XVe siècle et qui a succédé au caractère *gothique.*

Rondage. (Équipement des collections). Opération matérielle qui consiste à apposer sur le dos du livre l'étiquette portant la cote. Ce terme a été emprunté à la Bibliothèque nationale de France qui, à l'origine, utilisait des étiquettes de forme arrondie. (Synonyme : *Étiquetage*).

Rotation. Voir *Taux de rotation.*

Rotative. (Imprimerie). Machine à imprimer utilisant des cylindres de pression.

Rubrique. Voir *Champ.*

S

Saisie. (Informatique). Enregistrement de données informatiques sur un ordinateur. L'inscription des lecteurs et l'exemplarisation des documents sont des exemples de saisies pratiqués en bibliothèque.

Salle de lecture. Espace d'une bibliothèque où chaises, tables et rayonnages de libre accès sont aménagés pour favoriser la consultation (ou lecture) sur place des documents.

Salle de travail en groupe. Espace confiné, à l'intérieur duquel un certain nombre de lecteurs peuvent travailler ensemble sans pour autant gêner les autres usagers.

Satisfaction. Voir *Taux de satisfaction.*

Scanner. (Informatique). Voir *Numériseur.*

Scénario. Document écrit sur lequel repose l'œuvre audiovisuelle ou multimédia (1). Le scénario peut être original ou écrit d'après une idée originale ou l'adaptation d'une œuvre préexistante.

Scientométrie. La scientométrie est la mesure de l'activité scientifique. Il s'agit d'une analyse quantitative de la production scientifique, essentiellement constituée par des statistiques sur les publications scientifiques répertoriées dans des bases de données. Plus communément, on parle de *bibliométrie* lorsqu'on analyse les publications au sens large.

Screencast (ou Capture vidéo de l'écran). Enregistrement vidéo d'un écran d'ordinateur souvent utilisé comme support de formation ou de démonstration d'un logiciel.

Scribe. Personne qui, pendant l'Égypte ancienne, était chargée d'effectuer les copies de document nécessaire à l'administration du pays. (Voir aussi *Copiste*).

Scriptorium. Dans le monastère médiéval, atelier de copie et de décoration des livres.

Sélection. 1. Ce mot sert généralement à désigner une liste de livres choisis pour leur intérêt, leurs qualités littéraires. **2.** Politique, méthode et action ayant pour objet de détecter et de réunir des documents sur un sujet déterminé pour réaliser un produit documentaire.

Semestriel. Se dit d'un périodique qui paraît tous les six mois (ou une fois par semestre). (Synonyme : *Bisannuel.*)

Sensibilisateur/Désensibilisateur. Appareil qui autorise l'annulation du système de protection antivol lors d'un prêt à domicile et qui, à l'inverse, permet de réactiver le dispositif à l'occasion de la restitution des documents. À tort, certains utilisent l'appellation de « Magnétiseur/Démagnétiseur » pour les désigner, réduisant ainsi leur signification à la seule technologie « électromagnétique ». (Synonyme : *Activateur/Désactivateur*).

Sérigraphie. Impression d'estampes à partir d'un cadre tendu de soie ou autre tissu fin.

Serre-file. (Sécurité). En cas de danger immédiat, les serre-files sont chargés d'inviter les occupants de l'établissement (personnels et publics) à quitter leur poste de travail, dans le calme et en bon ordre, pour se regrouper autour d'un *guide.* Ils doivent vérifier que toutes les personnes de la zone à évacuer ont quitté les lieux.

Serre-livres. (Mobilier). Dispositif d'arrêt, servant à maintenir les documents placés à l'extrémité d'une étagère. (Synonyme : *Butée*).

Serveur. (Informatique). Ordinateur central d'un réseau informatique où sont stockées les données et applications accessibles par les autres postes connectés.

Service. (Administration). Un service est une action effectuée par une entité (personne physique ou morale, entreprise ou administration, etc.) pour le bien d'une autre, avec ou sans contrepartie. On emploie d'ailleurs l'expression « rendre un service ». En bibliothèque, les services recouvrent une multitude de facettes : la politique d'acquisition, le prêt à domicile, le prêt entre bibliothèques, l'accueil, la communication des documents stockés en magasin, les renseignements bibliographiques, la formation des lecteurs à la méthodologie de recherche documentaire, mais aussi le choix des horaires d'ouverture, l'organisation spatiale des locaux, la signalétique, etc.

Service commun de la documentation (SCD). (Administration). Organisme qui regroupe sous une même direction plusieurs entités documentaires d'une université : la bibliothèque universitaire, mais aussi les bibliothèques d'unités de formation et de recherche (UFR) qui peuvent être intégrées ou associées au SCD.

Service de presse. Envoi à titre gratuit d'une publication, afin de la faire connaître auprès du public.

Service de références. Voir *Renseignement bibliographique.*

Service de référence à distance. Dispositif interactif qui permet de solliciter à distance les compétences des professionnels de l'information, notamment en matière de recherche bibliographique. Ce service, accessible par courrier, téléphone ou messagerie électronique, donne en effet l'opportunité aux usagers de poser des questions à un bibliothécaire sans avoir à se déplacer. Exemples : BiblioSés@me (Bibliothèque publique d'information), SINDBAD (Bibliothèque nationale de France), Le Guichet du Savoir (Bibliothèque municipale de Lyon), Rue des facs (Bibliothèques universitaires d'Île-de-France).

Service de renseignement à distance. Voir *Service de référence à distance.*

Service de réponse à distance. Voir *Service de référence à distance.*

Service interétablissements de coopération documentaire (SICD). (Administration). Organisme qui regroupe sous une même direction plusieurs entités documentaires d'au moins deux universités : la (ou les) bibliothèque(s) interuniversitaire(s), mais aussi les bibliothèques d'unités de formation et de recherche (UFR) qui peuvent être intégrées ou associées au SICD.

Service public. 1. La notion de service public regroupe deux éléments distincts : d'une part, elle désigne une activité ou une mission d'intérêt général et d'autre part, la notion de service public désigne l'ensemble des organismes, qu'ils soient publics ou privés, chargés de ces missions d'intérêt général. **2.** En somme, une bibliothèque est un service public.

Sigle. Initiales du nom d'un organisme, d'une autre entité ou d'un groupe de mots. (Voir aussi *Acronyme*).

Signalement. Dispositifs permettant de faire connaître le fonds d'une bibliothèque par le biais du catalogage, de l'inventaire, de la description, etc.

Signalétique. Stratégie dont le but est d'orienter et de renseigner le plus simplement possible les usagers à l'aide d'informations très synthétiques. La signalétique en bibliothèque peut figurer sur de multiples supports : enseignes, vitrines, panneaux, pancartes, totems… mais aussi et surtout, sur les rayonnages et les étagères. À noter que la cote des documents ne doit pas être assimilée à la signalétique mais plutôt à la classification.

Signature. 1. (Reliure). Lettre, ou chiffre, placée au premier feuillet de chaque cahier pour faciliter le travail du relieur au moment de l'assemblage des cahiers. **2.** (Édition). Inscription qu'un auteur fait de son nom sur un document pour en assurer la responsabilité. **3.** Dans le cadre de la rédaction d'une note administrative, la signature est apposée par l'auteur du document à la fin de son « exposé ». Elle précise son identité et la fonction qu'il occupe au sein d'un établissement ou d'un service. (Remarque : À l'occasion d'un concours administratif, le candidat confronté à l'épreuve de rédaction d'une note devra impérativement respecter l'anonymat de la copie. Dans ce cas précis, il prendra soin de mentionner en guise de signature uniquement l'intitulé du poste auquel il se destine).

Signet. 1. (Reliure). Ruban fixé sur le dos, passant sous la tranchefile, venant se loger à l'intérieur du volume pour marquer une page. **2.** (Informatique/ Internet). (Au pluriel). Ensemble des adresses électroniques sélectionnées par un utilisateur d'Internet ou une bibliothèque et mises en mémoire dans le répertoire de son navigateur pour pouvoir les retrouver rapidement lors d'une visite ultérieure. Ces sélections de sites ou de pages évitent de devoir taper une adresse électronique souvent laborieuse. (Synonymes : *Favoris, Marque-pages* ou *Bookmarks* en anglais).

Silence. (Informatique). Défaut de réponses lors d'une recherche d'information sur une base de données. Ce manque de résultat prouve que la requête doit être élargie. (Contraire : *Bruit*).

Silo à livres. Local de stockage dont l'organisation spatiale est optimisée et où sont entreposées des collections d'une bibliothèque dans le but d'être conservées. (Voir aussi *Magasin*).

Site web. (Télécommunication / Informatique). Ensemble coordonné de pages d'informations au format HTML (Hypertext Markup Language) réparties sur le réseau Internet, et ayant chacune une adresse spécifique (URL).

Sitothèque. Bibliothèque virtuelle constituée d'une sélection de sites ou liens électroniques récupérés sur Internet et structurés en répertoire.

Sommaire. (Édition). Énumération des divisions principales d'une publication ou d'un article.

Source bibliographique. Les sources bibliographiques sont des documents (imprimés ou électroniques) qui donnent accès à des *références bibliographiques* pour faire un état des connaissances sur une thématique donnée. La plupart de ces sources recensent et répertorient des documents de différentes natures, mais ne contiennent pas les textes des documents recensés. Elles peuvent être générales, multidisciplinaires ou spécialisées dans une discipline ou selon un type de document. (Voir aussi *Catalogue* et *Répertoire*.)

Source d'information. 1. Document original d'où est tirée l'information. **2.** Plus largement, tout producteur d'information.

Souris. (Informatique). Petit boîtier relié à un ordinateur, muni d'une ou plusieurs touches, que l'on déplace d'une main sur une surface plane et dont les mouvements commandent ceux du curseur sur l'écran.

Sous-classe. Voir *Classe.*

Sous-titre. Information qui suit le titre et qui a pour but de le compléter ou de l'expliquer.

Sous-traitance. Opération contractuelle par laquelle un organisme (entreprise ou administration) confie à un prestataire extérieur le soin d'exécuter, sur ses ordres et spécifications, un produit, une activité ou un service. (Exemple : Une bibliothèque peut solliciter une entreprise pour la réalisation d'un chantier de *rétroconversion* ou de *numérisation* d'un fonds documentaire.) Bien qu'étant des notions voisines, il existe toutefois quelques nuances entre la sous-traitance et l'*externalisation*.

Souscription. Engagement pris sur des acquisitions avant la publication d'une œuvre.

Spécimen. Exemplaire d'un livre offert gracieusement.

Sprinkler. (Sécurité). Mot anglais (*to sprinkle* signifiant « asperger ») utilisé pour désigner un extincteur automatique à eau. On les trouve fixés sur certains plafonds de bibliothèque. (Voir aussi *Extincteur automatique à eau.*)

Stagiaire. (Administration). Dans la fonction publique, personne nommée dans un emploi de fonctionnaire, pendant toute la période antérieure à la titularisation.

Statistique. Ensemble de données chiffrées concernant une catégorie de faits. Dans une bibliothèque, on s'intéressera aux statistiques des acquisitions, des prêts, des lecteurs, de la fréquentation de l'établissement.

Statut. 1. (Administration). Ensemble des dispositions législatives ou réglementaires qui fixent les garanties fondamentales accordées à une collectivité et définissent ses obligations. **2.** Information sur la situation d'un document, contenue dans la notice d'exemplaire. Le statut d'un ouvrage est amené à évoluer dans le temps selon que ce document est « disponible », « emprunté », « réservé », « manquant », « en traitement » ou « en commande ».

Statut du personnel. (Administration). Nature du lien qui unit un salarié à son employeur.

Statut général de la fonction publique. (Administration). Ensemble des dispositions législatives ou réglementaires définissant les conditions générales de recrutement et de déroulement de carrière des fonctionnaires, ainsi que leurs droits et obligations.

Statut particulier. (Administration). Ensemble des dispositions propres à un corps ou à un cadre d'emplois (fonction publique territoriale), fixées par décret ministériel, et définissant entre autre la nature des fonctions (*cf. infra*, Statut particulier des bibliothécaires assistants spécialisés, p. 188).

Stylo optique. (Informatique). Dispositif matériel et logiciel permettant la lecture de codes à barres. (Synonyme : *Douchette.*)

Subvention. Aide publique, versée par l'État (ou ses services déconcentrés) et les collectivités territoriales aux institutions publiques ou privées dans le cadre d'un projet.

Succursale. Voir *Annexe.*

Suite. Ensemble des volumes ou des fascicules d'un ouvrage dont la publication est étalée dans le temps.

Sujet. Terme choisi pour résumer le contenu d'un document ou une notion contenue dans un document.

Supplément. Publication qui complète la publication principale en la mettant à jour, ou en la continuant d'une autre manière, ou en traitant un sujet particulier qui n'y figure pas.

Support (ou Support documentaire). Élément concret, matériel qui sert à fixer des informations écrites, sonores, électromagnétiques, numériques ou visuelles pour constituer un document (papier, bande magnétique, disque optique numérique, etc.).

Suspension de prêt. Annulation des droits à l'emprunt de documents encourue lorsqu'un lecteur accuse un retard de restitution d'ouvrages ou qu'il enfreint une des clauses du règlement intérieur de la bibliothèque.

Syndication de données. (Internet). Voir Agrégateur.

Synopsis. Document ou tableau présentant une vue d'ensemble ou un résumé d'une œuvre, d'une science, d'une question.

Système antivol. Système de protection des collections contre le vol. Il s'appuie sur un dispositif croisé qui fait intervenir un consommable (bandelette ou étiquette antivol) déposé à l'intérieur du document au cours de son équipement, un portique antivol muni d'antennes de détection et un appareil de sensibilisation/désensibilisation pour permettre la consultation des collections à domicile. Deux technologies utilisant des protocoles distincts coexistent sur le marché :

– **Le système antivol électromagnétique** est basé sur la combinaison et la mesure de deux éléments indissociables : un champ électrique et un champ magnétique.

– **Le système antivol radiofréquence**, lié au principe de fonctionnement d'un émetteur/ récepteur, mesure les ondes radioélectriques dont les oscillations sont matérialisées par des basses ou moyennes fréquences.

Système d'exploitation. (Informatique). Ensemble de programmes qui, en gérant le fonctionnement d'un système informatique, mettent à la disposition des autres applications les ressources matérielles du système (*Exemples :* Windows, Unix, Dos).

Système de prêt. Méthode (manuelle ou logicielle) utilisée par une bibliothèque pour toutes les opérations concernant la sortie, le retour et le renouvellement du prêt des documents.

Système de sécurité incendie (SSI). (Sécurité). Système automatisé de lutte contre les incendies, permettant de détecter un départ de feu (détecteurs de fumée fixés en hauteur), d'avertir les occupants d'un bâtiment (alarme), d'asservir l'ensemble des éléments nécessaires à la mise en sécurité d'un établissement (désenfumage par extracteurs, fermeture automatique des ventilations, fermeture des portes coupe-feu, ouverture des issues de secours) et de commander éventuellement l'extinction du feu (extincteurs automatiques à eau).

Système informatique. (Informatique). Ensemble de matériels (ordinateurs, réseaux) et de logiciels permettant d'acquérir, de stocker, de traiter, de communiquer des données pour répondre aux besoins en information de ses utilisateurs.

Système intégré de gestion de bibliothèque (SIGB). Logiciel documentaire destiné à la gestion informatique des différentes tâches du bibliothécaire (gestion des prêts, réservations, commandes, bulletinage, catalogage, interrogation du catalogue, etc.) Les systèmes intégrés de gestion de bibliothèque les plus connus sur le marché sont : Absys, Horizon, Alexandrie, Superdoc, etc.

T

Table des matières. (Édition). Relevé des intitulés des titres de chapitres d'un ouvrage dans leur ordre de pagination.

Tableau d'avancement. (Administration). L'avancement de grade par inscription au tableau d'avancement est l'un des modes d'évolution de carrière du fonctionnaire, dans le cadre de la promotion interne. Il intervient sur proposition du supérieur hiérarchique. (Voir Avancement).

Tablette. (Mobilier). Voir *Étagère.*

Tablette électronique. (Informatique). Une tablette électronique, également connue sous le nom d'ardoise électronique, est un petit ordinateur dépourvu de clavier et de souris, dans lequel les données sont entrées directement à l'écran à l'aide d'un stylet ou en utilisant les doigts ou la main.

Tag. Mot-clé utilisé pour indexer une information provenant d'une ressource en ligne (site web, blog, etc.).

Tag RFID. (Équipement des collections). Voir *Étiquette* RFID.

Taille d'épargne. (Imprimerie). Méthode de gravure en relief qui consiste à épargner les éléments correspondant aux traits du dessin pour leur permettre de s'encrer et de s'imprimer.

Taille d'épargne. (Imprimerie). Méthode de gravure en relief qui consiste à épargner les éléments correspondant aux traits du dessin pour leur permettre de s'encrer et de s'imprimer.

Taille-douce. (Imprimerie). Procédé de gravure en creux d'une feuille de métal souple (cuivre) destiné à imprimer une image.

Tapuscrit. Texte tapé sur une machine à écrire. Le sens de ce terme a évolué et désigne aujourd'hui un texte électronique saisi sur ordinateur.

Taux de fréquentation. Proportion de la population ayant utilisé tout ou partie des services d'une bibliothèque au cours d'une période donnée. Ce ratio (exprimé en pourcentage) s'établit en confrontant le nombre total des usagers potentiels et le nombre effectif de lecteurs qui fréquentent la bibliothèque. C'est un *indicateur* utile dans le cadre de la définition de la *politique documentaire* d'une bibliothèque.

Taux de recouvrement. Pourcentage du nombre de documents communs à deux bibliothèques, ou centre de documentation établi sur tout ou partie de la collection.

Taux de renouvellement. Le taux de renouvellement des collections est, pour une période donnée, le rapport entre le nombre de documents acquis (auquel se soustrait le nombre de documents disparus ou éliminés) et le nombre de documents de la collection. C'est un indicateur utile dans le cadre de la définition de la *politique documentaire* d'une bibliothèque.

Taux de rotation. Le taux de rotation des collections est le rapport entre le nombre de documents empruntés et le nombre de documents empruntables. Il sert à évaluer l'utilisation du fonds documentaire par les usagers. C'est un *indicateur* utile dans le cadre de la définition de la *politique documentaire* d'une bibliothèque.

Taux de satisfaction. Inscrit dans un processus global d'évaluation du plan de développement de la lecture, le taux de satisfaction en bibliothèque est un *indicateur* qui permet tout d'abord de cerner les pratiques et les attentes des usagers (inscrits et non-inscrits), pour ensuite adopter une démarche efficace d'amélioration de la qualité des services (les locaux, l'accueil, les collections, les animations, les horaires d'ouverture, etc.).

Taxinomie. Classification ou suite d'éléments formant des listes qui concernent un domaine, une science.

Télécharger. (Informatique). Action de récupérer des données (programmes, logiciels, sons, etc.) sur un disque dur local à partir d'un ordinateur distant.

Télécopie. (Télécommunication). Voir *Fac-similé.*

Télécopieur. (Télécommunication). Appareil électronique qui permet de transmettre des informations transcrites sous forme papier via une ligne téléphonique. (Synonyme : Fax).

Témoin. Voir *Fantôme.*

Terme. Mot, expression ou symbole utilisé pour désigner un concept, une unité signifiante.

Terme générique. Terme général indiquant le genre de la publication et/ou sa périodicité (actes, annales, bulletin, cahiers, compte rendu, hebdomadaire, journal, mémoires, procès-verbaux, quotidien, rapport, rapport annuel, revue, etc.).

Terminal. (Informatique). Ordinateur autonome, permettant d'accéder à un serveur de données via un réseau. Un « terminal passif » ne dispose pas de processeur et de mémoire.

Terminologie. Ensemble des termes propres à un domaine dont la signification fait l'objet d'un consensus chez les spécialistes de ce domaine.

Tête. (Reliure). Partie supérieure d'un livre, par opposition à la queue.

Texte d'accompagnement. (Édition). Texte accompagnant une image, présent sur le document ou un ensemble de documents, sans apporter obligatoirement de précisions sur le sujet représenté.

Thème. Traduction d'un texte de sa langue maternelle dans une langue étrangère. (Synonymes : *Traduction* – Contraire : *Version*).

Thésaurus. Langage documentaire organisé employant des termes normalisés, reliés entre eux par des relations sémantiques hiérarchisées.

Thèse. Document rédigé dans le cadre des études de doctorat. Son but est d'apporter des connaissances nouvelles dans la discipline et de faire avancer la science. À ne pas confondre avec le mémoire qui est rédigé dans le cadre des études de master.

Timbre. 1. Marque encrée ou non, apposée ou incrustée sur un document. Il peut s'agir de la marque de l'auteur, de l'imprimeur ou du possesseur précédent. **2.** Mention figurant en haut à gauche d'une lettre, d'une note ou d'un rapport et qui désigne l'organe administratif émetteur.

Tirage. (Édition). **1.** Nombre d'exemplaires d'une édition imprimés en une fois. **2.** Voir *Édition* ou *Impression.*

Tirage à part. (Imprimerie). Impression séparée d'une partie d'un ouvrage ou d'un périodique.

Tiré à part. (Imprimerie). Impression séparée d'une partie d'un ouvrage ou d'un périodique.

Titre. Dénomination d'une publication portée sur celle-ci et destinée en principe à en indiquer le sujet. Il existe plusieurs formes de titre dont la liste ci-après ne peut viser l'exhaustivité (voir aussi *Avant-titre, Faux titre* et *Sous-titre*) :

– **Le titre alternatif** est la seconde partie du titre reliée à la première par « ou ».

– **Le titre collectif** est un titre donné par l'auteur ou l'éditeur à plusieurs œuvres réunies dans un ouvrage.

– **Le titre commun** est le titre d'ensemble d'une monographie en plusieurs volumes où chacun d'entre eux est libellé par son propre titre dépendant.

– **Le titre courant** est le titre répété sur la partie supérieure de chaque page d'un livre.

– **Le titre d'ensemble** est le titre porté par un ensemble de publications liées entre elles et s'ajoutant à chaque titre particulier.

– **Le titre dépendant** est un titre non significatif qui ne permet pas l'identification d'un volume sans se référer au titre commun de la monographie en plusieurs volumes.

– **Le titre indépendant** est, par opposition au précédent, un titre qui suffit à l'identification d'un tome d'une monographie en plusieurs volumes.

– **Le titre original** est le premier titre attribué à un document, avant toute traduction ou modification.

– **Le titre parallèle** est l'équivalent du titre propre dans une autre langue ou une autre écriture.

– **Le titre particulier** est un titre dépendant ou indépendant propre à chacun des volumes d'une collection.

– **Le titre propre** est le titre principal d'une publication.

Titre d'anonymes. Se dit d'une œuvre qui comporte plus de trois auteurs. Pour préciser cette appellation, on parle souvent de « titre d'anonymes par excès d'auteurs ».

Titreuse. Matériel électronique de bureautique servant à de composer et à imprimer des caractères de texte. En bibliothèque, il est fréquent d'utiliser ces appareils pour l'étiquetage des documents.

Titulaire. (Administration). Fonctionnaire nommé à titre définitif dans un emploi et bénéficiant des garanties prévues par le statut général de la fonction publique.

Tomaison. (Édition). Numérotation d'un tome.

Tome. (Édition). Division intellectuelle d'un ouvrage d'après son contenu. Cette division ne correspond pas systématiquement à la division en volumes. Un volume peut comprendre plusieurs tomes et inversement.

Traduction. 1. Opération consistant à produire, dans une langue dite d'arrivée, l'équivalent naturel le plus proche d'un message exprimé dans une autre langue, dite de départ, en tenant compte à la fois de la signification du message et de son style. **2.** Voir *Thème* et *Version.*

Train de reliure. Ensemble des opérations successives qui précèdent l'envoi des documents à la reliure.

Train de numérisation. Ensemble des opérations correspondant à la préparation des documents en vue de leur numérisation (choix d'un *corpus*, d'un mode – image ou texte –, d'un format, d'une convention de nommage et d'archivage des fichiers). Cette chaîne d'opérations inclut par ailleurs l'analyse de l'état des documents, la vérification des restrictions légales (droit d'auteur, droit moral, etc.), le signalement des documents numérisés (catalogage, mise à jour du contenu du site web) et enfin le traitement matériel (numérisation, paramétrage du numériseur, contrôle de la qualité des fichiers).

Traitement d'images. (Informatique). Ensemble de fonctions de calcul et de manipulation d'images numériques visant à améliorer leur visualisation (interprétation).

Traitement de texte. (Informatique). Ensemble des opérations informatiques permettant de créer, de modifier et de mettre en forme des textes (appelés aussi « documents ») à l'aide d'un ordinateur. (*Exemple de logiciel :* Word sous Windows).

Traitement des documents (ou Traitement documentaire). Ensemble

des opérations bibliothéconomiques directement liées au travail sur les collections et dont l'objectif final est de les mettre à la disposition du lecteur. Dans la bibliothèque, le traitement documentaire consiste en une succession d'étapes chronologiques appelées « circuit du livre ». En la matière, il existe trois domaines d'intervention respectivement liés à un niveau de compétence :
– **Le traitement intellectuel** des collections : choix des acquisitions, indexation systématique, indexation alphabétique matières, cotation.
– **Le traitement technique** des collections : catalogage, bulletinage pour les périodiques, exemplarisation, conversion rétrospective.
– **Le traitement matériel** des collections : équipement, reliure, réparation

Tranche. (Reliure). Partie du livre correspondant au bord des feuilles, à l'endroit où elles ne sont pas cousues. Chaque livre possède donc trois tranches.

Tranchefile. (Reliure). Broderie décorant les extrémités d'un livre, en tête et en queue du dos.

Transaction. Mot servant à désigner une opération d'emprunt, de retour ou de renouvellement de document.

Transparent. Feuille d'acétate transparent sur laquelle on peut écrire ou photocopier un texte, et dont la lecture est rendue possible par l'utilisation d'un rétroprojecteur.

Travée. (Mobilier). Voir *Rayonnage*.

Traverse. (Mobilier). Elément de renfort nécessaire à éviter toute déformation du rayonnage.

Tri. Opération consistant à séparer, aux termes d'une évaluation, dans un ensemble de documents, ceux qui doivent être conservés de ce qui sont voués à l'élimination.

Trimestriel. Se dit d'un périodique qui paraît tous les trois mois.

Troncature. Opérateur permettant d'omettre dans la formulation d'une recherche documentaire informatisée une partie d'un mot (en prenant garde toutefois de conserver sa racine) afin d'optimiser les résultats de la requête. La troncature se matérialise par l'astérisque (« * ») ou le dollar (« $ ») selon les moteurs de recherche utilisés.

Typographie. (Imprimerie). **1.** Impression à l'aide de caractères mobiles en relief, situés dans un même plan. **2.** Par extension, désigne la manière dont le texte est imprimé.

U

Unité bibliographique. Document, collection ou partie de document, quel qu'en soit le support, formant une unité indépendante d'un point de vue bibliographique. (Exemples : une série photographique, les trois volumes d'une monographie, un numéro spécial de revue, un chapitre d'un ouvrage, etc.)

Unité centrale. (Informatique). Élément principal d'un ordinateur, l'unité centrale se matérialise par un boîtier contenant la carte mère, le processeur, la mémoire vive, l'alimentation, et les unités de stockage.

Unité matérielle. Document formant matériellement un tout cohérent et qui peut être déplacé séparément. La cohérence peut être obtenue, par exemple, par la reliure ou l'emboîtage. (Synonyme : *Volume.*)

Uniterme. 1. Terme utilisé pour désigner les mots simples d'un thésaurus, à l'exclusion des groupes de mots. **2.** Mot utilisé lors d'une recherche documentaire.

Usager. Individu qui fait l'usage d'un bien ou d'un service, c'est-à-dire qui l'utilise sans pour autant en avoir la propriété. L'usager se distingue du simple utilisateur par le caractère habituel de son utilisation du bien ou du service concerné. Si l'utilisation entraîne une consommation du bien ou du service, on lui préférera le terme de consommateur.

Usuels. Ouvrages de référence à consulter sur place. (Voir aussi *Ouvrage de référence*).

Utilisateur. Voir *Lecteur, Public* (2e définition) et *Usager*.

V

Valorisation. La valorisation des collections peut être définie comme un ensemble de mesures prises pour révéler aux publics des œuvres peu connues ou dont ils ne soupçonnaient pas l'existence. Mise en scène par l'organisation d'expositions patrimoniales, de conférences ou tout simplement en développant le signalement d'un fonds dans un catalogue, la valorisation a pour but d'augmenter l'attractivité de la lecture en suscitant la curiosité des lecteurs.

Vedette. Mot ou groupe de mots placés en évidence sur la fiche et servant au classement dans un catalogue déterminé.

Vedette de forme. Rassemble des documents de même type mais qui diffère par le contenu.

Vedette matière. Issue de l'indexation matière, elle présente le ou les sujets contenus dans un document.

Veille. Ensemble d'activités orientées vers l'obtention d'informations à caractère stratégique ou opérationnel sur l'évolution de l'environnement pour viser la pertinence des processus de décision à court ou à moyen terme. (Voir aussi *Intelligence économique.*)

Veille documentaire. Il s'agit pour les services de documentation, de mettre en place un suivi rigoureux de la production documentaire et de fournir les informations utiles aux équipes de recherche qui en feraient la demande.

Vélin. 1. Peau de veau traitée pour recevoir l'écriture. **2.** (Papier). On donne également ce nom à un papier lisse de belle qualité.

Vergeure. (Imprimerie). Ligne claire laissée sur la feuille par le fil constituant le treillis de la forme à papier.

Version. 1. (Édition). Traduction d'un texte d'une langue étrangère dans sa langue maternelle ; texte qui en résulte. (Synonyme : *Traduction* – Contraire : *Thème*). **2.** (Informatique). Tous les exemplaires d'un logiciel dont les programmes correspondent exactement à ceux d'un même original.

Version bêta. (Informatique). Dernière version d'un produit informatique avant sa commercialisation, utilisée pour tester ce produit.

Verso. Deuxième page d'un feuillet, par opposition au recto. C'est aussi le côté pair.

Vidéo. Ensemble de procédés permettant d'enregistrer, de conserver les images et le son sur des supports magnétiques.

Vidéocassette. Cassette contenant une bande magnétique sur laquelle seront inscrites des informations « image/son ».

Vidéodisque. Support d'enregistrement d'images et de son constitué par un disque optique.

Vidéogramme. Document audiovisuel qui restitue l'image et le mouvement et qui peut être accompagné d'un son.

Vidéothèque. Bibliothèque ou section de bibliothèque dont les collections sont constituées de documents vidéo.

Virus. (Informatique). Programme informatique parasite capable d'altérer, parfois de façon irréversible, le fonctionnement d'autres programmes. Pour lutter cotre les virus, on utilise des *antivirus.*

Volume. (Édition). Division matérielle d'un ouvrage réunissant sous une même couverture feuilles ou cahiers par opposition au tome qui est organisé en division intellectuelle (Synonyme : *Unité matérielle*).

Volumen. Mot qui désigne un rouleau sur lequel les Romains écrivaient avec un calame.

W

Web. (Internet). Voir *World Wide Web.*

Web de données (ou Linked Data). Le Web de données est une initiative visant à favoriser la publication de données structurées sur le Web, non pas sous la forme de silos de données isolés les uns des autres, mais en les reliant entre elles pour constituer un réseau global d'informations.

Web sémantique. Ensemble de technologies visant à faciliter l'exploitation des données structurées, notamment en permettant leur interprétation par des machines. L'intérêt du Web sémantique pour les bibliothèques réside dans la capacité à créer davantage de liens entre les données des catalogues et à les rendre plus visibles sur le Web.

Weblog. (Internet). Voir *Blog.*

Webmaster (ou Webmestre). (Internet). Personne en charge de l'administration et du développement d'un site Internet.

Weeding. Mot anglais qui signifie « sarclage » et qui est utilisé aux États-Unis pour parler de désherbage des collections. (Voir *Désherbage*).

Wei'To. Procédé de désacidification de masse, nommé ainsi en l'honneur du dieu asiatique du papier.

Wiki. 1. Mot signifiant « rapide » en hawaïen. **2.** Système de gestion de contenu de site web rendant ses pages librement modifiables par tous les visiteurs y étant autorisés. Les wikis sont utilisés pour faciliter l'écriture collaborative de documents (Exemple connu : *l'encyclopédie Wikipédia.*)

Wireless fidelity (Wi-Fi). (Informatique). Réseau de communication sans fil permettant de relier plusieurs appareils informatiques.

World Wide Web. (Internet). Le Web est un système hypertexte utilisant un protocole Internet mettant en relation des ordinateurs et des ressources multimédia situées sur ces ordinateurs.

X

Xylographie. (Imprimerie). Gravure en *taille d'épargne* d'une planche de bois.

Z

Zone. Partie de la description bibliographique comprenant une ou plusieurs catégories spécifiques d'éléments d'information bibliographique.

Zone grise. Ensemble des œuvres toujours protégées par des droits d'auteurs, mais qui ne font plus l'objet d'une exploitation commerciale active de la part des titulaires de droits.

Annexe 6

Répertoire des sigles professionnels

Au cours des différentes conversations privées ou professionnelles, nous utilisons des groupes de lettres constituant l'abréviation de mots fréquemment employés (exemples : SNCF pour Société nationale des chemins de fer ou ONU pour Organisation des nations unies). Qu'il s'agisse d'institutions, d'associations ou de systèmes techniques, ces « codes » synthétiques permettent d'alléger considérablement la structure de la phrase. En bibliothèque, les sigles sont intégrés au vocabulaire professionnel. Les organisateurs du concours de bibliothécaire assistant spécialisé se sont donc logiquement inspirés de ces pratiques. C'est ainsi qu'à l'occasion de l'épreuve du questionnaire, on propose souvent des tests de connaissances sur la signification de quelques acronymes. À la manière du livre Administration et bibliothèques, Yves Desrichard, Paris, éditions du Cercle de la Librairie, nouvelle édition, 2006, vous rencontrerez ci-dessous une sélection d'abréviations susceptibles de compléter vos révisions.

A

AAB. Adjoint administratif des bibliothèques de la Ville de Paris

AAENES. Attachés d'administration de l'Éducation nationale et de l'enseignement supérieur

AB. Assistant des bibliothèques (fonction publique d'État) (remplacé aujourd'hui par BIBAS)

ABCD. Interassociation des archivistes bibliothécaires conservateurs documentalistes

ABES. Agence bibliographique de l'enseignement supérieur

ABF. Association des bibliothécaires français

ABN. Agence bibliographique nationale (*BnF*)

AC. Action culturelle

AC. Assistant territorial de conservation du patrimoine et des bibliothèques (Fonction publique territoriale)

ACMO. Agent chargé de la mise en œuvre des règles d'hygiène et de sécurité

ACP. Agence culturelle de Paris

ADAV. Atelier de diffusion audiovisuelle

ADBDP. Association des directeurs de bibliothèques départementales de prêt

ADBGV. Association des directeurs des bibliothèques municipales et intercommunales des grandes villes de France

ADBS. Association des professionnels de l'information et de la documentation (Attention, le sigle ne se rapporte pas vraiment à son développement ! À l'origine, l'ADBS correspondait à l'intitulé suivant : Association française des documentalistes et des bibliothécaires spécialisés)

ADBU. Association des directeurs et des personnels de direction des bibliothèques iniversitaires et de la documentation

ADDNB. Association pour le développement des documents numériques dans les bibliothèques

ADJAENES. Adjoints administratifs de l'Éducation nationale et de l'enseignement supérieur

ADRA. Association de développement et de recherche sur les artothèques

AENES. Administration de l'Éducation nationale et de l'enseignement supérieur

AERES. Agence d'évaluation de la recherche et de l'enseignement supérieur (*Remplace le CNE*)

AFNIL. Agence francophone pour la numérotation internationale des livres

AFNOR. Association française de normalisation

AIBM. Association internationale des bibliothèques, archives et centres de documentation musicaux

AIFBD. Association internationale francophone des bibliothécaires et documentalistes

AMUE. Agence de mutualisation des universités et établissements de l'enseignement supérieur

ANR. Agence nationale de la recherche

ANRT. Atelier national de reproduction des thèses

AP. Agent territorial du patrimoine (Fonction publique territoriale) (Équivaut aujourd'hui à Adjoint territorial du patrimoine)

APE. Accès aux périodiques électroniques

APOGEE. Application pour l'organisation et la gestion des enseignements et des étudiants

AQC. Assistant territorial qualifié de conservation du patrimoine et des bibliothèques (Fonction publique territoriale)

AQP. Agent territorial qualifié du patrimoine (Fonction publique territoriale) (Équivaut aujourd'hui à Adjoint territorial du patrimoine principal)

ARL. Association of research libraries (fournisseur de la charte LibQUAL+)

ARTT. Aménagement et réduction du temps de travail

ASIBU. Application statistique interactive des bibliothèques universitaires

ASTED. Association pour l'avancement des sciences et des techniques de la documentation

ASU. Administration scolaire et universitaire

ATER. Attaché temporaire d'enseignement et de Recherche

AUDIST. Agence universitaire de documentation et d'information scientifique et technique

AURA. Association du réseau des établissements utilisateurs de l'Agence bibliographique de l'enseignement supérieur (Remarque : l'ordre des lettres du sigle ne respecte pas l'ordre de son propre développement)

B

B2I (ou BII). Brevet informatique et internet

BAA. Bibliothèque d'art et d'archéologie

BAG. Bibliothèque des arts graphiques

BAP. Branche d'activité professionnelle (filière professionnelle des personnels ITARF de l'enseignement supérieur et de la recherche. La BAP « F » correspond aux emplois relatifs à « Documentation, édition et communication »)

BAS. Bibliothécaire adjoint spécialisé (Fonction publique d'État) (remplacé aujourd'hui par BIBAS)

BAVP. Bibliothèque administrative de la Ville de Paris

BBF. Bulletin des bibliothèques de France

BCD. Bibliothèque centre de documentation

BCP. Bibliothèque centrale de prêt (aujourd'hui BDP)

BDIC. Bibliothèque de documentation internationale contemporaine

BDLI. Bibliothèque de dépôt légal imprimeur

BDP. Bibliothèque départementale de prêt

BIATOSS. Personnels bibliothèques, ingénieurs, administratifs, techniciens et ouvriers de service et de santé (remplacé aujourd'hui par BIATSS)

BIATSS. Personnels bibliothèques, ingénieurs, administratifs, techniciens, de service et de santé (remplace aujourd'hui **BIATOS**)

BIBAS. Bibliothécaire assistant spécialisé (fonction publique d'État) (remplace **AB** et **BAS**)

BILIPO. Bibliothèque des littératures policières

BIU. Bibliothèque inter-universitaire

BIULO. Bibliothèque inter-universitaire des Langues Orientales

BIUM. Bibliothèque inter-universitaire de médecine

BIUP. Bibliothèque inter-universitaire de pharmacie

BL. British Library

BM. Bibliothèque municipale

BMC. Bibliothèque municipale classée

BMIU. Bibliothèque municipale et inter-universitaire de Clermont-Ferrand

BMO. Bibliothèque-Musée de l'Opéra

BMR. Bibliothèque municipale rétroconvertie

BMVR. Bibliothèque municipale à vocation régionale

BNE. Bibliothèque numérique européenne (Voir aussi BnuE et EDL)

BNF. Bibliothèque nationale de France

BNM. Bibliothèque numérique mondiale (En anglais, *World Digital Library – WDL*)

BnuE. Bibliothèque numérique européenne (Voir aussi BNE et EDL)

BNUS. Bibliothèque nationale et universitaire de Strasbourg

BOEN. Bulletin officiel de l'Éducation nationale

BPI. Bibliothèque publique d'information

BRAIN. Bibliothèque Rhône-Alpes d'information numérique

BSN. Bibliothèque scientifique numérique

BU. Bibliothèque universitaire

BUFR. Bibliothèque d'unité de formation et de recherche

BULAC. Bibliothèque universitaire des langues et civilisations

BVMM. Bibliothèque virtuelle des manuscrits médiévaux

C

C2I (ou CII). Certificat informatique et Internet

CA. Conseil d'administration

CADA. Commission d'accès aux documents administratifs

CADIST. Centre d'acquisition et de diffusion de l'information scientifique et technique

CAFB. Certificat d'aptitude aux fonctions de bibliothécaire

CALAMES. Catalogue en ligne des archives et manuscrits de l'enseignement supérieur

CAP. Commission administrative paritaire

CAREL. Consortium pour l'acquisition des ressources électroniques en ligne

CBU. Contrôle bibliographique universel

CCDL. Comité de coordination du dépôt légal

CCFr. Catalogue collectif de France

CCN-PS. Catalogue collectif national des publications en série (Remplacé aujourd'hui par le **SUDOC-PS**)

CCOE. Catalogue collectif des ouvrages étrangers

CD. Compact disc (Disque compact)

CDD. Classification décimale de Dewey

CDDP. Centre départemental de documentation pédagogique

CDG. Centre de Gestion

CDI. Centre de documentation et d'information (collèges, lycées)

CD-ROM. Compact disc – *Read Only Memory* (Disque optique compact)

CDSH. Centre de documentation en sciences humaines

CDST. Centre de documentation scientifique et technique

CDU. Classification décimale universelle

CE. Comité d'entreprise, comité d'établissement

CENL. *Conférence of European National Librarians* (Conférence européenne des directeurs de bibliothèques nationales)

CERIMES. Centre de ressources et d'information sur les multimédias pour l'enseignement supérieur

CERL. *Consortium of European Research Libraries*

CET. Compte épargne temps

CEVU. Conseil des études et de la vie universitaire

CFBM. Centre français de la bibliothèque moderne

CFC. Centre français d'exploitation du droit de copie

CG. Centre de gestion

CGE. Conférence des grandes écoles

CGM. Catalogue général des manuscrits

CHSCT. Comité d'hygiène et de sécurité et des conditions de travail

CII. Classement indiciaire intermédiaire

CIEPS. Centre international d'enregistrement des publications en série

CINES. Centre informatique national de l'enseignement supérieur

CIO. Centre d'information et d'orientation

CLDP. Centre local de documentation pédagogique

CLEMI. Centre de liaison de l'enseignement et des médias d'information

CNAM. Conservatoire national des arts et métiers

CNC. Centre national de la cinématographie

CNCBP. Centre national de coopération des bibliothèques publiques

CNDP. Centre national de documentation pédagogique

CNE. Comité national d'évaluation (Remplacé par l'**AERES**)

CNED. Centre national d'enseignement à distance

CNEPS. Centre national d'enregistrement des publications en série

CNESER. Conseil national de l'enseignement supérieur et de la recherche

CNFPT. Centre national de la fonction publique territoriale

CNIL. Commission nationale de l'informatique et des libertés

CNL. Centre national du livre

CNLJ. Centre national de la littérature pour la jeunesse

CNOUS. Centre national des œuvres universitaires et scolaires

CNRS. Centre national de la recherche scientifique

CNU. Conseil national des universités

COUPERIN. Consortium universitaire pour les périodiques numériques

CPE. Commission paritaire d'établissement

CPER. Contrat de plan État-Région

CPU. Conférence des présidents d'université

CRCC. Centre de recherche sur la conservation des collections (initialement CRCDG)

CRCDG. Centre de recherche sur la conservation des documents graphiques (aujourd'hui CRCC)

CRDP. Centre régional de documentation pédagogique

CRDS. Contribution au remboursement de la dette sociale

CRFCBLD. Centre régional de formation aux carrières des bibliothèques, du livre et de la documentation

CRI. Centre de ressources en informatique (dans les universités)

CRL. Centre régional du livre

CROUS. Centre régional des œuvres universitaires et scolaires

CS. Conseil scientifique

CSB. Conseil supérieur des bibliothèques

CSFPE. Conseil supérieur de la fonction publique d'État

CSFPT. Conseil supérieur de la fonction publique territoriale

CSG. Contribution Sociale Généralisée

CSI. Cité des Sciences et de l'Industrie

CT. Comité technique (remplace CTP)

CTLes. Centre technique du livre de l'enseignement supérieur

CTP. Comité technique paritaire (remplacé par **CT**)

CTPA. Comité technique paritaire académique

CTPM. Comité technique paritaire ministériel

D

DADVSI. Droit d'auteur et droits voisins dans la société de l'information

DBLP. Direction des bibliothèques et de la lecture publique

DBM. Décision budgétaire modificative

DBMIST. Direction des bibliothèques, des musées et de l'information scientifique et technique

DCB. Diplôme de conservateur de bibliothèque

DGD. Dotation générale de décentralisation

DGES. Direction générale de l'enseignement supérieur (aujourd'hui DGESIP)

DGESIP. Direction générale pour l'enseignement supérieur et l'insertion professionnelle (ministère de l'Enseignement supérieur)

DGF. Dotation globale de fonctionnement

DGRH. Direction générale des ressources humaines (commune aux ministères de l'Éducation nationale et de l'Enseignement supérieur)

DGRI. Direction générale pour la recherche et l'innovation (ministère de l'Enseignement supérieur)

DIF. Droit individuel à la formation

DISTNB. Direction de l'information scientifique, des techniques nouvelles et des bibliothèques

DL. Dépôt légal

DLL. Direction du livre et de la lecture (Aujourd'hui remplacée par la **DGMIC** et reléguée au rang de **SLL**)

DOC. Disque optique compact

DOI. Digital object identifier (« identifiant d'objet numérique »)

DON. Disque optique numérique

DPATE. Direction des personnels administratifs, techniques et d'encadrement ((aujourd'hui DGRH))

DPDU. Direction de la programmation et du développement universitaire

DPMA. Direction des personnels, de la modernisation et de l'administration (aujourd'hui DGRH)

DPSSIB. Diplôme professionnel supérieur en sciences de l'information et des bibliothèques

DRAC. Direction régionale des affaires culturelles

DRH. Direction des ressources humaines

DSB. Diplôme supérieur de bibliothécaire

DSI. Diffusion Sélective de l'Information

DUER. Document unique d'évaluation des risques

DVD. *Digital Versatile Disc*

E

E-MAIL. *Electronic mail* (messagerie électronique et adresse électronique)

EAD. Enseignement à distance

EAN. European article numbering

EBLIDA. *European Bureau of LIbrary and Documentation Associations*

EDL. *European Digital Library* (Voir aussi BNE et BnuE)

ENC. École nationale des chartes

ENSB. École nationale supérieure des bibliothèques (aujourd'hui ENSSIB)

ENSSIB. École nationale supérieure des sciences de l'information et des bibliothèques

ENT. Environnement numérique de travail

EPA. Établissement public à caractère administratif

EPBF. Établissement public de la Bibliothèque de France

EPCA. Établissement public à caractère administratif

EPCC. Établissement public de coopération culturelle

EPCI. Établissement public de coopération intercommunale

EPCS. Établissement public de coopération scientifique

EPCSCP. Établissement public à caractère scientifique culturel et professionnel

EPIC. Établissement public à caractère industriel et commercial

EPLE. Établissement public local d'enseignement

EPSCP. Établissement public à caractère scientifique, culturel et professionnel

EPI. Entretien professionnel individuel

EPIC. Établissement public à caractère industriel et commercial

EPLE. Établissement public local d'enseignement

EPST. Établissement public à caractère scientifique et technologique

EQUIPEX. ÉQUIpement d'EXcellence

ERP. Établissement recevant du public

ESGBU. Enquête statistique générale auprès des bibliothèques universitaires

ESAUPE. Entente pour la sauvegarde du patrimoine écrit en Seine-et-Marne

ESPE. École supérieure du professorat et de l'éducation

ETP. Équivalent temps plein

F

FAD. Formation à distance

FADBEN. Fédération des enseignants documentalistes de l'Éducation nationale (Attention, le sigle ne se rapporte pas vraiment à son développement ! À l'origine, FADBEN correspondait à l'intitulé suivant : Fédération des associations de documentalistes bibliothécaires de l'Éducation nationale)

FAE. Formation d'adaptation à l'emploi

FAI. Fournisseur d'accès à Internet

FAQ. *Frequently asked questions* (En français, Foire aux questions)

FAS. Fonds d'action sociale

FAT. Formation avant titularisation

FDD. Fourniture de documents à distance

FFCB. Fédération française de coopération entre bibliothèques

FIACRE. Fonds d'initiation à la création

FID. Fédération internationale de documentation

FILL. Fédération interrégionale du livre et de la lecture

FNABEH. Fédération nationale des associations de bibliothèques en établissements hospitaliers

FORMIST. Formation à l'information scientifique et technique

FPE. Fonction publique d'État

FPH. Fonction publique hospitalière

FPT. Fonction publique territoriale

FRAB. Fonds régional d'acquisition des bibliothèques

FRAC. Fonds régional d'art contemporain

FRANCIS. Fichiers de recherches automatisées sur les nouveautés, les communications et l'information en sciences humaines et sociales

FRBR. *Functional Requirements for Bibliographic Records* (En français, Spécifications fonctionnelles des notices bibliographiques)

FULBI. Fédération des utilisateurs de logiciels de bibliothèque

G

GDN. Gestion des droits numériques

GED. Gestion électronique des documents

GIP. Groupement d'intérêt public

GRH. Gestion des ressources humaines

H

HADOPI. Haute autorité pour la diffusion des œuvres et la protection des droits sur Internet

HAL. Hyper Article en Ligne

HARPEGE. Harmonisation de la gestion des personnels (Si l'on suit l'ordre syllabique, ce système de gestion devrait s'appeler HARGEPE. Vous comprendrez aisément que le sigle « HARPEGE » a meilleure consonance !)

HDMI. *High Definition Multimedia Interface* (En français : Interface multimédia haute définition)

HT. Hors taxe

HTML. *HyperText Mark-up Language*

HTTP. *HyperText Transport Protocol*

I

IABD. Interassociation archives, bibliothèques, documentation

IAT. Indemnité d'administration et de technicité

IATOS. Ingénieurs, administratifs, techniciens et ouvriers de service (aujourd'hui BIATSS)

IB. Indice brut

IDEFI. Initiatives d'excellence en formations innovantes

IDEX. Initiative D'EXcellence

IE. Intelligence économique

IFB. Institut de formation des bibliothécaires

IFLA. *International Federation of Library Associations and institutions* (Fédération internationale des associations de bibliothèques)

IFTS. Indemnités forfaitaires pour travaux supplémentaires

IGB. Inspection générale des bibliothèques

IHS. Ingénieur hygiène et sécurité

IHTS. Indemnité horaire pour travaux supplémentaires

IHU. Institut hospitalo-universitaire

ILN. *Internal Library Number*

IMA. Institut du monde arabe

INA. Institut national de l'audiovisuel

INALF. Institut national de la langue française

INIST. Institut national de l'information scientifique et technique (*CNRS*)

INM. Indice nouveau majoré

INRP. Institut national de la recherche pédagogique

INSEE. Institut national de la statistique et des études économiques

INTD. Institut national des techniques de la documentation

INTERMARC. *International Machine Readable Cataloguing*

IOUPI. Incorrect, ordinaire, usé, périmé, inadéquat (critères de désherbage)

IP. *Internet Protocol* (adresse identifiant une machine sur un réseau)

IPAG. Institut de préparation à l'administration générale

IPPEC. Inventaire permanent des périodiques étrangers en cours

IRA. Institut régional d'administration

IRHT. Institut de recherche et d'histoire des textes

IRT. Institut de recherche technologique

ISBD. *International Standard Bibliographic Data* (Normes internationales de description bibliographique)

ISBN. *International Standard Book Number* (Numéro international normalisé des livres)

ISDS. *International Serials Data System* (Système international de données sur les publications en série)

ISMN. *International Standard Music Number* (Numéro international normalisé des documents musicaux)

ISSN. *International Standard Serial Number* (Numéro international normalisé des publications en série)

IST. Information scientifique et technique

ITRF. Ingénieurs et personnels techniques de recherche et de formation

ISO. *International Organization for Standardization* (Organisation internationale de normalisation)

ITARF. Ingénieurs, techniques et administratifs de recherche et de formation (sous-entendu : personnels ingénieurs, personnels techniques et personnels administratifs de recherche et de formation)

IUFM. Institut de formation des maîtres

IUP. Institut universitaire professionnalisé

IUT. Institut universitaire de technologie

J

JO. *Journal officiel*

JOCE. Journal officiel des communautés européennes

JPEG. *Joint Photographic Experts Group* (Format standard de compression des images)

JPL. Joie par les livres

K

KM. *Knowledge Management* (En français, Gestion des connaissances)

L

LABEX. Laboratoire d'excellence

LAGAF. Logiciel d'aide à la gestion des actions de formation

LC. (Classification dite) *Library of Congress*

LIBER. Ligue des bibliothèques européennes de recherche

LIBRA. Logiciel intégré pour les bibliothèques en réseau automatisé

LIR. Label de librairie indépendante de référence

LMD. *Licence, Master, Doctorat* (Système de formation appliqué aux universités et qui correspond aux trois diplômes universitaires. Parfois appelée 3-5-8, cette formule numérique indique le nombre d'années requises pour valider chacun de ces diplômes.)

LOLF. Loi organique relative aux lois de finances

LRU. Libertés et responsabilités des universités

M

MARC. *Machine Readable Cataloguing*

MCC. Ministère de la culture et de la communication

MENESR. Ministère de l'Éducation nationale, de l'Enseignement supérieur et de la Recherche (Ancienne dénomination)

MESR. Ministère de l'enseignement supérieur et de la recherche

MISTRD. Mission de l'information scientifique et technique et du réseau documentaire (Remplace la SDBIS au sein du ministère de l'Enseignement supérieur et de la Recherche)

MMP. Médiathèque musicale de Paris

MODEM. Modulateur de modulateur

MPEG. *Moving Picture Expert Group* (Format standard de compression des fichiers audio et vidéo)

N

NABUCO. Nouvelle approche budgétaire et comptable (application informatique pour la gestion des établissements universitaires)

NBI. Nouvelle bonification indiciaire

NEI. Nouvelle échelle indiciaire

NLM. (Classification dite) *National Library of Medicine*

NTIC. Nouvelles technologies de l'information et de la communication

NUMEN. Numéro de matricule Éducation nationale (Numéro d'identification personnalisé du personnel de l'Éducation nationale)

O

OAI. *Open Archives Initiative* (Initiative pour des archives ouvertes)

OCLC. *Online Computer Library Center*

OCR. *Optical Character Recognition* (En français, Reconnaissance optique de caractères)

ONISEP. Office national d'information sur les enseignements et les professions

OPAC. *Online Public Access Catalog* (Catalogue public informatisé)

P

PACTE. Parcours d'accès aux carrières territoriale, hospitalière et de l'État

PAPE. Plan d'action pour le patrimoine écrit

PASCAL. Programme appliqué à la sélection et à la compilation automatique de la littérature

PAST. Professeur associé à temps partiel

PC. *Personal Computer*

PCDM. Principe de classement des documents musicaux

PDC. Plan de développement des collections

PDF. *Portable Document Format*

PEB. Prêt entre bibliothèques

PFR. Prime de fonctions et de résultats

PIB. Prêt inter-bibliothèques

PIC. Principes internationaux de catalogage

PJ. Pièce jointe

PLAO. Poste de lecture assistée par ordinateur

POPPEE. Projet de système d'information sur les emplois, les postes et le personnel (Application informatique de l'enseignement supérieur)

PPP. Partenariat public privé

PRAG. Professeur agrégé du second degré

PRCE. Professeur certifié du second degré

PRES. Pôle de recherche et d'enseignement supérieur

Q

QCM. Questionnaire à choix multiples

R

RAEP. Reconnaissance de l'acquis de l'expérience professionnelle

RAFP. Retraite additionnelle de la fonction publique

RAM. *Random Access Memory* (mémoire vive)

RAMEAU. Répertoire d'autorité matière encyclopédique et alphabétique unifié

RBCCN. Répertoire des bibliothèques du catalogue collectif national (pour les publications en série)

RCAA. Règle de catalogage anglo-américaine (Remplacé par RDA)

RCE. Responsabilités et compétences élargies

RCR. Répertoire des centres de ressources

RDA. *Ressource description and access*

RDI. Recherche documentaire informatisée

ReLIRE. Registre des livres indisponibles en réédition électronique

RENATER. Réseau national pour la technologie, l'enseignement et la recherche

RFID. *Radio Frequency Idendification* (Identification par fréquences radio)

RIA. Robinet d'incendie armé

RNBCD. Répertoire national des bibliothèques et centres de documentation (Remplacé désormais par le **RNBFD**)

RNBFD. Répertoire national des bibliothèques et fonds documentaires

ROM. *Read Only Memory* (mémoire morte)

RSS. *Really simple syndication*

RVM. Répertoire de vedettes matières

S

SACEM. Société des auteurs compositeurs et éditeurs de musique

SAENES. Secrétaires administratifs de l'Éducation nationale et de l'enseignement supérieur

SANREMO. Système analytique de répartition des moyens

SCEREN. Services culture, éditions, ressources pour l'Éducation nationale

SCD. Service commun de la documentation

SCUIOIP. Services communs universitaires et interuniversitaires d'accueil, d'orientation et d'insertion professionnelle

SDBIS. Sous-direction des bibliothèques et de l'information scientifique (dissoute en 2009)

SDI. Service de documentation et d'information

SEAM. Société des éditeurs et auteurs de musique

SGBD. Système de gestion de bases de données

SGML. *Standard Generalized Mark-up Language*

SI@DE. Services d'information à la demande

SIBEL. Système de l'information et des bibliothèques en ligne

SIBIL. Système intégré des bibliothèques de Lausanne

SICD. Service inter-établissements de coopération documentaire

SID. 1. Service d'information et de diffusion – **2.** Système d'Information Documentaire

SIFAC. Système d'information financier analytique et comptable

SIGB. Système intégré de gestion de bibliothèque

SIGLE. *System for the Grey Literature in Europe* (Signalement de la littérature grise européenne)

SINDBAD. Service d'information des biliothécaires à distance

SLL. Service du livre et de la lecture

SNE. Syndicat national de l'édition

SOFIA. Société française des intérêts des auteurs de l'écrit

SPAR. Système de préservation et d'archivage réparti

SRD. Service de référence à distance

SSI. 1. Service de sécurité incendie – **2.** Système de iécurité incendie

SSIAP. Service de sécurité incendie et d'assistance aux personnes

STAR. Signalement des thèses électroniques, archivage et recherche

STB. Service technique des bibliothèques de la Ville de Paris

STEP. Signalement des thèses en préparation

SUDOC. Système universitaire de documentation

SUDOC-PS. Système universitaire de documentation pour les publications en série.

SUNIST. Serveur universitaire national pour l'information scientifique et technique

SYMPA. Système de répartition des moyens à la performance et à l'activité

T

TEF. Thèses électroniques françaises

TEL. *The Européan Library*

TIC. Technologies de l'information et de la communication

TICE. Technologies de l'information et de la communication dans l'enseignement

TTC. Toutes taxes comprises

TVA. Taxe à la valeur ajoutée

U

U3M. Université du IIIe millénaire

UFR. Unité de formation et de recherche

UNCBPT. Union nationale Culture et bibliothèques pour tous

UNESCO. *United Nations for Education Science and Culture Organization* (Organisation des Nations unies pour l'éducation, la science et la culture)

UNIMARC. *Universal Machine Readable Cataloguing*

URFIST. Unité régionale de formation et d'information scientifique et technique

URI. *Uniform Ressource Identifier*

URL. *Uniform Ressource Locator*

USB. *Universal Serial Bus*

V

VAE. Validation des acquis de l'expérience

VGA. *Video Graphics Array*

VHS. *Vidéo Home System*

W

W3C. World wide web consortium

WDL. *World Digital Library* (En français, bibliothèque numérique mondiale – **BNM**)

WIFI. *Wireless Fidelity*

WWW. *World Wide Web*

X

XML. *Extensible Mark-up Language*

Annexe 7

Les principales classifications utilisées en bibliothèque

Une classification est une organisation des connaissances en un système ordonné de classes et de sous-classes. Ce système permet de répartir et de hiérarchiser les domaines du savoir encyclopédique. En d'autres termes, classer les connaissances revient à déterminer comment elles se situent les unes par rapport aux autres.

Matérialisée par des indices (symboles, lettres et/ou chiffres), la classification constitue un véritable « langage documentaire » sur lequel les bibliothécaires s'appuient pour effectuer la description analytique des œuvres et pour concevoir les cotes[1] des collections. Elle contribue de fait au regroupement des documents traitant d'un même sujet et à leur classement sur les rayons.

Il existe plusieurs classifications, de nature plus ou moins complexe, qui savent toutes coller à l'importance et/ou à la spécificité du fonds d'une bibliothèque. Mais chaque classification rencontre ses propres limites. Selon l'époque et la situation géographique de leur conception, les classifications peuvent se réduire à une philosophie, un état d'esprit, une pensée ou tout simplement à un état des connaissances. Les classifications à vocation universelle, elles aussi, n'atteignent pas toujours leurs objectifs d'exhaustivité et font parfois l'économie d'un point de vue. Mais quoi qu'en disent les critiques, elles apportent un véritable éclairage sur l'étendue du savoir humain.

Il arrive fréquemment qu'au sein d'une même bibliothèque différents modes de classement cohabitent. Ceci s'explique par le fait que, selon leurs caractéristiques, les classifications se prêtent davantage à une destination plutôt qu'à une autre. Prenons deux exemples concrets :

– Les collections disposées dans les espaces publics d'une bibliothèque nécessitent d'être organisées de manière à ce que leurs contenus respectifs soient rattachés à une discipline d'ensemble. L'agencement du « libre accès » doit effectivement prendre en considération les méthodes utilisées par les usagers pour trouver les documents. Ainsi, de nombreuses bibliothèques ont opté pour une classification systématique[2] de leur fonds en libre accès dont le classement suit l'une des quatre grandes classifications suivantes : la classification décimale de Dewey, la classification décimale universelle, la classification de la Bibliothèque du Congrès (Washington, US) et la classification de la Bibliothèque nationale de médecine (Maryland, US).

– En revanche, les collections placées dans les magasins sont classées les unes à la suite des autres par ordre d'entrée (numéro d'inventaire), par format ou éventuellement selon une classification alphanumérique très épurée[3]. Ainsi pratiqué, cet archivage en accès indirect favorise le taux de remplissage des rayonnages pour devenir un haut lieu de stockage des documents.

À présent, voici une brève présentation des quatre classifications les plus répandues au niveau national.

1. La classification décimale de Dewey

Né en 1851 dans l'État de New York, le bibliothécaire américain Melvil Dewey publia en 1876[4] la première version de la classification qui porte son nom.

Le principe de la classification décimale de Dewey permet d'organiser l'ensemble des connaissances universelles en dix grandes classes (notées de 000 à 900), à leur tour divisées en cent sous-classes, puis en de nombreuses autres divisions et subdivisions.

Un indice Dewey comprend au moins trois chiffres dont l'association est appelée « section ». On complète si nécessaire les chiffres significatifs avec des zéros (par exemple, « 600 »). Si on souhaite affiner l'indice de classification d'un document, on utilise un point (« . ») qui séparera le troisième du quatrième chiffre (par exemple, « 641.8 »), puis un espace (« ») pour séparer chaque section de trois chiffres à partir du sixième chiffre (par exemple, « 641.865 4 »). Bien que le système offre en théorie de multiples possibilités, les formules allongées à plus de six chiffres sont généralement rares parce que précisément peu appropriés au classement et à la recherche des livres en libre accès. C'est la raison pour laquelle de nombreuses bibliothèques utilisent une classification Dewey dite « abrégée » (pas plus de 3 chiffres après la décimale) afin de ne pas rebuter certains usagers.

Exemple

Prenons l'exemple du livre intitulé Les Bibliothèques universitaires de Jean-Pierre Casseyre. Nous allons tenter de

1. L'indice de classification du livre associé aux premières lettres de son auteur ou de son titre (notamment lorsque l'ouvrage comporte plus de trois auteurs) constituent la cote du document.

2. Dans le langage professionnel, « systématique » signifie « selon un système ou une technique de classification ». Par exemple, on utilise la notion de « rangement systématique » pour désigner le classement des ouvrages qui suit l'ordre de la classification adoptée.

3. En 1962, influencées par les recommandations du Ministère, les bibliothèques universitaires adoptent un système de classement dont la cote est formée d'une lettre – classant le livre dans un domaine de connaissance – suivi du numéro d'inventaire. (ex : K : droit, H : histoire, G : généralité, J : politique, L : économie, M : sociologie…).

4. Depuis, 21 éditions de ces travaux ont vu le jour dont la dernière en date remonte à 1998 : Dewey Melvil, *Classification décimale Dewey et index*, Montréal, les Éditions ASTED, 1998 (21e édition).

CLASSIFICATION DÉCIMALE de DEWEY

000 Généralités

001 Bibliographie
020 Bibliothéconomie et sciences de l'information
030 Encyclopédies générales
040
050 Publication en série d'ordre général
060 Organisations générales et muséologie
070 Journalisme, édition, journaux
080 Recueils généraux
090 Manuscrits et livres rares

100 Philosophie et psychologie

110 Métaphysique
120 Connaissance, cause, finalité, l'homme
130 Phénomènes paranormaux, parapsychologie
140 Les divers systèmes philosophiques
150 Psychologique
160 Logique
170 Éthique (philosophie morale)
180 Philosophie ancienne, médiévale, orientale
190 Philosophie occidentale moderne

200 Religion

210 Religion naturelle
220 Bible
230 Théologie doctrinale chrétienne
240 Théologie morale et spirituelle chrétienne
250 Églises locales, congrégations religieuses
260 Théologie et société, ecclésiologie
270 Histoire et géographie de l'Eglise
280 Confession et secte chrétienne
290 Autres religions et religions comparées

300 Sciences sociales

310 Statistiques
320 Science politique
330 Économie politique (Économique)
340 Droit
350 Administration publique
360 Services sociaux ; associations
370 Éducation
380 Commerce, communications, transports
390 Coutumes et folklore

400 Langage

410 Linguistique
420 Langues anglaise et anglo-saxonne
430 Langues germaniques. Allemand
440 Langues romanes. Français
450 Langues italienne, roumaine et rhéto-romane
460 Langues espagnole et portugaise
470 Langues italiques. Latin
480 Langues helléniques. Grec classique
490 Autres langues et groupes de langues

500 Sciences de la nature et mathématiques

510 Mathématiques
520 Astronomie et sciences connexes
530 Physique
540 Chimie et sciences connexes
550 Sciences de la terre
560 Paléontologie. Paléozoologie
570 Sciences de la vie
580 Botanique
590 Zoologie

600 Techniques (sciences appliquées)

610 Sciences médicales
620 Art de l'ingénieur, activités connexes
630 Agriculture et techniques connexes
640 Arts ménagers et sciences ménagères
650 Sciences de la gestion et techniques connexes
660 Génie chimique et techniques connexes
670 Fabrication industrielle
680 Fabrications diverses
690 Bâtiments

700 Les arts

710 Urbanisme et art du paysage
720 Architecture
730 Arts plastiques, sculpture
740 Dessin, arts décoratifs et arts mineurs
750 La peinture et les peintres
760 Arts graphiques, gravures
770 La photographie et les photographies
780 Musique
790 Loisirs : spectacles, jeux, sports

800 Littérature et rhétorique

810 Littérature américaine
820 Littératures anglaise et anglo-saxonne
830 Littératures des langues germaniques
840 Littératures des langues romanes. Littérature française
850 Littératures italienne, roumaine et rhéto-romane
860 Littératures espagnole et portugaise
870 Littératures des langues italiques. Littérature latine
880 Littératures des langues helléniques. Littérature grecque
890 Littératures des autres langues et groupes de langues

900 Géographie et histoire

910 Géographie générale. Voyages
920 Biographie universelle et généalogique
930 Histoire générale du monde ancien
940 Histoire générale de l'Europe
950 Histoire générale de l'Asie
960 Histoire générale de l'Afrique
970 Histoire générale de l'Amérique du Nord
980 Histoire générale de l'Amérique du Sud
990 Histoire générale des autres régions du monde

fabriquer sa cote à partir de la classification décimale de Dewey :

Classe :
000
(Généralités)

↓

Sous-classe :
020
(Bibliothéconomie)

↓

Division :
027
(Bibliothèques, archives, centres de documentation)

↓

Subdivision :
027.7
(Bibliothèques universitaires)

L'indice étant déterminé, il nous reste à finaliser la cote en associant les trois (ou quatre) premières lettres de l'auteur : 027.7 CAS

2. La classification décimale universelle (CDU)

À partir des travaux effectués par Melvil Dewey, les deux juristes belges Paul Otlet et Henry La Fontaine créent un système de classification appelé « classification décimale universelle » (CDU). La première version de leur « bibliographie encyclopédique du savoir humain » fut éditée en 1905.

La CDU est une « classification » au sens strict du terme, en ce sens qu'elle constitue un plan de classement des connaissances. Elle est en outre « décimale » puisqu'elle propose d'organiser le savoir humain en dix classes, chacune susceptible à son tour d'être subdivisée. Enfin, elle se veut « universelle » parce qu'elle vise l'exhaustivité – et s'en approche plus près qu'aucun autre système.

La classification décimale universelle adopte le principe directeur de la classification de Dewey qu'elle double d'une ponctuation aussi élaborée que compliquée. Ainsi, dotée de tables principales[1] et de tables auxiliaires, elle permet de dépasser le cloisonnement des disciplines. Son originalité consiste donc à ajouter des signes de relations aux indices de classification afin d'affiner le contenu intellectuel des documents :

Signes	Désignations	Exemples
/	**Signe d'extension :** présence de sujets comparés	841/849 (Histoire des pays européens)
:	**Signe de relation :** relation générale entre deux notions	801:37 (Linguistique et pédagogie)
« »	**Signe de temps :** précision de l'époque traitée	78 « 19 » (Musique du xxe siècle)
=	**Signe de la langue :** précision de la langue utilisée	796 (091) = 30 (Histoire du sport écrit en allemand)
+	**Signe d'addition :** présence de deux sujets différents	75+77 (Peinture et photographie)
(0..)	**Signe de forme :** précision sur la nature du support	34 (03) (Dictionnaire juridique)
-	**Signe de personne :** précision sur la population traitée	3-053.2 (Sciences sociales appliquées à l'enfance)
(...)	**Signe de lieu :** subdivision géographique	321.4 (4) (Systèmes politiques en Europe)
(=...)	**Signe de peuple :** subdivision ethnique	33 (=393.2) (Économie politique flamande)
.00	**Signe de point de vue :** précision sur l'angle d'étude	53.003 (Économie de la physique)

Avec ses nombreuses combinaisons possibles, la classification décimale universelle permet d'atteindre un niveau de précision inégalé… mais trop souvent inadapté à la recherche documentaire et au rangement des collections. La possibilité de construire des indices prolixes représente donc un obstacle récurrent à son développement. C'est d'ailleurs l'argument retenu par les grandes bibliothèques pour justifier l'abandon de la CDU au profit de la classification abrégée de Dewey.

1. *Cf. infra*, p. 224.

CLASSIFICATION DÉCIMALE UNIVERSELLE

0 Généralités.

00 Prolégomènes. Fondements de la connaissance et de la culture.
01 Bibliographies. Catalogues. Listes et répertoires de livre.
02 Bibliothéconomie. Lecture.
030 Encyclopédies. Ouvrages généraux de référence. Dictionnaires.
050 Publication en série. Périodiques et publications de caractère périodique : importance et signification – gestion commerciale et intellectuelle.
060 Collectivités. Organisations et autres formes de coopération. Associations. Congrès. Expositions. Sociétés. Instituts. Académies. Établissements scientifiques. Instituts de recherche. Musées.
070 Journaux. Journalisme. La presse : signification, importance – propriété, contrôle, direction, rédaction – organisation commerciale et éditoriale.
080 Polygraphies. Œuvres collectives.
090 Manuscrits. Ouvrages remarquables. Livres rares et précieux. Bibliophilie.

1 Philosophie. Psychologie.

11 Métaphysique. Problème fondamental.
12 Philosophie de l'esprit.
14 Systèmes philosophiques.
159.9 Psychologie.
16 Logique. Épistémologie. Théorie de la connaissance.
17 Morale. Éthique. Philosophie pratique.

2 Religion. Théologie.

21 Théologie naturelle. Théodicée.
22 La Bible.
23 Théologie dogmatique.
24 Théologie morale. Pratique religieuse.
25 Pastorale chrétienne.
26 L'Église chrétienne en général.
27 Histoire générale de l'Église chrétienne.
28 Les diverses Églises chrétiennes.
29 Religions diverses et cultes non chrétiens.

3 Sciences sociales.

30 Sciences sociales en général. Méthodes des sciences sociales.
31 Statistique. Démographie. Sociologie.
32 Politique. Science politique.
33 Économie. Science économique.
34 Droit. Jurisprudence. Législation.
35 Administration publique. Gouvernement. Affaires militaires.
36 Assistance sociale. Assurances.
37 Éducation. Enseignement. Formation. Loisirs.
389 Métrologie. Poids et mesures.
39 Ethnologie. Coutumes. Traditions. Folklore.

4 Classe non occupée.

5 Sciences pures.

50 Généralités sur les sciences pures.
51 Mathématiques.
52 Astronomie. Astrophysique. Géodésie.
53 Physique.
54 Chimie. Sciences minéralogiques. Cristallographie.
55 Géologie. Sciences géologiques et géophysiques. Météorologie.
56 Paléontologie. Fossiles.
57 Biologie. Sciences biologiques.
58 Botanique.
59 Zoologie.

6 Sciences appliquées. Médecine. Technologie.

61 Sciences médicales. Médecine. Hygiène. Pharmacie.
62 Art de l'ingénieur. Technologie en général.
63 Agriculture. Sylviculture. Flore. Zootechnie. Chasse. Pêche.
64 Economie domestique. Sciences ménagères.
65 Organisation de l'industrie, du commerce, de la communication et des transports.
66 Technique chimique. Industries chimiques et apparentées.
67 Industries et métiers divers. Technologie mécanique.
68 Industries et fabrications diverses (dont informatique).
69 Construction. Matériaux. Méthodes et procédés.

7 Arts et beaux-arts. Divertissements. Musique. Jeux. Sports.

71 Aménagement du territoire. Urbanisme.
72 Architecture.
73 Arts plastiques. Numismatique. Arts des métaux.
74 Dessin. Dessin artistique. Arts appliqués et métiers d'art.
75 Peinture.
76 Arts graphiques. Gravures.
77 Photographie et procédés similaires.
78 Musique.
79 Divertissements. Délassements. Jeux. Sports.

8 Langues. Linguistique. Philologie. Littérature.

80 Questions générales concernant la linguistique et la littérature. Philologie.
81 Linguistique. Langue.
82 Littérature.

9 Archéologie. Géographie. Biographie. Histoire.

902 Archéologie.
91 Géographie. Exploration de la terre. Géographie générale. Géographie régionale.
929 Biographie. Généalogie. Héraldique.
93 Histoire en général.
94 Histoire du Moyen-Age et histoire moderne.

3. La classification dite *Library of Congress* (LC)

La bibliothèque du Congrès située à Washington (district de Columbia) assure la fonction de bibliothèque nationale pour les États-Unis. Au-delà de cette « honorifique » mission, elle a développé un système de classification qui permet de répondre aux besoins suscités par les grandes collections.

La classification dite *Library of Congress* opte pour une répartition des connaissances en vingt et une catégories, elles-mêmes déclinées en subdivisions plus précises. Chacune de ces catégories est matérialisée par un symbole alphabétique (par exemple, « L » pour « Éducation ») puis affinée avec au maximum deux autres lettres (par exemple, « LB » pour « Théorie et pratique de l'éducation »), auxquelles sont associés enfin une série de chiffres (par exemple, « LB 510 » pour « Œuvres complètes de Rousseau »). En somme, il s'agit d'une classification alphanumérique structurée de façon à être compatible avec les espaces publics des bibliothèques.

On retiendra les grandes classes sans en détailler les nombreuses ramifications :

CLASSIFICATION dite LIBRARY OF CONGRESS

A –	Ouvrages généraux.	M –	Musique.
B –	Philosophie. Psychologie. Religion.	N –	Beaux arts.
C –	Sciences auxiliaires de l'histoire.	P –	Linguistique et littérature.
D –	Histoire (sauf Amériques).	Q –	Sciences.
E/F –	Histoire de l'Amérique.	R –	Médecine.
G –	Géographie. Anthropologie. Loisirs.	S –	Agriculture.
H –	Sciences sociales et administratives.	T –	Technologie.
J –	Sciences politiques.	U –	Sciences militaires.
K –	Droit.	V –	Sciences navales.
L –	Éducation.	Z –	Bibliographie. Bibliothéconomie.

Remarque :
Les lettres alphabétiques « I », « O », « W », « X » et « Y » ne sont quant à elles pas utilisées dans le système de classification de la bibliothèque du Congrès.

4. La classification dite *National Library of Medicine* (NLM)

La Bibliothèque nationale de médecine implantée à Bethesda, dans l'État du Maryland (États-Unis) est, comme son nom l'indique, spécialisée dans les sciences biomédicales. La NLM n'est pas seulement la plus grande bibliothèque médicale au monde ; véritable laboratoire, elle participe à des programmes de recherche et de développement, produit la précieuse base de données bibliographiques Medline et, plus en amont, est à l'origine de la classification dite *National Library of Medicine*.

La NLM, prévue originellement pour remplacer la partie médicale de la classification de la Library of Congress (classe « R »), suit le même système de notation, consistant en lettres majuscules (par exemple, « WG » pour « Appareil cardio-vasculaire ») suivies de chiffres. C'est donc un système alphanumérique comportant au maximum 5 éléments (par exemple, « WG200 » pour « Cœur »). Très simple d'accès, son architecture part toujours du domaine le plus général pour aller vers des domaines plus restreints et précis : le système ou l'appareil est d'abord étudié dans son ensemble, puis chaque organe l'est en particulier.

CLASSIFICATION dite LIBRARY OF CONGRESS

Q	**QS**	Anatomie humaine	**QW1-300**	Microbiologie
	QT	Physiologie	**QW501-949**	Immunologie
	QT260	Médecine du sport	**QX**	Parasitologie
	QU	Biochimie	**QY**	Biologie clinique
	QV	Pharmacologie	**QZ**	Anatomie pathologique

W	**W**	Profession médicale	**WM**	Psychiatrie
	WA	Santé publique	**WN**	Imagerie médicale
	WB	Exercice de la médecine	**WO**	Chirurgie
	WB300	Thérapeutique	**WP**	Gynécologie
	WC	Maladies infectieuses	**WQ**	Obstétrique
	WD	Maladies métaboliques	**WR**	Dermatologie
	WE	Appareil locomoteur	**WS**	Pédiatrie
	WF	Appareil respiratoire	**WT**	Gériatrie
	WG	Appareil cardio-vasculaire	**WU**	Odontologie – Stomatologie
	WH	Hématologie	**WV**	Oto-Rhino-Laryngologie
	WI	Appareil digestif	**WW**	Ophtalmologie
	WJ	Appareil génito-urinaire	**WX**	Hôpitaux
	WK	Endocrinologie	**WY**	Soins infirmiers
	WL	Neurologie	**WZ**	Histoire de la médecine

Annexe 8

Les personnels des bibliothèques, leurs missions respectives, leurs actions mutuelles et leurs relations hiérarchiques

Présenter une image figée et académique des activités conduites en bibliothèque peut à juste titre être considéré comme une velléité ambitieuse et présomptueuse. Pour autant, la tendance de la fonction publique à professionnaliser les épreuves des concours oblige les candidats à parfaitement appréhender l'environnement fonctionnel des métiers auxquels ils se destinent.

Face à cette réalité, et plus encore à la responsabilité qui est la mienne d'informer le lecteur, il m'a semblé honnête de livrer une analyse synthétique des métiers et des attributions identifiés au sein des bibliothèques françaises, en particulier celles qui relèvent de la fonction publique d'État. Le regard critique porté sur le travail dévolu aux professionnels de la documentation résulte prioritairement de l'étude croisée des textes statutaires. Mais il se fonde aussi sur quinze années passées à observer les pratiques des bibliothécaires et les questionnements qui les accompagnent au quotidien.

Alors ne vous y trompez pas ! Le propos ne consiste pas à établir un modèle d'organigramme calqué sur une conception théorique des métiers de la documentation. À cet égard, l'évolution perpétuelle des missions et des techniques[1] (informatisation des applications bibliothéconomiques, essor de la documentation numérique, etc.) ainsi que la diversité des lieux d'exercice interdisent à elles seules toutes approches conventionnelles. En revanche, la mise en perspective de quelques éléments significatifs en lien avec la profession permet de présenter un panorama tangible – mais non exhaustif – des principales activités conduites en bibliothèque.

Par conséquent – et pour finir –, la démonstration subséquente, exempte de toutes manœuvres partisanes, procède de l'adéquation entre le professionnel, son action et sa relation aux autres[2].

Trois angles ont ainsi été choisis pour approcher le document qui suit :

– Les personnels (statuts, catégories, grades)

– Les missions bibliothéconomiques (gestion des collections)

– Les missions transversales ou périphériques (services offerts aux publics, services opérationnels)

1. Comme pour venir contrarier la nature presque immuable des statuts particuliers des différents corps de fonctionnaires.

2. Ses confrères.

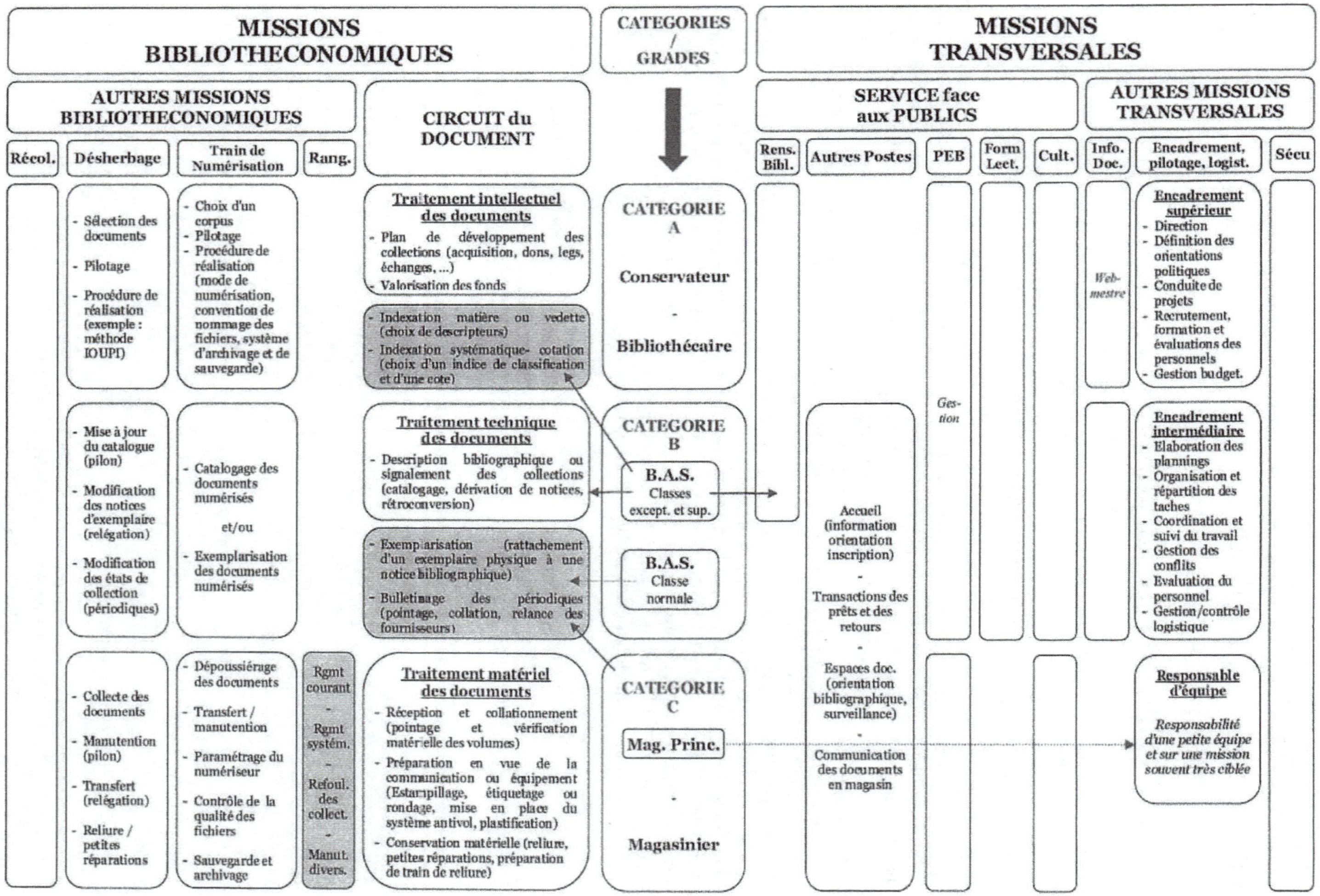
MISSIONS BIBLIOTHECONOMIQUES
CATEGORIES / GRADES
MISSIONS TRANSVERSALES
AUTRES MISSIONS BIBLIOTHECONOMIQUES
CIRCUIT du DOCUMENT
SERVICE face aux PUBLICS
AUTRES MISSIONS TRANSVERSALES
Récol.
Désherbage
Train de Numérisation
Rang.
Rens. Bibl.
Autres Postes
PEB
Form Lect.
Cult.
Info. Doc.
Encadrement, pilotage, logist.
Sécu
- Sélection des documents
- Pilotage
- Procédure de réalisation (exemple : méthode IOUPI)
- Choix d'un corpus
- Pilotage
- Procédure de réalisation (mode de numérisation, convention de nommage des fichiers, système d'archivage et de sauvegarde)
Traitement intellectuel des documents
- Plan de développement des collections (acquisition, dons, legs, échanges, ...)
- Valorisation des fonds
- Indexation matière ou vedette (choix de descripteurs)
- Indexation systématique- cotation (choix d'un indice de classification et d'une cote)
CATEGORIE A
Conservateur
-
Bibliothécaire
Web-mestre
Encadrement supérieur
- Direction
- Définition des orientations politiques
- Conduite de projets
- Recrutement, formation et évaluations des personnels
- Gestion budget.
- Mise à jour du catalogue (pilon)
- Modification des notices d'exemplaire (relégation)
- Modification des états de collection (périodiques)
- Catalogage des documents numérisés
et/ou
- Exemplarisation des documents numérisés
Traitement technique des documents
- Description bibliographique ou signalement des collections (catalogage, dérivation de notices, rétroconversion)
- Exemplarisation (rattachement d'un exemplaire physique à une notice bibliographique)
- Bulletinage des périodiques (pointage, collation, relance des fournisseurs)
CATEGORIE B
B.A.S.
Classes except. et sup.
B.A.S.
Classe normale
Ges-tion
Accueil (information orientation inscription)
-
Transactions des prêts et des retours
-
Espaces doc. (orientation bibliographique, surveillance)
-
Communication des documents en magasin
Encadrement intermédiaire
- Elaboration des plannings
- Organisation et répartition des taches
- Coordination et suivi du travail
- Gestion des conflits
- Evaluation du personnel
- Gestion/contrôle logistique
- Collecte des documents
- Manutention (pilon)
- Transfert (relégation)
- Reliure / petites réparations
- Dépoussiérage des documents
- Transfert / manutention
- Paramétrage du numériseur
- Contrôle de la qualité des fichiers
- Sauvegarde et archivage
Rgmt courant
-
Rgmt systém.
-
Refoul. des collect.
-
Manut. divers.
Traitement matériel des documents
- Réception et collationnement (pointage et vérification matérielle des volumes)
- Préparation en vue de la communication ou équipement (Estampillage, étiquetage ou rondage, mise en place du système antivol, plastification)
- Conservation matérielle (reliure, petites réparations, préparation de train de reliure)
CATEGORIE C
Mag. Princ.
-
Magasinier
Responsable d'équipe
Responsabilité d'une petite équipe et sur une mission souvent très ciblée

Annexe 9

Repères historiques

« Point de bibliothécaire sans bibliothèque, point de bibliothèque sans livre, point de livre sans papier, point de papier sans écriture. » Bien que très schématique, cet engrenage nous conduit à énumérer chronologiquement les grandes dates relatives à nos métiers. Le bibliothécaire se retrouve effectivement plongé au cœur de l'échelle des temps puisqu'il est communément admis que l'histoire proprement dite commence avec l'écriture.

Dates	Lieux	Événements
50000 av. J.-C.	Afrique de l'Est (Éthiopie)	Origine des langues.
30000 av. J.-C.		Premières manifestations graphiques (art rupestre).
15000 av. J.-C.	France	Peintures des grottes de Lascaux (homme de Crô-Magnon).
4500 av. J.-C.	Irak (sud de Bagdad)	Écritures warka trouvées dans le temple de la cité d'Uruk.
3500 av. J.-C.	Mésopotamie	L'écriture cunéiforme est inventée par les Sumériens. Ils se servent de tablettes d'argile comme support d'écriture.
3500 av. J.-C.	Iran (Elam)	Les chiffres font leur apparition dans le monde antique. Ils sont matérialisés par des cailloux (le mot « calcul » vient du latin calculus qui signifie petit cailloux).
3000 av. J.-C.	Égypte	Les Égyptiens utilisent l'écriture hiéroglyphique, y compris pour matérialiser les chiffres.
2600 av. J.-C.	Inde – Pakistan	La civilisation de l'Indus donne naissance à une écriture de type logographique encore non déchiffrée de nos jours.
2400 av. J.-C.	Égypte	Fabrication de rouleaux de papyrus utilisés comme support d'écriture.
2000 av. J.-C.	Mésopotamie	Rédaction de l'Épopée de Gilgamesh dont une partie évoque le récit du déluge de Noé.
1900 av. J.-C.	Région indo-européenne (Turquie)	Les Hittites utilisent leur propre écriture pictographique.
1800 av. J.-C.	Égypte	Rédaction du Livre des morts.
1500 av. J.-C.	Ile de Crète	Disque de Phaïstos en argile. À la même époque, Grecs et Crétois se servent de divers supports d'écriture comme la stéatite (pierre tendre).
1300 av. J.-C.	Chine	Premières traces d'écriture chinoise sous la forme de pictogrammes. Les Chinois rédigent sur des écailles de tortue, omoplates de cerf…
1000 av. J.-C.	Syrie – Liban (Tyr)	Invention du premier alphabet par les Phéniciens (pierre moabite). Il s'agit d'un alphabet linéaire à 22 caractères.
900 av. J.-C.	Chine	Invention d'un système de numération : le boulier (ou l'abaque).
900 av. J.-C.	Canaan (Palestine)	Écriture alphabétique cananéenne.
800 av. J.-C.	Canaan (Palestine)	Les Hébreux adoptent l'écriture alphabétique cananéenne.
800 av. J.-C.	Syrie	Alphabet araméen.
800 av. J.-C.	Grèce	Premier alphabet avec voyelles.

Annexes

Dates	Lieux	Événements
775 av. J.-C.	Sud de l'Italie	Les Étrusques s'approprient l'alphabet apporté par des colons grecs.
725	Grèce	Homère écrit L'Iliade.
650 av. J.-C.	Assyrie (Iraq)	Assurbanipal, roi d'Assyrie, installe dans le palais royal de Ninive une bibliothèque de plus de 25 000 tablettes.
650 av. J.-C.	Grèce	Les Grecs récupèrent les rouleaux de papyrus issus d'Égypte.
650 av. J.-C.	Italie (Toscane)	Premières écritures latines utilisant un alphabet à 26 lettres (tablette à écrire de Marsiliana d'Albegna).
398 av. J.-C.	Palestine	De retour de Babylone, la communauté juive rapporte l'écriture araméenne dite « carrée ».
300 av. J.-C.	Arabie Saoudite (Qaryat al-Fâw)	Le sudarabique est l'ancêtre de l'écriture arabe.
300 av. J.-C.	Inde	Les Indiens utilisent des systèmes de notation numérale qui, onze siècles plus tard, deviendront les chiffres arabes.
295 av. J.-C.	Empire égyptien (Alexandrie)	Ptolémée 1er Sôter, roi d'Égypte, fonde la célèbre bibliothèque d'Alexandrie. Zénodote d'Éphèse en fut le premier bibliothécaire.
270 av. J.-C.	Inde	Naissance de la brahmi, forme ancestrale de l'écriture indienne (pilier d'Asoka).
200 av. J.-C.	Empire romain	La Quadrata monumentale contient des inscriptions utilisées comme référence pour l'ornement des monuments romains.
197 av. J.-C.	Asie mineure (Pergame)	Utilisation du parchemin en tant que support d'écriture.
196 av. J.-C.	Égypte	Pierre de Rosette, support de traduction des hiéroglyphes (inscriptions hiéroglyphiques, démotiques et grecques).
150 av. J.-C.	Palestine	Rédaction des rouleaux de la mer Morte en hébreu (textes bibliques trouvés sur le site de Qumran). Les hébreux écrivaient sur du cuir et du papyrus.
100 av. J.-C.	Empire romain	Substitution du codex au volumen.
20 av. J.-C.	Rome	Flaccus (plus connu sous le nom d'Horace) compose le tout premier dictionnaire de l'histoire.
70 après J.-C.	Rome	Pline l'Ancien écrit son Histoire naturelle (encyclopédie).
105	Chine	Fabrication du papier découvert par Tsaï-Lun, ministre de l'Agriculture chinois.
200	Sud d'Israël	Écriture nabatéenne correspondant à la forme la plus antique des écrits arabes.
200	Nord de l'Europe (Danemark)	Invention d'un système d'écriture propre à l'ensemble des pays germaniques : les runes (ou le futhark). L'alphabet runique comporte à l'origine 24 signes.
250	Chine	Fabrication des premières encres (à base d'eau, de suie et de gomme naturelle).
300	Mexique-Guatemala	À l'apogée de la civilisation précolombienne, les Mayas utilisent l'écriture pour mesurer le temps (calendriers divinatoires).
370	Rome	Premières bibliothèques publiques.

Dates	Lieux	Événements
385-405	Palestine (Bethléem)	Saint Jérôme *(Jérôme de Stridon)* échafaude ce qui, des années plus tard, sera communément appelé la *Vulgate* : traduction latine des textes de la Bible à partir de la version hébraïque, reconnue comme officielle par l'Église catholique au concile de Trente.
600	Pacifique sud (Ile de Pâques)	Les Pascuans créent leur propre écriture : le rongo-rongo (inscriptions sur tablettes de bois). Une civilisation s'éteint, et avec elle l'espoir de déchiffrer les premiers écrits polynésiens.
622	Arabie Saoudite	Point de départ de l'élaboration de la langue arabe (classique), Muhammad quitte La Mecque pour Médine (l'Hégire). Il est le fondateur de l'État musulman et de l'Islam.
640	Alexandrie	Incendie de la bibliothèque d'Alexandrie.
644	Syrie	Premiers signes d'écriture sur pierre en langue arabe (trouvés dans la vallée de l'Euphrate).
690	Arabie Saoudite (Médine)	Rédaction des plus anciens feuillets coraniques.
700	Japon	Le papier est introduit au Japon.
751	Asie centrale (Ouzbékistan)	Lors de la bataille de Samarkand, les Chinois sont défaits par les Arabes. Le secret de la fabrication du papier arrive ainsi jusqu'en Europe (Espagne – Andalousie).
800	Suède	Gravures runiques sur la pierre de Gummarp. Ces inscriptions serviront de point d'appui au déchiffrement du rune.
814	Afrique du nord	Lors de leurs conquêtes sur l'Empire perse, les Arabes reprennent à leur compte les chiffres indiens pour créer les « chiffres arabes ».
900	Europe	Installation d'ateliers de production de livres manuscrits (scriptorium).
900	Scandinavie	Les Vikings réintroduisent l'écriture runique (alphabet scandinave remanié à 16 signes), alors plongée dans l'oubli pendant près d'un siècle.
976	Espagne	Premières apparitions des chiffres arabes en Europe.
1000	Pays slaves	Alphabet cyrillique à 43 caractères.
1000	Europe	Les chiffres arabes sont introduits dans les civilisations européennes par le pape Sylvestre II (ou Gerbert d'Aurillac).
1085	Espagne	Premiers moulins à papier en Espagne.
1154	Espagne	Fabrication du papier chiffon.
1170	France	Création de l'université de Paris.
1240	France	Apparition des premiers documents d'archives écrits sur papier.
1250	Italie	Installation des premiers moulins à papier italiens à Fabriano.
1257	France	Construction de la Sorbonne.
1315	Italie	Invention des lunettes de vue correctrices par le physicien Salvino Degli Armati.
1348	France	Premiers moulins à papier français à Troyes...
1354	France	... puis à Essonne ...
1376	France	... et à Saint Cloud.
1386	France	Charles V fonde sa propre librairie, et avec elle les prémices de la Bibliothèque nationale.

Annexes

Dates	Lieux	Événements
1430	France (Louvre)	Utilisation de procédés xylographiques.
1445	Allemagne	Johannes Gutenberg invente l'imprimerie.
1452	Allemagne	Une bible (incomplète) à 36 lignes avec enluminures est imprimée par Gutenberg.
1455	Allemagne	Sortie de la Bible dite de « Gutenberg » à 42 lignes.
1457	Allemagne (Mayence)	Le Psautier de Mayence est le premier livre imprimé comportant un colophon complet (noms des éditeurs avec mention d'une date).
1469	Italie (Venise)	Première presse italienne.
1470	France (Paris – Sorbonne)	Mise en service de la première presse à imprimer en France d'où sortira un texte de l'humaniste Gasparin de Pergame
1476	Angleterre	William Caxton introduit l'imprimerie en Angleterre.
1501	Italie (Venise)	Alde Manuce, imprimeur vénitien, ajoute à la typographie l'« italique ».
1517	Allemagne	Luther combat l'idéologie et la corruption catholiques. Il estime que la Bible doit être lue par l'ensemble des chrétiens. Réformateur, il initie un nouveau mouvement religieux : le protestantisme.
1519-1528	« Nouveau Monde » (Mexique)	Le conquistador espagnol Hernan Cortés est pressenti pour avoir envoyé à son souverain Charles Quint des vestiges mayas. Parmi eux, le célèbre Codex de Dresde est le plus ancien manuscrit maya connu.
1534	Allemagne (Wittenberg)	Sortie de la Bible complète de Luther, traduite du latin en allemand. L'imprimeur se nomme Hans Lufft.
1534	France	Dans la nuit du 17 au 18 octobre 1537, des protestants placardent des proclamations contre la messe à Paris et à Amboise, jusque sur la porte de la chambre de François 1er. Trois ans après cet épisode de l'histoire – appelé « Affaire des placards » – le Roi répliquera en décrétant le dépôt légal.
1537	France	Institution du dépôt légal par François Ier : une copie de chaque livre imprimé devra être déposée à la bibliothèque du Roi (Bibliothèque nationale).
1538	France	Le graveur et imprimeur Garamond se spécialise dans les normes de la langue française : dictionnaire latin.
1539	France	Création des imprimeurs du Roi.
1539	« Nouveau Monde » (Mexico)	Installation par Juan Pablos de la première presse à imprimer sur le continent américain.
1540	France	Garamond poursuit ses travaux avec un dictionnaire Français-Latin.
1545	France	Premier catalogue de livres censurés.
1593	Philippines	Premier livre imprimé à Manille.
1598	France	Édit de Nantes : fin des guerres de religion.
1600	Angleterre	La découverte et l'explication de la notion d'« électricité » sont attribuées au physicien William Gilbert.
1627	France	Gabriel Naudé écrit Advis pour dresser une bibliothèque (ouvrage de bibliothéconomie).

Dates	Lieux	Événements
1631	France	La presse apparaît en France. La Gazette (revue hebdomadaire) est lancée par Théophraste Renaudot, protégé du Cardinal Richelieu.
1636	France	Création de l'Académie française par Richelieu.
1640	France	Création de l'Imprimerie royale.
1642	France	Gabriel Naudé est successivement nommé bibliothécaire auprès des cardinaux Richelieu et Mazarin.
1642	France	Blaise Pascal conçoit la première machine à additionner.
1643	France	La bibliothèque « Mazarin » ouvre ses portes aux étudiants.
1661	Continent américain	Première Bible imprimée sur le sol américain par Samuel Green.
1666	France	Sous l'impulsion de Colbert, l'Académie des sciences voit le jour.
1667	France	Étienne Baluze est nommé bibliothécaire de Colbert.
1670	France	Nicolas Clément engagé comme copiste à la bibliothèque du roi est, par la suite, chargé du classement des livres imprimés et de leur signalement. Il inventa à cette occasion un classement en 23 classes désignées par une lettre de l'alphabet (« *Lettrage Clément* »).
1671	Allemagne	Gottfried Wilhelm Leibniz invente la machine à calculer.
1685	France	Révocation de l'édit de Nantes.
1686	France	Réduction à 36 du nombre des imprimeries parisiennes.
1709	Angleterre	Droits d'auteur en Angleterre.
1723	France	Code de la librairie imprimé par Saugrain.
1739	Autriche (Vienne)	La bibliothèque de Dresde (Allemagne de l'Est) achète le Codex Dresdensis (Codex de Dresde) à l'Autriche. Il contient les plus anciens glyphes mayas.
1741	France	Établissement de la censure en France.
1750	France	Mise au point de l'accord tacite (sorte de censure « modérée ») par Malesherbes.
1751-1759	France	Première encyclopédie de Diderot et d'Alembert publiée par Le Breton.
1765	France	Publication des 17 volumes de l'Encyclopédie.
1771	France	Création du premier quotidien français : Le Journal de Paris.
1785	Angleterre	John Walter publie le quotidien The Times.
1789	France	Révolution française. Suppression des privilèges, déclaration des droits de l'homme et de la liberté de la presse.
1793	France	Création des droits d'auteur.
1797	Allemagne	Alois Senefelder, cartographe allemand, invente la lithographie.
1799	Angleterre (Londres)	Les frères Henry et Sealy Fourdrinier fabriquent la première machine à papier en continu.
1799	Égypte	La pierre de Rosette est découverte.
1800	États-Unis (Washington)	Fondation de la bibliothèque du Congrès (Library of Congress).
1803	France	Par décret du 28 janvier 1903, l'État décide de transférer la gestion des collections confisquées aux communes.

Annexes

Dates	Lieux	Événements
1810	France	Le libraire Pierre Gustave Brunet publie le célèbre manuel du libraire et de l'amateur de livres dans lequel il propose un système de classification des ouvrages.
1811	France	Recensement du livre en France. Première bibliographie nationale.
1814	Allemagne	La presse typographique à vapeur est inventée par Friedrich Koenig.
1821	France	Fondation de l'École des chartes.
1824	France	Jean-François Champollion déchiffre les hiéroglyphes en s'appuyant sur les inscriptions de la pierre de Rosette. Il publie son Précis du système hiéroglyphique des anciens Égyptiens.
1826	France	Joseph Nicéphore Niepce invente la photographie.
1836	France	Émile de Girardin fonde à Paris *La Presse*, premier des grands quotidiens populaires français. À quinze jours d'intervalle, Armand Dutacq publie quant à lui *Le Siècle*, sous-titré *Journal politique, littéraire et d'économie sociale*. Ces deux hommes se partagent également la paternité des premiers romans-feuilletons.
1846	États-Unis	Invention de la presse rotative par Richard March Hoe.
1856	France	Pierre Larousse fonde sa maison d'édition à Paris.
1867	États-Unis	La machine à écrire est inventée par Christopher Latham Sholes.
1873	États-Unis	Melvil Dewey met au point une classification qui porte son nom. La classification Dewey se propose de diviser toutes les connaissances en dix grandes classes.
1875	Allemagne	L'héliogravure est inventée par Karl Klietsch.
1876	États-Unis	Invention du téléphone par Alexander Graham Bell.
1879	France	Création du certificat d'aptitude aux fonctions de bibliothécaire (CAFB).
1880-1882	France	Les lois de Jules Ferry rendent l'école laïque gratuite et obligatoire. Démocratisation de la lecture.
1884	États-Unis (New York)	Lewis Edson Waterman invente le premier stylo plume.
1888	États-Unis	De son côté, Loud crée le stylo à bille.
1895	Italie	Guglielmo Marconi invente la radio.
1895	France	Début du cinéma avec les frères Lumière.
1897	France	Henry Vuibert fonde une librairie qui porte son nom. Il se lancera, peu de temps après, dans l'édition de manuels d'études, qui deviendra ainsi la spécialité de la maison.
1898	Chine	Au terme de grandes crues, des paysans chinois découvrent dans la province du Hénan les plus anciens témoignages d'écriture chinoise (écailles de tortue).
1900	Crète	Sir Arthur Evans, archéologue britannique, découvre des inscriptions sur tablettes d'argile dans le palais de Cnossos. Il ne sait pas encore qu'il s'agit d'une des formes les plus archaïques de l'écriture grecque.
1903	France	Création du plus illustre prix littéraire français dit « Goncourt ».

Dates	Lieux	Événements
1904	Chine (Shangai)	Liu E déchiffre les plus anciennes traces d'écriture chinoise inscrites sur des écailles de tortue.
1904	États-Unis	L'offset apparaît grâce aux travaux de recherche d'Ira Rubel.
1906	France	Les éditions Larousse, spécialisées dans la publication de manuels scolaires, éditent le dictionnaire Le Petit Larousse illustré.
1906	France	Création de l'Association des bibliothécaires français.
1908	Écosse	Invention de la télévision par A. Campbell-Swinton.
1927	Angleterre	L'égyptologue Alan Gardiner propose la première interprétation de l'alphabet phénicien grâce à des travaux effectués sur un sphinx du temple d'Hathor (plateau du Sinaï).
1936	Angleterre	Alan Turing met au point le premier ordinateur électronique, connu sous le nom de « Colossus ».
1938	États-Unis	Chester F. Carlson invente le photocopieur.
1946	États-Unis (Washington)	Invention de procédés de photocomposition pour les mettre au service du gouvernement américain.
1947	Jordanie	Découverte des 600 rouleaux de la mer Morte.
1952	Angleterre	Plus de 50 ans après la découverte de Sir Arthur Evans, John Chadwick et Michael Ventris déchiffrent l'antique écriture grecque.
1952	Suisse (Genève)	Création de l'Union internationale des droits de reproduction (copyright).
1964	Pays-Bas	Philips invente la K7 (cassette audio).
1973	États-Unis	Conception des premiers micro-ordinateurs.
1976	États-Unis	Le premier micro-ordinateur disponible dans le commerce s'appelle « Altaïr ».
1977	France	Ouverture de la Bibliothèque publique d'information (BPI) sur le plateau Beaubourg à Paris.
1980	France	Le Minitel fait son apparition grâce à France Télécom.
1981	France	Loi sur le prix unique du livre.
1983	Pays-Bas	Invention du disque compact audio (CD).
1985	France	Création des services communs de la documentation (SCD) dans les universités.
1990	États-Unis	Mise en service d'Internet. Ce système avait été créé à des fins militaires par le Département américain de la Défense.
1992	France	Charte des bibliothèques adoptée par le Conseil supérieur des bibliothèques.
1993	États-Unis	Microsoft commercialise la première encyclopédie multimédia : Encarta.
1994	France	Création de la Bibliothèque nationale de France par François Mitterrand. Elle naît de la fusion entre la Bibliothèque nationale et l'établissement public de la Bibliothèque de France (EPBF).
1994	France	Création de l'Agence bibliographique de l'enseignement supérieur (ABES).
1995	France	Inauguration de la BNF.

Annexes

Dates	Lieux	Événements
1996	Angleterre (Sheffield)	Première réalisation significative d'un learning centre à l'université de Sheffield Hallam.
1997	États-Unis	Invention et commercialisation du format DVD.
1997	France	Ouverture au public de la BNF.
2000	France	Mise en œuvre par l'Abes du Sudoc : Système universitaire de documentation.
2002	Égypte (Alexandrie)	Inauguration de la Bibliotheca Alexandrina construite sur le prestigieux site de l'édifice antique de la bibliothèque d'Alexandrie.
2003	France	Adoption de la loi de prêt en bibliothèque.
2004	États-Unis	Au mois de décembre 2004, le moteur de recherche Google annonce son projet d'organiser l'information mondiale à travers sa bibliothèque numérique baptisée Google Print puis Google Search Book.
2005	France	La société française des intérêts des auteurs de l'écrit (SOFIA) est agréée pour la gestion de la rémunération au titre du prêt en bibliothèque.
2005	Europe	Sous l'influence de la France, plusieurs États membres se rallient au projet de Bibliothèque numérique européenne (BNE) pour contrer le dispositif hégémonique de Google.
2005	États-Unis (Washington)	En juin 2005, la Bibliothèque du Congrès (*Library of Congress*) suggère à l'Unesco le projet de création d'une bibliothèque numérique mondiale.
2007	France	La Bibliothèque du Congrès présente le prototype de la future Bibliothèque numérique mondiale au siège de l'Unesco à Paris.
2008	Europe	Lancement d'Europeana (Bibliothèque numérique européenne).
2009	États-Unis	Le 21 avril 2009, l'Unesco et la Bibliothèque du Congrès ouvrent au public du monde entier la Bibliothèque numérique mondiale (*World Digital Library*).
2010	Suisse	Ouverture et inauguration du Rolex Learning Center de l'École polytechnique fédérale de Lausanne.

Bibliographie

Monographies

Abrégé de la classification décimale de Dewey, Annie BETHERY, Paris, éditions du Cercle de la librairie, 2006 (collection Bibliothèques).

Administration et Bibliothèques, Yves DESRICHARD, préfacé par Jean-Louis Pastor, Paris, éditions du Cercle de la Librairie, nouvelle édition, 1996 (collection Bibliothèques).

Les Bibliothèques, Anne-Marie BERTRAND, Paris, La Découverte, 1998.

Bibliothèques dans la cité : guide technique et réglementaire, sous la direction de Gérald GRUNBERG, avec la collaboration de la Direction du livre et de la lecture, Paris, Le Moniteur, 1996.

Les Bibliothèques en France 1991-1997, sous la direction de Dominique AROT, Paris, éditions du Cercle de la librairie, 1998, (collection Bibliothèques).

Le Cas pratique : catégorie C, Marie Josèphe GOURMELIN, Paris, La Documentation française, 1990.

La classification décimale universelle : manuel pratique d'utilisation, René DUBUC, Paris, Éditions Gauthier-Villars, 1965.

Concours d'assistant territorial (qualifié) de conservation du patrimoine et des bibliothèques, Jean-Yves THIEBAULT et Françoise THIEBAULT-ROGER, Paris, Éditions Vuibert, 2007 (Collection Annales, concours de catégorie B, 4e édition).

Concours de recrutement d'assistants des bibliothèques : session 2001, Claudine LIEBER, Paris, Inspection générale des bibliothèques, 2001.

Concours de recrutement d'assistants des bibliothèques : session 2002, Claudine LIEBER, Paris, Inspection générale des bibliothèques, 2002.

Concours de recrutement d'assistants des bibliothèques : session 2004, Claudine LIEBER, Paris, Inspection générale des bibliothèques, 2004.

Concours de recrutement d'assistants des bibliothèques : session 2006, Claudine LIEBER, Paris, Inspection générale des bibliothèques, 2006.

Concours réservé de recrutement d'assistants des bibliothèques : session 2002, Jean-Marie ARNOULT, Paris, Inspection générale des bibliothèques, 2003.

Concours réservé de recrutement d'assistants des bibliothèques : session 2003, Claudine LIEBER, Paris, Inspection générale des bibliothèques, 2004.

Construire une bibliothèque universitaire : de la conception à la réalisation, sous la direction de Marie-Françoise BISBROUCK et Denis RENOULT, Paris, Éditions du Cercle de la librairie, 1993, (Collection Bibliothèques).

La Conversation avec le jury : catégories A et B, Jean-Claude Masse, Paris, La Documentation française, 1997, (formation administration concours).

Court traité de signalétique à l'usage des bibliothèques publiques, Michel PIQUET, Paris, Éditions du Cercle de la Librairie, 2003, (Collection Bibliothèques).

Désherber en bibliothèque : manuel pratique de révision des collections, Françoise GAUDET et Claudine LIEBER, Paris, Éditions du Cercle de la Librairie, 1999 (2e édition revue et augmentée).

Documentation : tome 1 : présentation des publications et recherche documentaire, Association française de normalisation, Paris, AFNOR, 2000.

Documentation : tome 2 : éléments de données et protocoles, Association française de normalisation, Paris, AFNOR, 2 000.

Documentation : tome 3 : description bibliographique et accès à la description, Association française de normalisation, Paris, AFNOR, 2000.

L'essentiel de l'épreuve orale : conversation ou entretien avec un jury sur la carrière professionnelle aux concours de la fonction publique, Aline NISHIMATA, Paris, Éditions Gualino, 2003 (Collection Les carrés, 2e édition).

Les Établissements d'enseignement supérieur : structure et fonctionnement, Ministère de l'Éducation nationale, Paris, 2001.

Formation des bibliothécaires et documentalistes : normes pour l'épreuve de catalogage, Association française de normalisation, Paris, AFNOR, 1999.

Guide d'indexation RAMEAU, Bibliothèque nationale de France, Centre national RAMEAU, Paris, Bibliothèque nationale de France, 2004 (6e édition).

Guide de préparation : méthodologies et illustrations, Gérard BOURLIAUD, Centre régional de documentation pédagogique du Limousin, 1996.

La Lettre administrative : catégorie C, Francine DELVAL, Paris, La Documentation française, 1995.

Magasinier en chef des bibliothèques, Jérôme BRUNET, Paris, Éditions Vuibert, 2006, (Collection Annales, concours de catégorie C, 4e édition).

Manuel du patrimoine en bibliothèque, sous la direction de Raphaëlle MOUREN, Paris, Éditions du Cercle de la Librairie, 2007 (Collection Bibliothèques).

Mémento d'administration : à l'intention des candidats aux concours de catégories B et C des bibliothèques, Madeleine AVRAIN, Paris, Université de Paris X, Médiadix, 1998.

Le Métier de bibliothécaire, Association des bibliothécaires français ; coordination Françoise HECQUART, avec la collaboration de Françoise FROISSART, Paris, Éditions du Cercle de la librairie, 1996.

Le Métier de bibliothécaire, Association des bibliothécaires français ; sous la direction de Raphaëlle MOUREN et Dominique PEIGNET, Paris, Éditions du Cercle de la librairie, 2003.

Premier recensement des métiers des bibliothèques, rapport rédigé par Anne KUPIEC, Ministère de l'Éducation nationale, de l'Enseignement supérieur, de la Recherche et de l'Insertion professionnelle, Paris, université de Paris X, Médiadix, 1995.

Protection et mise en valeur du patrimoine des bibliothèques de France : recommandations techniques, ministère de la Culture et de la Communication, sous la coordination scientifique de Jean-Marie ARNOULT, Paris, Direction du livre et de la lecture, 1998.

Vocabulaire de la documentation, Institut national des techniques de la documentation, ouvrage coordonné par Arlette BOULOGNE, Paris, ADBS éditions, 2004.

Votre bâtiment de A à Z : mémento à l'usage des bibliothécaires, Anne-Marie CHAINTREAU et Jacqueline GASCUEL, Éditions du Cercle de la librairie, 2000, (Collection Bibliothèques).

Périodiques

Arrêté du 4 Juillet 1985 fixant les modalités de fonctionnement des conseils des services communs de la documentation des universités et des conseils des services interétablissements de coopération documentaire, République française, *JO* du 11 juillet 1985 (p. 7815-7816).

« La bibliothèque numérique européenne : une stratégie culturelle de la toile », Valérie TESNIÈRE et Noémie LESQUINS, *Bulletin des bibliothèques de France*, 2006, 3.

« Les classifications médicales », Geneviève NICOLE-GENTY, *Bulletin des bibliothèques de France*, 1968, 7.

« Comment est née l'écriture », *Science & Vie* : hors-série, 2002, 219.

« De la bibliothéconomie au management », Thierry GIAPPICONI, *Bulletin des bibliothèques de France*, 1998, 2.

Décret n° 82-452 du 28 mai 1982 relatif aux comités techniques paritaires, République française, *JO* du 30 mai 1982.

« Faut-il refonder la bibliothéconomie ? », Frédéric SABY, *Bulletin des bibliothèques de France*, 1998, 2.

« Formation continue des personnels des bibliothèques de l'Enseignement supérieur », Brigitte RENOUF et Jean-Émile TOSELLO-BANCAL, *Bulletin des bibliothèques de France*, 2002, 3.

« Orienter, informer, identifier... : trois actions pour un métier : signaléticien », *Bulletin d'information de l'ABF*, 1996, n° 171.

« Peut-on définir la bibliothéconomie ? », Bertrand CALENGE, *Bulletin des bibliothèques de France*, 1998, 2.

« La signalétique en bibliothèque », Marielle DE MIRIBEL, *Bulletin des bibliothèques de France*, 1998, 4.

Ressources électroniques

À propos de Google recherche de livres, Google, (page consultée le 19 mai 2007), [en ligne]. Adresse URL : http://books.google.fr/

À propos de The European Library (TEL), Conférence européenne des directeurs de bibliothèques nationales (CENL), (page consultée le 18 mai 2007), [en ligne]. Adresse URL : http://libraries.theeuropeanlibrary.org/organisation/aboutus_fr.html

L'ABF s'organise, Association des bibliothécaires de France, (page consultée le 15 mars 2007), [en ligne]. Adresse URL : http://www.abf.asso.fr/

About IFLA, International Federation of Library Associations and institutions, (page consultée le 21 mars 2007), [en ligne]. Adresse URL : http://www.ifla.org/

Les autres textes législatifs et réglementaires, Légifrance, (page consultée le 12 juillet 2006), [en ligne]. Adresse URL : http://www.legifrance.gouv.fr/

Bibliofil' : le référentiel de la filière bibliothèque, ministère de l'Éducation nationale (page consultée le 17 novembre 2006), [en ligne]. Adresse URL : http://www.education.gouv.fr/ cid291/bibliofil-le-referentiel-de-la-filiere-bibliotheque.html

La Bibliothèque : Connaître la BnF : Les sites, Bibliothèque nationale de France, (page consultée le 7 novembre 2006), [en ligne]. Adresse URL : http://www.bnf.fr/

Bibliothèque numérique européenne, Bibliothèque nationale de France, (page consultée le 17 mai 2007), [en ligne]. Adresse URL : http://www.bnf.fr/pages/europeana/europeana.htm

CCFR (Catalogue collectif de France), Bibliothèque nationale de France, (page consultée le 15 novembre 2006), [en ligne]. Adresse URL : http://www.ccfr.bnf.fr/

Chartes des bibliothèques, Conseil supérieur des bibliothèques, (page consultée le 28 décembre 2006), [en ligne]. Adresse URL : http://www.enssib.fr/autres-sites/csb/

Les concours, Enssib, (page consultée le 7 septembre 2006), [en ligne]. Adresse URL : http://www.enssib.fr

Concours, emplois et carrières : Personnels des bibliothèques, ministère de l'Éducation nationale, (page consultée le 22 octobre 2006), [en ligne]. Adresse URL : http://www.education. gouv.fr/

Concours, emplois et carrières : Comités techniques paritaires ministériels, ministère de l'Éducation nationale, (page consultée le 22 octobre 2006), [en ligne]. Adresse URL : http://www.education.gouv.fr/

Contenus pédagogiques, Médiadix, (page consultée le 17 avril 2007), [en ligne]. Adresse URL : http://netx.u-paris10.fr/resup.htm

Couperin : Informations générales, Consortium universitaire de périodiques numériques, (page consultée le 20 novembre 2006), [en ligne]. Adresse URL : http://www.couperin.org/

Le droit de prêt en bibliothèque, ministère de la Culture et de la Communication, (page consultée le 6 janvier 2007), [en ligne]. Adresse URL : http://www.droitdepret.culture.gouv.fr/

Encyclopédie Encarta 2 000 [CD-ROM], Microsoft Corporation, 1999.

For librarians : NLM classification, National Library of Medicine, (page consultée le 15 mai 2007), [en ligne]. Adresse URL : http://www.nlm.nih.gov/

Fourniture de documents, Agence bibliographique de l'Enseignement supérieur, (page consultée le 3 avril 2007), [en ligne]. Adresse URL : http://www.abes.fr/abes/index.html

Le ministère de la Culture et de la Communication, (page consultée le 5 février 2007), [en ligne]. Adresse URL : http://www.culture.gouv.fr/

Librarians : Cataloging, Classification, The Library of Congress, (page consultée le 17 mai 2007), [en ligne]. Adresse URL : http://www.loc.gov/

Manifeste de l'UNESCO sur la bibliothèque publique, United Nations Educational – Scientific and Cultural Organization, (page consultée le 11 mars 2007), [en ligne]. Adresse URL : http://www.unesco.org/webworld/libraries/manifestos/libraman_fr.html

Missions du CTLes, Centre technique du livre de l'enseignement supérieur, (page consultée le 3 octobre 2006), [en ligne]. Adresse URL : http://www.ctles.fr/

Normalisation AFNOR, Association française de normalisation, (page consultée le 20 mai 2007), [en ligne]. Adresse URL : http://www.afnor.org/portail.asp

Présentation de l'ADBDP, Association des directeurs de bibliothèques départementales de prêt, (page consultée le 17 mars 2007), [en ligne]. Adresse URL : http://www.adbdp.asso.fr/

Présentation de l'ADBGV, Association des directeurs des bibliothèques municipales et intercommunales des grandes villes de France, (page consultée le 25 mars 2007), [en ligne]. Adresse URL : http://www.adbgv.asso.fr/

Présentation de l'ADBS, Association des professionnels de l'information et de la documentation, (page consultée le 10 mars 2007), [en ligne]. Adresse URL : http://www.adbs.fr/site/

Présentation et statuts de l'ADBU, Association des directeurs et des personnels de direction des Bibliothèques universitaires et de la documentation, (page consultée le 31 mars 2007), [en ligne]. Adresse URL : http://www.adbu.fr/

Professionnels : Dépôt légal, Bibliothèque nationale de France, (page consultée le 27 décembre 2006), [en ligne]. Adresse URL : http://www.bnf.fr/

Qu'est ce que SOFIA ? : Le droit de prêt, Société française des intérêts des auteurs de l'écrit, (page consultée le 10 décembre 2006), [en ligne]. Adresse URL : http://www.la-sofia.org/ indexSite.html

Système universitaire de documentation (SUDOC), Agence bibliographique de l'enseignement supérieur, (page consultée le 30 septembre 2006), [en ligne]. Adresse URL : http://www.sudoc.abes.fr

PEFC
PEFC/07-31-89
PEFC-Certifié
Cette brochure est issue de forêts gérées durablement et de sources contrôlées.
www.pefc.org

Réalisation : Linéale Production
Achevé d'imprimer par SNEL : novembre 2013
Dépôt légal : octobre 2013
N° d' éditeur : 2013_1272
N° d' imprimeur : 63868/00

IMPRIM'VERT®